자료:《(이찬 기증)우리 옛지도》(2006), 131쪽

섬문화 답사기
통영편

치열한 생존과 일상을 기록한 섬들의 연대기

어떤 사람은 나라의 재력이 빈약한데 (……)
내 생각에 섬은 우리나라의 그윽한 수풀이니
진실로 경영만 잘하면
장차 이름도 없는 물건이 물이 솟아나듯,
산이 일어나듯 하리니(……).

或曰 國力貧弱, (何以增官.) 臣以爲海島者,
我國之幽藏也. 苟一經理, 將有無名之物,
水涌而山起, (綏遠之司, 將與戶曹相.)
《경세유표》 제2권 〈추관형조(秋官刑曹)〉에서

통영
편

치열한 생존과
일상을 기록한
섬들의 연대기

김준 지음

섬문화
답사기

보누스

통영 섬은 해상공원입니다

구순이 넘어서도 섬을 오가며 왕성하게 시작(詩作)을 하는 섬 시인 이
생진이 그랬다. 걷고 글을 쓰라고, 그러면 오래 살 수 있다고. 이보다 좋
은 건강법은 없다고 한다.

요즘 '팬데믹'으로 여행길이 막혀 집 주변 산책길을 찾는 사람이 많
다. 걸을 수 있는 시간과 공간이 얼마나 소중하고 행복한지 절실하게
느끼고 있다. 그래서 안전하고 청정하다는 섬 길을 택하는 사람도 늘고
있다. 섬으로 가는 나들목에 위치한 전망 좋은 방은 평일에도 예약을
해야 한다.

사람을 그리워했던 섬사람들이지만 이렇게 들어오는 이들이 달갑지
만은 않다. 청정구역에서 지내던 주민들이 이제 섬에 들어오는 사람들
을 경계하기 시작했다. 도시에 있는 자식들도 나이 든 부모가 있는 섬
에 무슨 일이 생길까 걱정한다. 보다 못한 섬사람들도 몰려다니는 여행
객에게 왜 마스크를 쓰지 않느냐고 항의하기도 한다. 주말이나 연휴에
는 주민들이 집 밖으로 나가지 않고, 여행객은 섬을 활보하고 다닌다는
말도 들린다. '코로나19'가 심할 때는 외지인들이 일을 보기 위해서 섬
으로 들어오는 것을 막기도 했다.

주민만 아니라 섬도 수난을 겪고 있다. 사람들이 많이 들어와 머물다
보니 일회용 쓰레기가 크게 늘었다. 간혹 집에서 쓰던 물건까지 들고

와서 슬그머니 섬에 두고 가는 얌체도 있다. 그러고서는 우리가 들어와야 섬이 살아난다고 억지를 부린다. 그렇게라도 방문객을 늘리려는 이유가 뭘까. 섬에도 삶이 있고 문화가 있고 규칙이 있다. 주민들도 생각이 달라져야 하지만, 섬을 찾는 여행객도 섬 여행 문화를 바꿔야 한다.

섬은 주민만을 위한 공간이 아니다. 하지만 섬에서 오랫동안 살아온 삶은 분명히 존중해야 한다. 정부나 지자체도 섬의 발전을 논할 때 꼭 생각해야 할 원칙이다. 섬의 발전 계획을 수립할 때 주민의 편익만 생각하는 기계적인 접근은 멈춰야 한다. 이제 섬은 주민보다는 뭍에서 들어오는 사람이나 여행객이 더 즐기고 이용하는 공간이 되고 있다. 많은 사람이 섬을 찾고 바다를 즐기며, 섬 길에서 힐링하고 있다. 또 섬과 바다에서 먹거리를 찾아 먹고 있다. 섬 길에서 만나는 작은 의자에서 여객선 터미널까지 공공시설이나 서비스의 확충이 절실해졌다. 도심공원처럼 섬은 육지 사람들의 공원이 되고 있다. 공원을 쾌적하고 건강하게 만드는 데 예산을 집행하는 것은 너무나 당연하다.

요즘 섬에서 차박이나 캠핑을 하는 사람이 늘고 있다. 갑자기 수요가 늘다 보니 무질서하기가 이루 말할 수 없다. '섬은 자유'라는 인식 탓에 '섬에서는 마음대로 해도 된다'고 생각하는 것 같다. 이제 섬 산은 등산객에게, 섬 바다와 해변은 낚시객과 캠핑객에게 내줘야 할 형편이다. 그 뒤처리를 모두 주민이 할 수 없고, 지자체도 감당할 예산과 행정력이 부족하다. 섬을 찾는 사람이 많아지고 이용하는 방식도 다변화하는 만큼 섬 정책도 바꿔야 한다.

통영 섬은 대부분 도심에서 한 시간 이내에 갈 수 있다. 강구안이나 동피랑도 아름답지만 주변에 섬이 도시공원처럼 있어 더 아름답다. 통영 섬은 크게 미륵도권, 욕지도권, 한산도권, 사량도권으로 나눌 수 있다. 미륵도권은 산양읍권과 풍화리권으로 다시 나뉜다.

산양읍권은 가깝게 곤리도와 송도, 학림도, 저도, 만지도가 있고, 좀 떨어져서 연대도와 만지도와 추도가 있다. 이들 지역은 굴이나 홍합 등 패류 양식보다는 가두리 양식이 활발한 곳이다. 섬으로 들어가려면 달아항 선착장을 이용한다. 연대도는 행정안전부 명품 섬으로, 만지도는 국립공원 명품 마을로 지정된 후 출렁다리로 연결되었다. 통영에서 가장 많은 사람이 찾는 섬이다.

풍화리권은 오비도를 중심으로 갯벌이 발달한 곳으로 바지락, 개조개가 많이 서식하며 굴 양식을 많이 한다. 반면에 미륵도 동쪽 도남리와 영운리는 멍게 양식이 발달한 곳이다. 미륵도의 척포항이나 곤리도는 생활낚시를 즐기는 사람들이 많이 찾는다.

한산도권은 한산도를 중심으로 비산도, 좌도, 추봉도, 용호도, 죽도까지 아우른다. 죽도를 제외하고는 굴 양식이 발달했다. 한산도는 거제와 통영 사이로 흐르는 바닷길 견내량에 위치해 있다. 임진왜란 당시 한산대첩의 격전지이며, 조선조 해군본부 삼도수군통제영이 시내로 오기 전에 한산도에 있었다. 또 한국전쟁 시에 용호도와 추봉도에는 전쟁포로수용소가 있었다. 또 통영 사람들이 여름철에 즐겨 찾는 비진도해수욕장이 있다. 유일하게 전승되고 있는 남해안 별신굿의 죽도, 무인도로 바뀐 가왕도, 아름다운 섬 매물도 역시 한산도권에 속한다.

욕지도권은 통영에서 어업이 가장 발달한 섬들이다. 그만큼 어장이 좋아 일제강점기에 일본인 이주 어촌이 형성되었던 곳이다. 주요 섬으로 욕지도, 노대도(상도, 하도), 두미도, 초도까지 포함한다. 욕지도는 일제강점기에 고등어 파시로 유명했으며, 특히 자부마을은 일본인 이주 어촌이 정착하면서 근대 어촌이 시작된 곳이다. 주로 삼덕항에서 출발하며 배가 자주 있고 트래킹하기 좋아 여행객들이 많이 찾는다. 잡는 어업만 아니라 고등어 양식과 참치 양식이 이루어지고 있다. 연화도와 우도는 바다를 보며 걷기 좋은 섬이다. 노대도는 두 섬이 마주 보는 가운데 천연 양식장이 만들어졌다. 추도와 함께 물메기를 많이 잡는 두미도는 동백으로 유명하다.

사량도권의 연도교로 이어진 상도와 하도, 수우도가 있다. 이들 섬은 바위산이 아름답고 아기자기해 최고의 바윗길 트래킹으로 꼽힌다. 이들은 통영보다 삼천포와 더 가깝게 지냈다. 지금도 삼천포 장날은 뱃길이 연결된다.

이번 통영편을 마무리하는 데 어려움이 많았다. 팬데믹으로 섬에 가는 것도 어려웠지만 주민들과 만나 이야기를 나누는 것이 무엇보다 조심스러웠다. 섬문화 답사기에서 섬살이를 무엇보다 중요하게 여겼던 터라 주민과 속 깊은 이야기를 나누지 못하면, 다녀와도 다녀온 것이 아니었다. 더 근본적인 문제는 익숙지 않은 통영 말과 해양 환경을 읽는 데 있었다. 그나마 이렇게 정리해 마무리할 수 있었던 것은 오롯이 그곳에 사는 좋은 분들의 도움 덕분이다. 특히 통영의 지역사를 공부하는 통영인뉴스 김상현 대표, 새로운 통영 여행을 꿈꾸는 소인경 대표,

멍게의 변신을 끊임없이 시도하는 '멍게가' 김미라·이상희 부부의 도움이 컸다. 이들은 때로 통영 섬 답사에 동행해주었고, 통영에 머무를 때면 술친구가 되기도 했다.

이제 긴 여정의 고개를 막 넘었다. 아직 통영을 제외한 경상도의 섬, 충청과 전북의 섬, 인천과 경기의 섬이 기다리고 있다. 그 길을 끝까지 걸을 수 있도록 관심과 사랑을 부탁드린다. 긴 여정을 묵묵하게 함께 걷고 있는 보누스출판사와 섬으로 가는 길을 응원해주는 아내와 네 딸에게 깊은 감사를 드린다. 끝으로 섬 주민의 안녕과 섬의 건강을 기원한다.

거제의 섬 칠천도로 옮기며

차 례

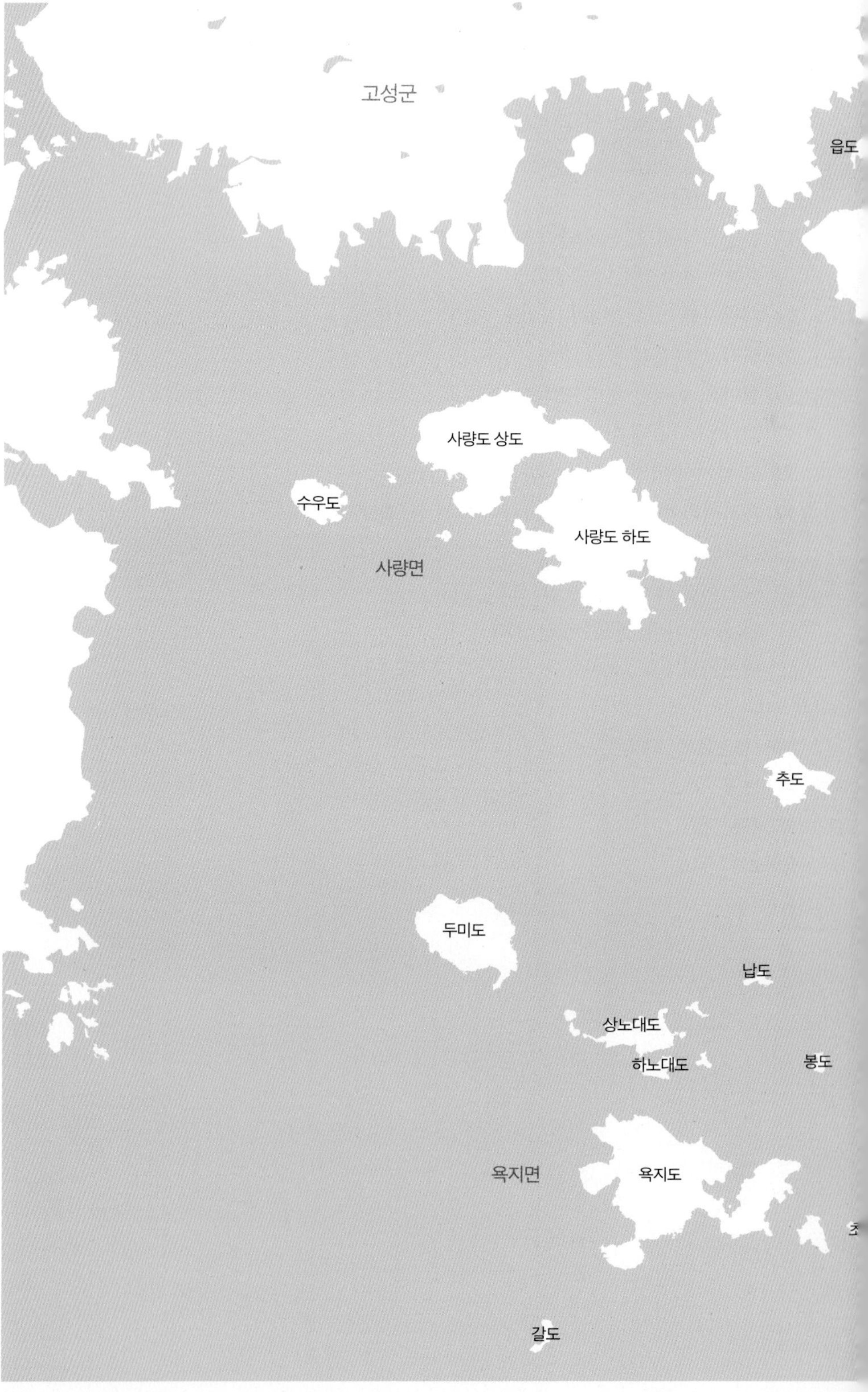

고성군

읍도

사량도 상도

수우도

사량도 하도

사량면

추도

두미도

납도

상노대도

하노대도

봉도

욕지면

욕지도

초

갈도

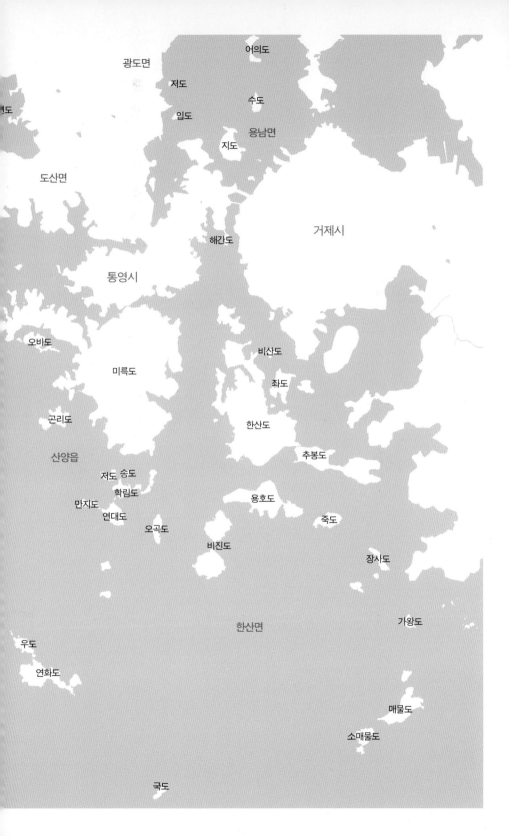

일러두기

- 본 섬문화 답사기 시리즈는 2011년 현재부터 사람이 살고 있는 전국의 유인도를 직접 탐방하여 취재한 내용을 지역별로 엮어나가고 있습니다. 다만 지금은 무인도일지라도 유인도 시절에 독특한 사연을 가지고 있거나 섬 생태계에서 국내외에 보전해야 할 가치가 높은 생태계를 갖고 있는 경우에는 포함시켰습니다.(예: 홍도 등)

- 각 섬별 본문 마지막 개황에 나와 있는 각종 통계와 자료는《대한민국 도서백서 大韓民國 島嶼白書》(2011년 행정안전부 발행), 30년 변화자료는《도서지 島嶼誌》(1973년, 1985년 내무부 발행),《한국 도서백서 韓國島嶼白書》(1996년 내무부 발행)를 참고했습니다. 본문과 참조 자료 사이의 일부 통계 불일치는 필자의 현지 취재 시점과 자료 사이에 시간 흐름에 따른 변화가 있기 때문입니다. 구 통계 중 일부 데이터는 오자로 보이긴 하지만 확인할 수 없어 그대로 인용합니다.

- 각 섬 제목에 붙은 숫자는 지도에 표시한 숫자와 같습니다. 통영의 각 영역을 면 단위로 나눈 다음, 영역 안에서 순서를 정해 실었습니다.

- 본문에 사용한 일러스트는 저자가 직접 그린 것이므로, 무단복제 무단전재를 금합니다. 일러스트 중 자료를 제공받은 것은 따로 표시해두었습니다.

- 본문에 사용한 사진은 대부분 필자가 촬영한 것이며, 외부 도움을 받은 일부 사진은 저작권 표시를 따로 하였습니다.

- 본문에서 언급한 참고문헌 중 도서는《 》부호로, 논문·신문·예술작품·지도 등은〈 〉부호로 표시했습니다.

토영시 육지면

사량면
산양읍
미륵도
곤리도
추도
10
7
8
9
봉도
5
4
욕지면
1
6
2
3

통영시 욕지면

1 욕지도
2 갈도
3 국도
4 연화도
5 우도
6 초도
7 납도
8 상노대도
9 하노대도
10 두미도

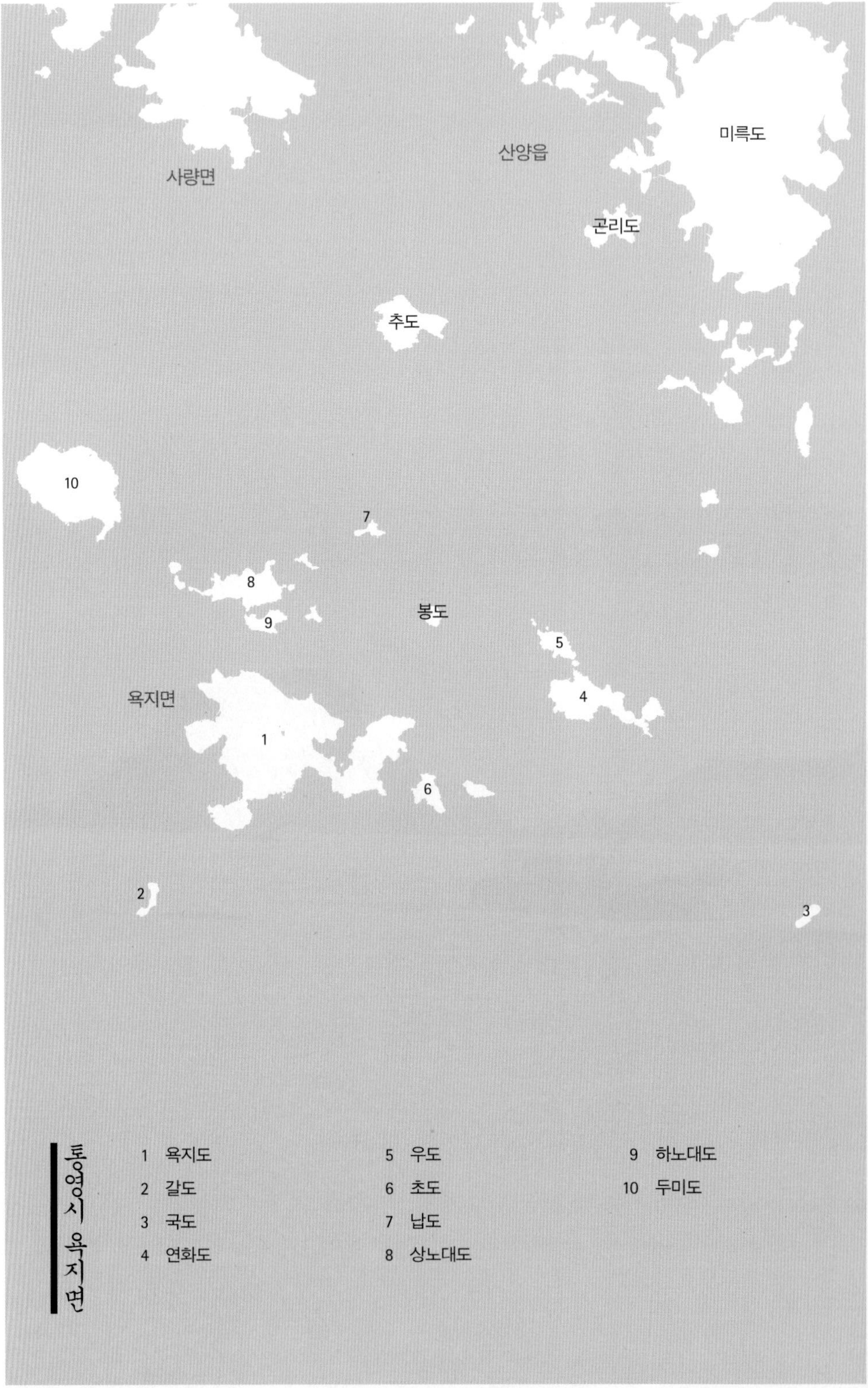

1

'고메'의 섬,
손맛에 취하다

통영시 욕지면 욕지도

윤선아 뽕

어디 가나 뽕

진남 간다 뽕

나도 갈까 뽕

오지 마라 뽕

30여 년 전 욕지도 아이들이 부르던 전래요다. 진남은 통영을 말한다. 윤선은 욕지도 앞을 지나던 배를 말하는데, 그 기적 소리를 '뽕'이라 재미있게 표현했다. 《욕지면지》에 소개된 내용이다. 노래에서 육지로 가고 싶은 아이들의 갈망과 호기심을 읽을 수 있다. 그 아이들은 대부분 섬을 벗어나지 못하고 섬지기가 되거나 섬이 되었다.

　욕지에 들어와 첫날밤을 지내고 버릇대로 새벽에 눈을 떴다. 창문을 열자 한눈에 자부랑개마을이 들어왔다. 아이들이 깨지 않도록 카메라만 들고 조용히 나왔다. 수원지까지 산책했다. 박새 소리가 요란스러웠다. 백여 마리가 모였다 흩어지며 아침 인사를 했다. 마을 뒤 산자락의 황토밭은 더욱 붉었다. 작년에 고구마를 심었던 밭인지 줄기가 여기저기 흩어져 있었다. 골목길을 비집고 내려가자 여객선이 닿은 선창으로 이어졌다. 어제 저녁 식사를 했던 식당을 찾아갔다. 아침에 성게알미역

고등어 양식에 성공한 욕지 바다에서는 참치 양식까지 이루어지고 있다. 한때 고등어 파시가 형성되었던 바다지만 이젠 양식 어장으로 주목받고 있다. 일제강점기 때 술집은 말할 것도 없고 유치원이 들어서고 당구장과 세탁소와 여관도 생겨났다. 그렇게 일본인 이주 어촌이 만들어졌다.

국을 부탁했기 때문이었다.

욕지도는 통영에 있는 44개의 유인도 중 가장 큰 섬이다. 먼바다에서 통영으로 들어오는 길목 먼 곳에 있다 해서 예전에는 두미도, 연화도와 함께 '원삼면'이라 불렸다. 욕지도는 조선시대에 민간인 거주가 허용되지 않았지만, 조정에 진상하는 사슴을 기르는 목장이 있어 통제영 수군들이 관리했다. 통제영이 1885년 폐지되고 1887년부터 민간인이 들어오기 시작했다. 그리고 조일통어장정이 체결(1889년)된 후에는 많은 일본인 어부들이 욕지도로 들어왔다. 그 중심이 욕지항에 있는 좌부랑개마을이다.

욕지 바다를 탐한 일본인

좌부랑개마을은 자부랑개, '자부포'(自副浦)라고도 한다. 주민들은 '자보랑개'라고도 부른다.

1903년 일본 우익단체인 흑룡회에서 발행한 《한해통어지침》에는 "욕지도에는 6개 마을이 있다. 그중 두 곳이 욕지도 항구 안쪽에 있었다. 당시 골개(읍동)에는 30여 호가 흩어져 있었고, 자부포에는 4호가 있었다."라고 했다.

1910년 발간된 《한국수산지》를 보면, 욕지도에 읍동과 좌부랑포 2개 마을이 있고, 주변에 논과 밭이 많다고 했다. 당시 인구는 801호이며, 어선은 15척으로 해조류를 채취하고 챗배로 멸치를 잡았다고 한다. 그리고 일본인 도미우라 외 1호가 살고 있었다. 20년 후 욕지도는 일본인 98호, 조선인 870호로 크게 증가했고, 일본인은 대부분 가가와현 출신들이었다.

욕지도에서 고등어잡이가 불야성을 이룬 것은 1920년대이다. 대형 선단을 꾸려 고등어잡이를 시작한 것은 일제강점기인 1920년대 이후부터다. 일본인 이주 어민들이 마을을 이룬 좌부랑개에는 주재소(1911년), 우편소(1912년), 어업조합(1924년) 등 주요 기관이 속속 자리를 잡았다. 그리고 마을 이름도 자부포로 바뀌었다. 마을 이름을 두고 해석도 분분하다. 일본인 이주 어민 중 도미우라 가쿠타로(富浦覺太郎)라는 인물이 있다. 그가 중심인물로 떠오르면서 '부포'와 자부랑개의 한자 표기 '좌부포'(坐釜浦)에서 '자부포'(自富浦)가 되었다는 설이다. 어쨌든 좌부랑개를 중심으로 욕지도는 일본인 이주 어촌이 형성되었고 학교, 유흥업소, 어판장, 목욕탕, 신사, 화장터, 심지어 당구장까지 있었다. 모두 고등어가 불러온 변화였다. 다음은 1929년 7월 12일 〈동아일보〉에 실린 내용이다.

쌀 대신 배를 채웠던 고메(고구마)는 이제 욕지 특산물이다. 마른 고구마를 이용한 빼떼기죽은 욕지도에서 꼭 먹어야 할 음식이 되었고, 할매 바리스타 카페에서는 고구마라떼를 비롯해 음료를 만들어 팔고 있다. 모두 황토 땅이 준 선물이다.

욕지도 근해 고등어업은 연 백만 원 이상으로서 이어기만 되면 수백 척의 어선과 어획운반발동기선 백여 척은 항상 출입하는데 지난 2일 10만 미, 3일에는 15만 미, 4일에는 50만 미를 포획하여 근년에 처음 보는 풍어를 기록하자 어민들이 매우 기뻐하였다.

당시 기뻐하는 어민들은 토박이 욕지도 주민이었을까? 아마도 일본인 이주 어민들이었을 것이다. 무동력선을 가진 조선 어민들은 울상이었을지도 모른다. 욕지도에 들어온 일본인 이주 어민들은 어장을 선점하고 최첨단 동력선인 건착선으로 고등어를 싹 쓸어갔다. 고등어잡이 배가 500여 척이었다. 운반선만 250여 척에 이르렀다고 한다.

사라진 비린내, 그 흔적들

욕지 바다는 1970년대 중반까지 고등어의 고향이었다. 고등어 경매도 이어졌다. 1968년 욕지도 일대를 가공과 유통 시설을 갖춘 '어업 전진 기지'로 지정했지만 바다는 고갈되고 있었다. 당시까지만 해도 욕지도 에는 냉장 시설이 없었다. 집집마다 화장실 옆이나 처마 밑에 한두 개 씩 '간독'을 만들어 고등어를 염장해 보관했다. 고등어 4만 미까지 들어 가는 큰 간독이 있었다. 간독은 고등어를 염장 보관하는 창고다. 가마 니를 깔아놓고 사다리로 내려가서 소금과 고등어를 번갈아 채웠다. 고 등어 파시가 한창일 당시에 좌부랑개 사람들은 아침 일찍 일어나 마을 을 한 바퀴 돌고 나면 동전을 한 주먹씩 주웠다고 한다.

간독에 보관한 고등어는 통영, 마산, 사천, 영덕까지 갔다. 그리고 산 너머 내륙으로 운반되었다. 경상북도 안동 간고등어도 욕지도 간독에 보관된 간고등어로 만들었다고 한다.

바다는 화수분이 아니다. 일제강점기에도 남획이 문제였는데, 1970 년대 이후 욕지도 바다에서 고등어가 자취를 감출 때까지 싹쓸이 어업 은 지속되었다. 고등어 비린내가 사라진 욕지항에 다시 고등어가 등장 한 것은 2000년대 초반이다. 고등어 양식이 시작되면서다. 아일랜드에 서 배운 기술과 경험을 바탕으로 홍순진 씨가 내파성 가두리 양식 시설 을 이용해 국내에서 처음으로 고등어 가두리 양식에 성공한 것이다.

욕지항에 어둠이 내리자 가장 먼저 불을 밝힌 곳은 해녀촌이다. 이어 '여관' '다방' '세탁소' 등이 어둠을 밝혔다. 모두 옛날 고등어 파시의 흔 적들이다. 이 골목이 한때 뱃사람과 작부들이 밀고 당기며 흥정을 하고 풋사랑을 나누었던 곳이리라. 나이 든 해녀가 운영하는 선술집에서 고 등어회를 시켜놓고 술을 마시던 사내들이 부산여관 상호가 별처럼 빛 나는 골목길로 사라졌다.

고메밭에서 쟁기질 소를 만나다

7월쯤으로 기억한다. 좌부랑개를 지나 북쪽 노대도를 벗 삼아 해안길을 걷고 있었다. 당시에는 도동에서 자부로 통하는 일부 구간과 노적과 통단으로 가는 길이 비포장 길이라 차들이 접근하기 어려웠다. 고갯길에서 황토밭을 갈고 있는 황소를 만났다. 주인 말을 잘 듣는 것으로 보아 쟁기질 경력이 상당한 귀한 소였다. 쟁기질을 한 이랑에 어머니 두 분이 고구마 순을 옮겨 심고 있었다. 그때는 고구마, 즉 욕지 말로 '고메'가 얼마나 귀한 음식이었는지 몰랐다. 쌀농사를 지을 수 없어 식량을 해결할 목적으로 심었던 작물이 고구마다. 뿌리는 식량으로, 줄기는 소 먹이로 쓸 정도로 버릴 것이 없었다.

그때 배가 닿는 동촌 선창 허름한 가게에서 허기진 배를 채웠던 것이 '빼떼기죽'이었다. 말린 고구마를 갈아서 죽을 쑤어 만든 욕지도 음식이다. 통영에서는 '충무 김밥' '꿀빵' '시락국' '도다리쑥국'과 함께 '빼떼기죽'도 별식으로 이름을 올렸다. 고구마는 욕지도뿐만 아니라 우리나라의 많은 섬사람들에게 특별한 음식이다. 겨울은 물론 보릿고개를 넘길 수 있는 식량이었다. 하지만 욕지도의 '빼떼기죽'처럼 지역 음식을 넘어서 전국적인 별식에 이름을 올린 경우는 흔치 않다.

말린 고구마를 잘 씻어 냄비에 넣고 물을 붓고 팥과 쌀을 넣어 끓인다. 주걱으로 잘 저으면서 빼떼기라 부르는 '말린 고구마'를 으깬다. 설탕을 넣고 소금으로 간을 하면서 끓인다. 조리 과정이 어렵지 않지만 고메에 삭힌 섬사람들의 이야기는 깊고 깊다. 이젠 빼떼기죽만이 아니라 할매 바리스타가 만들어준 '고구마라떼'도 인기다. 덕분에 묵혔던 밭들을 일궈 고구마 농사를 짓고 있다. 다만 주민들이 나이가 많아 고구마 농사를 계속할 수 있을지가 걱정이다.

고등어에서 참다랑어로

좌부랑개를 돌아보고 시금치재 너머 도동마을 바닷가로 향했다. 그곳에서는 고등어와 참치 양식장이 시도되고 있다. 특히 참다랑어 양식은 우리나라에서는 제주도와 통영 욕지도 두 곳에서 시도되고 있다. 세계 참다랑어 어획량이 최근 10년 사이에 절반으로 감소하였지만 소비량은 급증해 양식이 4배 정도 증가했다. 자연산 참다랑어 어획량은 다랑어류 전체 어획량의 1퍼센트에도 미치지 못한다. 게다가 고갈 위기를 맞고 있어 어획량도 엄격하게 제한하고 있다. 우리나라에 할당된 어획량은 전체 6만 1천 톤의 3.4퍼센트인 2천여 톤에 불과하다.

　최근 수온의 변화로 강원도 일대에서 잡히는 참다랑어는 놓아줘야 하는 상황이다. 일찍이 참치 양식에 나선 나라는 일본이다. 일본은 참

욕지도에서 모노레일을 타기 위해, 멋진 해안을 보기 위해, 조망이 좋은 숙소에서 휴식하기 위해 가는 사람도 있지만 순전히 식탐 때문에 가는 사람도 있다. 특히 고등어회와 고등어조림은 어디에서도 맛볼 수 없는 맛이다. 운송과 보관 기술이 발달해서 뭍에서도 고등어회를 맛볼 수 있고 양식한 회도 뛰어나지만 산지의 신선함을 넘어설 수는 없다.

다랑어 완전 양식에 성공했다. 세계 양식량의 40퍼센트를 점하고 있다. 일본 외에도 호주, 멕시코, 몰타, 스페인도 양식을 하고 있다. 우리는 치어를 가져와 양식을 하는 수준이다. 참다랑어가 좋아하는 먹이는 고등어다. 욕지도에서 양식한 참치는 서울 일식집 최고급 횟감으로 공급되고 있다. 자연산은 바다의 로또라고 할 만큼 고가에 거래되고 있다.

고등어 파시로 유명했던 욕지도는 고등어 양식을 넘어 참다랑어 양식으로 바뀌고 있다. 비록 참다랑어 회는 맛보기 어렵지만 욕지도 선창에서 고등어나 방어회는 맛볼 수 있다. 특히 물질하는 해녀 김 씨가 건져 올린 자연산 돌미역과 성게를 넣고 끓인 미역국이 맛있다. 운이 좋으면 문어숙회도 맛볼 수 있다. 붉은 황토와 파란 바다라는 대비되는 색감만으로도 욕지도는 매력적인 섬이다.

펜션이 섬집 노릇을 하다

다시 욕지도를 찾았다. 이번에는 아내와 아이들도 동행했다. 날씨가 너무 좋았다. 짐을 풀어두고 시금치재를 넘어 유동으로 향했다. 섬의 서쪽에 위치한 마을이다. 이곳은 최근 유자를 많이 심었다. 시금치재는 해안도로가 생기기 전에 유동과 덕동 주민들이 꼭 넘어야 하는 고개였다. 욕지도 중앙에 있는 천황봉(329미터)과 약과봉의 사잇길이다. 시금치를 이고 고개를 넘으면 도깨비가 나타나 시금치를 뺏어간다는 전설이 있다고 한다. 전설보다는 오히려 고개를 넘어갈 때 쉬엄쉬엄 쉬면서 갈 만큼 험하다고 해서 쉬어가는 고개, '쉬엄-치'가 되었다는 설이 더 설득력 있다.

수원지를 지나 시금치재를 넘자 밭 주변으로 돌담집 몇 채가 있었다. 꽤 높은 산자락인데도 묵힌 밭이 거의 없다. 고구마 때문이었다. 발길을 막는 반가운 집을 만났다. 지난번에도 이곳을 지나다 한참 쳐다보았

욕지도는 통영에서 가장 큰 섬이다. 걷는 길을 택한다면 최소 이틀 정도, 차량을 이용한다면 하루 정도 머물러야 한다. 섬 길에서 다양한 모습을 한 바위를 볼 수 있다. 그중 문화해설사들이 최고로 꼽는 포인트가 삼여전망대에서 본 삼여도다.

다. 대나무로 만든 사립문 앞에 파리똥나무(왕보리수나무)와 동백나무가 아치형으로 잘 가꾸어져 있었다. 인기척이 없었다. 지난번에는 사람이 살고 있는 흔적이 있었는데 너무 조용하다. 주변에 집이 네 채 있었다. 세 집은 빈집이었다. 그중 한 집으로 들어섰다. 돌담도 지붕도 무너졌지만 장독대만은 자리를 지키고 있었다. 주인은 떠났지만 젓갈이 맛있게 익어가고 있었다. 뚜껑을 열었다. 된장, 장, 멸치젓이 그대로 남아 있었다. 빈집이 된 것은 몇 년 된 듯 보였지만 금방 갈무리한 듯 잘하면 먹을 수 있을 것만 같았다.

섬사람들은 떠났지만 더 높은 산자락에는 펜션들이 지어지고 있었다. 이곳만이 아니다. 섬 곳곳에 펜션들이 자리를 잡았다. 우리 숙소도 부산에서 생활하다 퇴직해 들어온 사람이 지은 곳이었다. 해안도로 곳곳에 펜션을 알리는 안내판이 어지럽다. 이미 포화상태라고 하는데도 새로운 펜션들이 지어지고 있었다.

몽돌해수욕장에서 군소를 만나다

도동마을은 백건우의 섬마을 콘서트와 예능 방송 프로그램 〈1박2일〉의 촬영장으로 알려진 곳이다. 마을 입구에 피어 있는 동백꽃이 아름답다. 덕동은 몽돌해수욕장이 있는 마을이다. 마을에서 만난 사람은 선창에서 배 바닥을 씻고 있는 주민과 마을 입구에서 만난 노인뿐이었다. 아내가 돌 틈에서 군소를 발견하고 기겁했다. 가만히 물속에 넣어주었더니 달팽이보다 더 느리게 움직여 돌 틈으로 숨어들었다. 주변에는 톳과 미역과 파래가 돌에 붙어 자라고 있었다. 군소가 좋아하는 먹이들이다.

고래머리에서 유동을 지나 삼여, 노적, 통구지로 이어지는 해안도로가 아름답다. 그 길 중간에 '욕지 개척 100년 기념비'가 있다. 욕지도와 주변 작은 섬에서 신석기시대 조개무지가 발견되었고 각종 석기와 사람 뼈도 발견되었다. 선사시대에도 사람이 살았다는 증거다. 그런데 왜구와 수적들의 잦은 출현으로 고려 말부터 조선 초까지 섬에 공식적으로 사람이 살 수 없었다. 임진왜란 후에는 해양 방어 목적으로 군인들이 머물렀다. 백성들이 처음 살기 시작한 것은 1887년(고종 24년)이다. 1988년에 100년 기념비를 세운 것은 이런 사연 때문이다. 선사시대는 물론이고 정책적으로 백성들이 뭍이나 안전한 곳으로 이주하거나, 수군이 머물던 섬의 역사 또한 역사가 아닌가 묻고 싶었다.

해녀, 잠 못 이루다

일제강점기에는 전갱이와 고등어 파시가 형성되었다. 마산과 서울은 물론 일본과 만주까지 수출했다. 일본인들이 들어오면서 나로도, 거문도 등과 함께 욕지도는 어업 전진기지가 되었다. 가거도처럼 '챗배'를 이용해 불을 밝혀 멸치를 잡았다. 지금도 수족관에는 방어, 농어, 볼락, 고등어, 자리돔, 문어, 전복, 소라 등이 철 따라 가득하다. 내항에는 우럭과 돔을 양식하며 가두리 낚시 체험도 할 수 있다. 고등어 양식도 성공했고, 유동 앞바다에는 참치 양식도 시도되고 있다.

새벽같이 쏘다녔더니 출출했다. 어제 고등어와 방어회를 맛있게 먹었던 해녀집을 찾았다. 물질을 하는 김 씨는 새벽 4시에 나가고 없었다. 남편이 아침을 준비하고 주문한 고등어회를 썰었다. 성게알 미역국을 준비하는 것을 보고 아내를 데리러 숙소로 갔다. 아침을 먹고 나오는데 김 씨가 '대송끝'에서 물질을 마치고 돌아왔다. 망사리에는 앙장구라 부르는 말똥성게, 문어 한 마리, 돌미역 약간, 전복 네 개, 모자반 약간이 담겨 있었다. 사람들이 우르르 몰려들었다. 물이 뚝뚝 떨어지는 잠수복을 입은 김 씨의 모습이 당당하고 아름다웠다. 어젯밤 늦도록 불이 꺼지지 않았던 늙은 해녀의 가게가 생각났다.

개황 | 욕지도

위치 | 통영시 욕지면
면적 | 12.7km²
가구수 | 941
인구(명) | 1,497
교통 | 배편 | 통영-통영여객선터미널-나폴리호, 욕지호, 금영호 등 배편 이용
특산물 | 고구마, 감귤, 감성돔, 고등어, 김, 굴

변화 자료

구분	1971	1985	1995
주소	통영군 욕지면 동항리	통영군 욕지면 동항 서산리	통영시 욕지면
면적(km²) 공공기관	14.95 경찰서 1개소, 농협 1개소, 어협 1개소, 우체국 1개소	14.95 면사무소 1개소, 지파출소 1개소, 우체국 1개소, 보건소 1개소, 농협 1개소, 수협 1개소	14.95 읍사무소 1개소, 지파출소 1개소, 우체국 1개소, 농업인상담소 1개소
인구(명)	8,101 (남:4,124 여:3,977)	5,822 (남:3,044 여:2,778)	3,228 (남:1,610 여:1,618)
가구수 급수시설	1,376 상수도, 공동우물 96개소	1,319 상수도 199가구, 간이상수도 592가구, 우물 528가구	1,033 상수도시설 1개소, 간이상수소시설 17개소, 공동우물 7개소, 사설우물 3개소
초등학교	중학교 1개 456명, 초등학교 4개 1,560명, 유치원 30명	중학교1개 649명, 초등학교 4개 927명	중학교 1개 209명, 초등학교 2개 251명, 초등학교 분교 2개 15명, 유치원 2개 42명
전력시설 의료시설	자가발전 민영 539가구 공의 1개소, 약국 2개소	자가발전기 2대 한의원 1개소, 약국 1개소	한전 1,033가구 보건지소 1개소, 약국 1개소, 상비약비치 1개소
어선(척, 동력선 +무동력선)	169(70+99)	299(216+83)	231(193+38)

2
불법(佛法)의 바다,
멸치 어장

통영시 욕지면 갈도

통영 바다 남쪽 끝을 지키는 섬들이다. 옛날 남해에 속할 때는 남해에서 며칠 만에 오가는 배가 있었다. 당시 갈도는 통영시가 아니라 남해군에 속하는 섬이었다. 남해 미조항까지는 20킬로미터 남짓 거리인데, 통영 삼덕항까지 30킬로미터 남짓 떨어져 있다. 갈도에서 매물도까지나 여수 연도까지나 35킬로미터 남짓 되는 거리다. 갈도 바깥 바다 동쪽으로는 좌사리도와 국도가 있고 서쪽으로는 세존도가 있다. 통영에서는 난바다 중에 난바다다. 이곳은 우리나라 최고의 멸치 어장이 형성되는 곳이다.

세존도를 돌아서 출렁출렁 흔들리는 배를 타고 갈도로 향했다. 그물을 끄는 멸치잡이 배와 검은 연기를 내뿜는 멸치 삶는 배가 손톱만 하다. 갈도에는 사람이 살고 있는 흔적이 있는 한 가구와 흉가로 변한 대여섯 가구와 너덧 곳의 집 자리만 남아 있다. 인기척이 있는 집 뒤로 태양광발전을 위한 패널이 있고 수도와 우물이 있다. 선착장은 접안 시설이 되어 있지만 파도를 견디지 못해 오래전에 무너진 듯했다. 산에서 흘러 바위틈으로 똑똑 떨어지는 석간수를 모아 식수로 사용했던 흔적도 있다.

갈도는 1973년 남해군 이동면에서 통영시 욕지면으로 편입되었다. 섬은 3분의 1 지점이 잘록한 땅콩 모양이며, 그 사이에 몽돌해변이 형

갈도는 두 개의 섬이 몽돌해변으로 연결되어 있지만 사실은 한 개의 섬이었다. 파도와 해풍으로 무른 부분이 침식되면서 큰 파도가 오면 바닷물이 넘치기도 한다. 몽돌해변 오른쪽에 폐허가 된 민가 10여 채가 대나무 숲에 가려져 있고 왼쪽에 폐교가 있다. 섬 뒤로 좌사리도와 국도가 있고, 그 너머로 쓰시마섬이 있다.(사진·도영준)

성되어 있다. 잘록한 목을 기준으로 큰 섬 쪽으로 마을이 있고, 작은 섬
쪽으로는 학교가 있다. 국도와 함께 오랫동안 삼천포를 이용하는 생활
권이었다.《욕지면지》를 보면, 칡덩굴이 무성해 '치리섬'이라 불렸고,
이를 음차해 '치리'라 표기하고, 한자 지명으로 바뀌면서 갈도로 표기
했다고 한다.

이곳에도 원량초등학교 갈도분교가 있었다. 1967년 남해군 미남국
민학교 갈도분교로 문을 열어 1996년 폐교되었다. 학교 건물과 운동장
은 방치되어 무너졌지만 낚시객이나 무인도에서 캠핑을 즐기는 여행
객들의 쉼터가 되기도 한다. 학교 벽에는 '국어사랑, 나라사랑'이라는
글씨가 해풍에 지워지고 있었다. 교실 안에는 물메기(꼼치)를 잡는 대
나무 통발이 방치되어 뒹굴었다. 이곳 주민들이 사용했을 것으로 생각

되는 어구들이다. 벽에서 곧 떨어질 듯 위태로운 칠판에는 아랍어로 보이는 알 수 없는 글씨가 쓰여 있다. 교무실과 교실로 사용되었을 작은 공간에는 허름한 텐트가 쳐져 있었다. 누군가가 가끔 머물다 가는 흔적들이다.

학교 앞으로 너른 몽돌해변이 펼쳐져 있으며, 서쪽으로는 여수시 연도가, 동쪽으로는 통영시 좌사리도와 국도가 있다. 갈도는 1896년 처음 개척되어 1973년 27가구 178명이 거주하며 갈도분교까지 있는 섬이었다. 학교는 1968년 개교하여 1996년 폐교될 때까지 모두 30명이 졸업했다. 남해를 강타한 태풍 매미(2003년 9월)가 섬을 완전히 덮치면서 사람이 살 수 없는 섬이 되어버렸다. 모두 섬을 떠나 뿔뿔이 흩어졌다. 간혹 낚시꾼이나 인근 바다에서 조업을 하는 어민들이 들를 뿐이다. 그 후 2018년 장정수 씨가 갈도로 귀어귀촌을 했다. 무인도가 되었던 섬이 다시 유인도로 바뀌면서 통영시에서는 방파제 수리와 태양광 발전 시설, 상수도, 발전기 등 생활기반 시설을 지원할 계획이다. 남해의 최남단 섬을 유인도로 지키겠다는 의지이다. 섬에서는 주민을 만날 수 없었다.

그런데 정말 우연이었다. 2020년 무더운 8월 중순 무렵이었다. 욕지도 덕동마을에서 '온바다' 협동조합 조합원들의 초대를 받아 해양쓰레기 모니터링에 참여했다. 덕동은 욕지도 서남쪽에 위치한 마을이다. 이곳에서 갈도의 유일한 주민 장 씨를 만났다. 빈집 중 유일하게 사람이 사는 흔적이 있는 집이 장 씨의 집이었다. 덕동해수욕장을 관리하며 여름을 보내고 다시 갈도로 돌아갈 계획이라고 했다. 욕지도 덕동마을은 갈도에서 가장 가까운 포구다. 장 씨는 뭍으로 나갈 때면 이곳으로 나와 욕지도에서 여객선을 타고 나간다고 했다.

한때 200여 명이 거주했다는 마을 뒤로 띠풀이 초지를 이루고, 그 뒤

우물이 없는 갈도는 바위를 타고 내려오는 물을 받아 식수로 이용했다. 선창 갯바위를 타고 한 가닥 한 가닥 흐르는 물을 받아 식수로 사용했다.

로 동백이 숲을 이루고 있다. 그 너머는 해식애가 발달한 동쪽 해안이다. 산릉선과 해식애가 맞닿아 있어 아찔하다. 그곳 절벽에 기댄 돈나무가 강한 바람에 납작 엎드려 있다. 아스라한 절벽 아래에서 통발을 놓는 어선이 나뭇잎처럼 흔들거리고, 좌사리도제도와 국도를 뒤로하고 멸치를 잡는 권현망 4척(그물을 끄는 2척, 본선 1척, 삶는 배 1척)이 선단을 이루어 조업 중이다. 마을의 민가는 대나무와 나무로 둘러싸인 지붕만 내민 몇 채가 있으며 그중 한 집에만 사람 흔적이 있었다.

섬에는 1981년 식수 개발을 기념해 갈도 이장 이름으로 세운 준공탑이 섬에서 유일하게 확인할 수 있는 기록이다. 사람은 머물지 않은 탓인지 바닷가에 크고 상태가 매우 좋은 군부(딱지조개), 거북손, 톳 등이 많이 있다. 산은 온통 염소들이 차지했다. 절벽에 매달린 구절초가 아름답다.

통영의 난바다를 '불법(佛法)의 바다'라고도 한다. 욕지도를 시작으로 연화도, 두미도, 세존도, 미륵도 등, 섬의 이름에서 따왔는지, 섬 이름의 유래가 된 말인지는 모르겠지만 '연화의 세계를 알려거든 그 처음과 끝을 세존에게 물어보라'(欲知蓮花藏頭尾問世尊)는 말이 있다. 그 중심에 세존도가 있다. 이름만큼이나 아름답다. 먼바다에 지존으로 우뚝 솟은 바위다. 해식애와 해식동 그리고 시 스택(sea stack)이 발달했다. 아쉬운 점이라면 주변에 다른 바위들 없이 유아독존한다는 점이다. 크고 작은 바위를 보살처럼 거느렸다면 통영시에 큰 자원이 되었을 것이고 바다에 사는 멸치들에게도 더 많은 서식 공간을 마련해주었을 텐데 말이다. 물론 바닷속에는 물 위로 솟은 바위보다 더 넓고 더 큰 세계가 펼쳐져 있다. 부처의 깊은 속을 어찌 범인이 헤아리겠는가.

갈도에서 본 세존도가 윤슬 위로 솟아 있고 멸치잡이 배들이 오간다. 이곳 난바다는 통영의 멸치잡이 배들이 조업하는 장소다. 세존도는 부처가 멸치가 되고 멸치가 부처가 된다. 멸치의 보금자리다. 세존도가 검푸른 장삼을 펼치고 멸치를 모아 설법을 하면, 지혜를 깨달은 멸치는 윤슬이 되어 그물을 찾는다. 거친 파도에 흔들리며 지혜를 건지는 어부들은 구도자이며, 부처의 지혜를 중생의 밥상에 올리는 수행승이다. 멸치가 사는 세존도의 바다는 구도의 바다다.

낚시꾼들의 천국, 좌사리군도

좌사리군도는 욕지도 남동쪽 갈도와 비슷한 위도에 위치해 있다. 사람의 접근을 거부한다. 깎아지른 절벽 위에 나무와 풀이 자란다. 북쪽부터 내장덕도, 소벼락도, 대벼락도, 볼개도, 좌사리도(본섬), 등대섬으로 이루어져 있다. 이렇게 여러 섬이 모여 있는 것을 군도 또는 제도라고 한다. 좌사리도에서 국도까지는 9킬로미터, 욕지도까지는 10킬로미터,

갈도까지는 14킬로미터이다. 통영의 난바다를 지키고 있는 섬들이며, 멸치 어장이 형성되는 곳이다. 이곳을 찾는 참돔, 감성돔, 볼락, 고등어, 전갱이, 긴꼬리벵에돔 등 철철이 등장하는 바닷물고기를 잡기 위해 위험을 무릅쓰고 낚시인들이 찾는다.

좌사리도는 경남 통영시 욕지면 동항리에 속하는 특정 도서로, 자사리도라고도 한다. 특정 도서란 '지형 경관이 매우 우수하고, 자연식생이 발달하였으며, 멸종 위기 동물인 매가 서식하고 있어 〈독도 등 도서 지역의 생태계보전에 관한 특별법〉에 의거하여 지정된 도서'이다. 특정 도서로 지정되면 건축물·공작물의 신축·증축, 매립·개간·간척·준설, 택지 조성, 토지 형질 변경, 토지 분할, 공유수면의 매립 등 많은 행위에 제한이 따른다. 좌사리도 등대섬 근처에서 그물을 드리우고 조업 중인 배를 만났다. 이곳 등대는 무인 등대로 1983년 8월 건설되었다. 그 후 2007년 백색의 팔각 철근 콘크리트 구조물을 성화대 모양으로 만들었다.

좌사리도로 가는 길은 험하다. 험한 만큼 손맛을 즐기는 낚시꾼들에게는 천국이다. 겨울철 감성돔의 손맛을 즐기려는 사람들에게 성지와 같다. 남해 동부의 먼바다에 있는 섬은 욕지도 밖에 있는 섬을 말한다. 그 끝이 갈도, 좌사리도, 국도다. 이 중 겨울 감성돔을 원한다면 단연코 좌사리도다. 숨은 바위가 많고 너무 깊지 않으면서 조류 소통이 잘되는 곳이다.

● ─ 섬의 정의

우리 역사에서 섬으로 이루어진 군[島嶼郡]이 설치된 것은 '1896년(건양 1년) 2월 3일 칙령 제13호'에 의해서다. '전주부, 나주부, 남원부 연해제도(沿海諸島)에 군(郡)을 설치하는 건'이 고종의 재가를 받아 발표되었다. 그 결과 지도군(나주·영광·부안·만경·무안 등 5군의 98島 19嶼), 완도군(영암·강진·해남·장흥 등 4군의 48島 52嶼), 돌산군(흥양·낙안·순천·광양 등 4군의 52島 17嶼)이 설치되었다. 고려 말 조선 초 약 70년간 왜구의 연안 침입으로 실시된 공도정책 이후 500여 년간 잃어버린 우리 바다의 시간을 바로잡는 조치였다. 무엇보다 섬을 독립행정 단위로 설치했다는 데 큰 의미가 있다.

그렇다면 도(島)와 서(嶼), 또 여(礖)와 탄(灘)과 초(礁)는 어떻게 다를까. 도(島)는 섬 도(島) 자를 쓴다. 새 조(鳥), 뫼 산(山)으로 이루어져 있는데 이는 바다에 있는 큰 산이란 의미다. 철새 무리가 바다를 건너 이동하면서 중간기착지로 이용하는 섬으로, 나무가 있고 물과 먹이를 구할 수 있는 곳을 뜻한다. 서(嶼)는 섬 서(嶼)로, 뫼 산(山)과 줄 여(與)로 이루어져 있는데, 작은 섬의 무리로 바다에 솟아 있는, 나무 한 그루 없는 기암절벽의 작은 바위산을 뜻한다. 대략 섬 이름에 도(島)가 붙으면 사람이 살 수 있을 정도의 규모가 큰 섬이고, 서(嶼)가 붙으면 사람이 살 수 없는 규모가 작은 섬이나 바윗덩어리를 말한다.

도서(島嶼) : 크고 작은 온갖 섬을 가리킨다.

서(嶼) : 섬 서(嶼). 물 밖에 우뚝 솟은 바위.

여(礖) : 숫돌 여(礖). 물속에 잠겨 있거나 물 밖으로 드러나는 바윗덩어리.

탄(灘) : 여울 탄(灘). 수중 암초를 뜻하는 말로 여와 비슷한 개념.

초(礁) : 물에 잠긴 바위 초(礁). 물속에 잠겨 보이지 않는, 높이 솟은 바위나 산호.

● ─ 군도(群島)·열도(列島)·제도(諸島)

통영의 난바다에 모여 있는 섬들을 부를 때 좌사리군도나 연화열도처럼 '군도' '열도' 또는 '제도'라는 말을 붙인다. 어떻게 다른 것일까.

국제해양법에 섬이란 '사면이 물로 둘러싸인 작은 육지'를 말하며 세계적으로 오스트레일리아(762만 7,000제곱킬로미터) 이상의 큰 육지는 대륙이라 부르고, 그린란드(217만 5,600제곱킬로미터) 이하의 육지는 섬이라 한다. 섬은 만조 시 수면상에 노출되어 있으며, 수면에 둘러싸인 자연적으로 형성된 육지를 말한다. 국제수로기구(IHO)에서는 표면적이 10제곱킬로미터 이상이면 도서(island), 1~10제곱킬로미터이면 소도(islet), 1제곱킬로미터 미만이면 암도(rock)로 분류하고 있다.

우리나라에서 섬은 '만조 때 사면이 바다로 둘러싸인 지역'을 말하며, 현재 간척(干拓)·매립되었거나 방파제·방조제·교량 등으로 연륙된 도서와 제주도(濟州道) 본도(本島)는 섬에서 제외된다.

군도(群島) : 불규칙하게 무리를 이루어 모여 있는 크고 작은 섬들. 군산 고군산군도, 옹진 덕적군도, 신안 흑산군도, 진도 맹골군도, 영광 안마군도, 제주 추자군도가 있다.

열도(列島) : 바다 위에 줄지어 늘어서 있는 여러 개의 섬들. 여수 금오열도, 통영 연화열도, 태안 격렬비열도가 있다.

제도(諸島) : 육지나 본도에서 멀리 떨어져 줄을 짓거나 불규칙하게 모여 있는 섬들. 통영 좌사리제도, 신안 다이아몬드제도, 태평양 마리아나제도, 갈라파고스제도, 인도양 몰디브제도가 있다.

개황 | 갈도

일반현황

위치 | 통영시 욕지면 서산리
면적 | 0.57km²
가구수 | 1
인구(명) | 1
교통 | 배편 | 삼천포대교–지족삼거리–미조항–낚싯배 이용
특산물 | 참돔, 감성돔, 볼락, 고등어 등

변화 자료

구분	1985	1995	2011
주소	통영군 욕지면 서산리	통영시 욕지면 서산리	통영시 욕지면 서산리
면적(km²)	0.91	0.91	0.568
공공기관	–	–	–
인구(명)	96	48	32
	(남: 47 여: 49)	(남: 22 여: 26)	(남: 23 여: 9)
가구수	19	10	10
급수시설	간이상수도시설 1개소	간이상수도시설 1개소	우물 1개소
초등학교	1개 12명	초등학교 분원 1개 1명	–
전력시설	자가발전기 1대	자가발전기 1대	자가발전기 1대
의료시설	–	–	–
어선(척, 동력선+무동력선)	15(9+6)	11(9+2)	6(6+0)

3
누구의
천국일까
통영시 욕지면 국도

"저, 배 좀 탈 수 없나요?"

"신도가 되면 언제라도 탈 수 있어요. 신도가 아니면 탈 수가 없네요."

"네….."

삼덕항에서 입을 열고 승객을 기다리는 국도행 여객선에 단정한 옷
차림을 한 사람들이 올랐다. 혹시나 해서 국도에 갈 수 있느냐고 물었
다. 어엿한 여객선인데, 신분증도 있고 승선 요금을 내겠다는데, 배에
탈 수 없단다. 이게 무슨 말이람. 그런데 사실이다. 국도는 아무나 갈 수
없다.

국도는 통영 여객선 터미널에서 가장 멀리 떨어져 있는 섬이다. 설령
배에 승선할 수 있다고 해도 바람과 파도가 높으면 갈 수 없다. '청우일
신회'라는 종교단체의 사유지이니 허락을 받아야 하고, 무엇보다 하늘
의 허락이 떨어져야 갈 수 있는 곳이다.

면적이 0.56제곱킬로미터인 국도는 해안선이 4.5킬로미터이며 통
영에서 35킬로미터 떨어져 있다. 통영의 최남단에 위치하며 서쪽으로 좌
사리도와 욕지도, 동쪽으로 매물도, 남쪽으로 쓰시마섬이 있다. 1889년
욕지도 개척 당시 경남 진양에서 경주 김 씨 김경팔이 들어왔다고 알려
져 있다.

왜 국도라 했을까? 고려 말 설운 장군이 이상향을 꿈꾸며 지은 것이

통영에서 가장 남쪽에 있는 유인도다. '청우일신회'라는 신도들이 수행하는 수행처이다. 일반인의 입도를 허락하지 않는다. 한때 80여 명의 주민이 살았고 학생들도 20여 명이 있었던 섬이다.(사진·이상희)

라는 설이 있다. 설운 장군은 수우도에서 마을신으로 모시고 있으며, 욕지도와 사량도, 곤리도에서도 등장한다. 최영 장군과 함께 바다 마을 사람들을 지키는 장군이다. 마을 주민들이 제를 지내던 산신당과 장수당이 남아 있다. 이름부터가 예사롭지 않다. 고흥에 있는 나로도도 같은 이름으로 불렸던 적이 있다.

1889년 욕지면 개척 때부터 사람이 살기 시작했다고 한다. 해안은 모두 낭떠러지 해식애로 이루어져 있고 중턱에서 정상까지 풀과 나무가 있는 섬이다. 게다가 수심마저 깊으니 접안 시설을 만들기도 쉽지 않았다. 오가는 여객선은 없었지만 욕지도 장날이면 내초도, 갈도, 좌사리도 등 섬 주민들이 배에 해산물을 싣고 나가서 곡식이나 생필품을 사서 돌아왔다.

국도는 1970년대까지 19가구 88명이 거주했고, 분교생만 27명이

청우일신회는 주민들이 모셨던 마을신을 존중하여 모시기도 한다. 들어가면 쉽게 나오지 못하고, 들어가
기도 쉽지 않은 섬이다.(사진·이상희)

있었다. 1964년 4월 23일 연화초등학교 국도분교로 개교하여 폐교된
1990년까지 모두 45명이 졸업했다. 이 학교를 1996년 청우일신회가
구입했다. 국도가 '재단법인 대한민국 신민족종교 청우일신회'의 국도
도장이자 본부이다. 일반인들이 타고 갈 여객선이 없고 바다도 험해 쉽
게 갈 수 없는 섬이다. 2014년 구원파 세모그룹 유병언 회장의 도피처
로 의심되어 두 차례나 수색이 이루어지기도 했다. 섬이 종교단체 소
유이며 교인들이 공동체 생활을 하고 있기 때문이었다. 원주민들이 농
사를 지었던 밭에서 그대로 채소를 심어 거두고, 그들이 모셨던 제당의
신체들이 오롯이 남아서 제를 받지만 사람은 바뀌었다.

　망망대해에 떠 있는 섬에 주인이 따로 있을까 싶지만, 진짜 섬이 필
요하고 섬이 아니면 머물 수 없는 생명들이 있다. 그들이 섬의 주인이
다. 국도의 주인은 새와 물고기이다. 물고기를 찾는 가마우지와 새들을

먼바다 통영의 끝섬이라 조류가 거칠고 해식애가 발달했다. 손맛을 즐기려는 낚시객들이 많이 찾는다.
장군바위, 삼각바위, 촛대바위, 노랑바위 등이 유명하다.(사진·이상희)

피해 섬과 갯바위에 기대어 사는 물고기들이다. 때로는 파도에, 때로는
바람에 의지하고 벗하며 섬에 깃들어 살고 있다. 국도와 갈도 주변 바
다는 통영 최고의 멸치 어장이다. 멸치가 많다면 덩달아 갈치나 농어도
많이 들어온다는 얘기다. 이들을 탐하는 낚시꾼들이 들어와 갯바위에
머물다 간다. 귀하다는 긴꼬리뱅에돔이 잡히는 곳이다. 낚시꾼들이 붙
인 이름이지만 돔바위도 있다.

　국도는 조류 소통이 거칠고 해식애가 발달했다. 섬으로 들어서는 입
구의 '떨어진 여', 삼각바위, 촛대바위, 노랑바위를 비롯한 빼어난 기암
절벽과 몽돌해변이 일품이다. 이웃 섬이 없어 파도를 막을 수 없다. 따
라서 낚시인들은 일기예보를 꼼꼼히 살피고 들어온다. 거제시 구조라
나 통영시 중화동이나 척포항에서 출발하는 낚싯배가 있다. 봄과 여름
에 난류성 어류가 모여들어 어장이 형성된다. 대표 어종으로 고급 어종

인 참돔, 감성돔, 돌돔, 농어 등이 있다. 국도는 수국이 필 때 가고, 초도 는 작약꽃이 만발할 때 가는 것이 좋다. 하지만 아쉽게도 때를 잘 맞추 기가 쉽지 않다.

● —괭이갈매기의 천국, 홍도

홍도는 통영에서 50.5킬로미터 떨어진 거리에 있다. 바위와 풀과 동백나무로 이루어져 있고 사람 간섭이 없는 무인도이며 천연기념물로 지정되어 새들의 천국이다. 특히 괭이갈매기 최대의 번식지이다. 천적이 없고 주변 바다에 어족 자원이 풍부하여 남해안 일대의 괭이갈매기는 대부분 홍도에서 번식 활동을 한다. 괭이갈매기의 수명은 보통 17년 이상 된다. 태어난 지 4년째부터 번식할 수 있으며, 남해안 괭이갈매기는 봄이면 홍도로 모여들어 산란한다. 주변 바다에 먹을 것도 많고, 천적이 없는 데다 사람의 발길마저 묶인 곳이니 갈매기에게는 최적의 산란 장소인 셈이다. 천 길 낭떠러지 풀숲에 알을 낳는다. 어린 갈매기는 다 자라면 남해안 곳곳으로 날아가 생활한다.

　남해안의 독도라고 일컫는 홍도는 갈매기가 알을 낳는 섬이라 해서 '알섬'이라고도 한다. 농어, 삼치, 방어 등 고급 어종들이 많이 잡히는 황금 어장이기도 하다. 홍도는 남해안을 지나는 배들의 길잡이 역할을 하는 등대섬이었다. 1906년 3월 첫 불을 밝혔다. 1904년 팔미도 등대, 1905년 옹도 등대에 이어 세 번째로 불을 밝힌 등대다. 제2차 세계대전 당시 소실되었다가 1954년 복구되어 유인 등대로 운영되었다. 1996년 무인화되었다. 일제강점기에 해군이 주둔하며 포진지를 구축했다. 쓰시마섬에서 대한해협을 건너면 가장 먼저 만나는 섬이다. 날씨가 좋은 날은 쓰시마섬이 보인다.

홍도.

개황 | 국도

일반현황

위치 | 통영시 욕지면 동항리
면적 | 0.56km^2
가구수 | 13
인구(명) | 16
교통 | 배편 | 통영–산양읍 삼덕리–삼덕항–종교단체(청우일신회) 전용선 또는 낚싯배 이용
특산물 | 참돔, 감성돔, 돌돔, 농어 등

변화 자료

구분	1971	1985	1995
주소	통영군 욕지면 연화리	통영군 욕지면 동항리	통영시 욕지면 동항리
면적(km²)	0.4	0.4	0.4
공공기관	–	–	–
인구(명)	88 (남: 42 여: 46)	41 (남: 22 여: 19)	19 (남: 15 여: 4)
가구수	19	12	14
급수시설	공동우물 3개	공동우물 2개, 우물 12 가구	간이상수도시설 1개소
초등학교	1개 27명	1개 8명	–
전력시설	–	자가발전기 1대	자가발전기 1대
의료시설	–	–	–
어선(척, 동력선 +무동력선)	17(1+16)	8(0+8)	0(0+0)

4
마음과 마음 사이,
남해에 뜬 염화미소

통영시 욕지면 연화도

연화도 섬 여행의 꽃은 섬 길이다. 연화 선착장에서 시작해 연화봉을 거쳐 출렁다리까지. 연화봉까지 가는 오르막길이 제일 힘들다. 하지만 봉우리에 오르면 슬며시 미소가 피어오른다. 앞서거니 뒤서거니 했던 생면부지 동행들도 봉우리에 올라 얼굴에 맺힌 땀을 훔치며 바다 보고 웃고, 서로 얼굴 보고 웃는다. 이런 것이 '염화미소' 아닐까.

연화도는 통영시 욕지면에 속하는 섬으로, 통영 여객선 터미널에서 뱃길로 한 시간 거리에 있다. 북쪽에 본촌(연화)마을과 동쪽에 동머리(동두)마을, 연화봉을 사이에 두고 외등과 십리골이 있고, 동머리마을로 넘어가는 길에 합목이라는 마을이 있었다. 지금은 여객선 터미널, 학교, 보건소 등이 있는 본촌리와 동머리만 마을을 이루고 있으며, 합목에는 외딴집 몇 채만 남아 있다. 한때 500여 세대가 살았던 섬이지만 지금은 100여 세대 200여 명이 머물고 있으며, 등산객과 낚시꾼 10만여 명이 찾고 있다.

배가 드나들 수 있는 선창은 동쪽 해안 본촌과 동머리 두 곳이다. 그 외 대부분의 해안은 기암괴석과 절벽으로 둘러싸여 있다. 본촌과 십리골은 물론 동풍과 남서풍을 안고 있는 동머리나 보덕암 주변에도 고구마와 보리를 심었던 흔적들이 층층이 남아 있다. 논은 고사하고 밭도 변변치 않아 경사가 심한 산비탈을 일궈 고구마와 보리를 심어야 했다.

연화도는 비진도를 경계로 통영 바다의 안 섬과 바깥 섬을 나눈다면 바깥 섬 경계에 있다. 통영 사람은 물론 뱃사람들도 멀리 있는 섬으로 인식한다. 먼바다에 위치해 수많은 세월을 견뎌야 했으니 단단한 갯바위가 아니면 그 많은 세월을 어떻게 견뎠겠는가.

절집과 민가

동머리마을까지 갔다가 돌아오는 길이었다. 말복도 지났고 비가 온 뒤 끝이니 아침저녁으로 서늘할 거라고 얕잡아본 것이 화근이었다. 내리막길은 자전거를 타고 오르막길을 반은 타고 반은 밀고 갔다 오니 땀이 비 오듯 쏟아졌다. 십리골 새길 입구에서 멈췄다. 십리골이라는 지명보다 '심리골'이 훨씬 잘 어울리는 이름이다. 우리말로 풀면 '깊은 골'이다.

땀도 닦아야 했지만 이곳에서 보는 본촌마을 모습이 너무 좋았다. 수국이 활짝 핀 6월, 7월이면 정말 멋진 꽃길이 되겠다 싶었다. 연화봉에서 내려오는 길과 마을에서 올라오는 길목이 너무 가팔라서 '까꼬막길'이라 불렀다.

계곡에는 웅장한 절집인 연화사가 자리를 잡았다. 연화봉 정상 미륵불도 그렇지만 마을 뒤 연화사도 규모가 엄청나다. 작은 섬마을이어서일까? 절집은 더욱 커 보였고, 작은 나무에 가려진 민가 지붕은 더욱 낮아 보였다. 연화사는 불교계 큰 종단 살림을 맡아 일하시던 분이 들어와 지었다 한다.

두 마을에 달랑 100여 가구 사는 섬치고 절집은 크다 못해 화려하다. 비슷한 상황을 서남해 섬에서 보곤 한다. 그곳은 절집이 아니라 교회이긴 하지만 말이다. 간혹 마을도 없는 곳에 솟아 있는 십자가를 보기도 한다. 규모나 역할을 생각해보면 마땅찮다. 민가가 바닷가로 내려오

통영에는 큰 미륵도를 시작으로 작지만 절경의 세존도에 이르기까지 불국토를 떠오르게 하는 섬 이름이 많다. 연화도에는 연화사가 있지만 섬 정상에 큰 동상처럼 미륵불이 우뚝 서 있다. 섬의 크기에 비해 절집도 크지만 미륵불도 크다. 요즘 미니멀 라이프가 대세다. 일상을 함께하는 것들이 정겹다.

기 전에는 절집 근처나 학교 주변이 마을의 중심이었으리라. 골짜기에 있는 민가 몇 집만이 자리를 지키고 나머지는 절집이 차지했다. 십리골을 따라 나지막하게 자리를 잡았던 민가들은 대부분 선창으로 자리를 옮겼다. 대신 커다란 절집이 터를 잡았다. 섬 동쪽 머리에 있어 '동머리' '동두'라고 불린다. 이 마을은 출렁다리가 만들어지고 난 뒤로 많은 사람들이 찾았다.

섬 여행, 매력은 선창가 식당에서 뿜는다

첫 배를 타지 못하고 다음 배를 타고 들어오면 아침도 아니고 점심도 아닌 때에 끼니를 해결해야 할 상황이 종종 있다. 철이 지났지만 문득

자리물회 한 그릇을 먹고 싶었다. 마침 선창 식당마다 메뉴판에 자리물회를 적어놓고 유혹했다. 게다가 식당 수족관에는 자리가 떼를 지어 다니고 있었다. 미안하다, 자리야. 삼복더위에는 맛도 중요하지만 시원한 것이 제일이다. 몇 년 전 고등어회를 먹었던 집을 뒤로하고 야외가 아닌 방이 있는 식당으로 발길을 돌렸다. 밖에 자리가 있었지만 안으로 들어가려고 문을 열다가 쪽지를 발견했다.

"방 안 에어컨은 가동되지 않습니다."

아니, 하루가 멀다 하고 덮쳐오는 폭서에, 주의를 요하는 안전안내 문자가 인사하듯 날아오는데 식당에서 에어컨도 켜지 않고 음식을 팔다니. 게다가 주인장이 선풍기가 있는 곳에 앉으라며 연인이 마주 보며 식사하는 테이블에 동석을 권한다. 나도 싫지만 그들은 또 얼마나 불편할까. 자리가 많이 비어 있지만 선풍기가 부족하다. 달리 선택할 곳도 방법도 없으니 우선 자리물회를 주문했다.

잠시 후 식사가 나왔다. 빠르다. 살펴보니 이미 다 준비되어 있었다. 채소 넣고 육수 붓고, 썰어놓은 회를 올렸다. 그래서 한사코 회덮밥과 물회만 주문받는 모양이다. 따뜻한 매운탕을 기대한 중년 부부는 다른 식당을 찾아 떠났다. 주문한 물회를 먹으려고 뒤적이는데 아무리 봐도 자리가 아니다. 식감도 색깔도 자리가 아니다. 주인에게 물었다. 우럭이란다. 쫄깃한 뱃살을 많이 넣었단다. 잔소리하지 말고 먹으란 말인가. 반찬도 정말 야박하게 준다. 그리고 값은 2만 원을 주니 5천 원 거슬러준다.

섬을 찾는 사람들이 늘어나면서 장사하는 섬사람들의 인심이 점점 야박해지고 있다. 본시 야박했던 것은 아닐 것이다. 뭍에서 들어온 여행객들을 대하다 보니 '거칠지만 따뜻한 속정'도 사라진 게 아닐까.

연화도를 찾는 사람들이 즐겨 찾는 음식 중 하나가 고등어회다. 연화도에서는 양식도 하지 않고 잡지도 않으니 욕지도 고등어 양식장에서 가져왔을 가능성이 크다. 연화마을 입구 몇몇 횟집에서 고등어회나 자리물회 등을 맛볼 수 있다.

일제, 연화도 우무와 미역을 탐내다

연화사를 둘러보고 내려오는 길에 문이 잠긴 분교를 발견했다. 2010년 6명이었던 학생이, 두 번째 방문했을 때는 5학년 2명에 6학년 1명 등 모두 3명으로 줄었고, 2020년 초에 문을 닫았다. 한때 100여 명이 다녔을 법한 규모의 교실과 운동장이 덩그렇다.

어떤 섬은 젊은 사람이 들어와 양식 어업을 시작했지만 가족을 도회지에 남겨둘 수밖에 없었다고 했다. 학교가 문을 닫았기 때문이다. 섬을 살리기 위해 생각 있는 섬 주민들은 폐교가 아니라 휴교를 선택하기도 한다.

교문 옆 나지막한 집 처마 밑에서 할머니가 우뭇가사리, 불등가사리, 새우, 꼴뚜기, 합자, 미역을 팔고 있었다. 지금은 우럭 양식이 대세지만 할머니가 시집살이를 할 때는 갯바위에서 채취하는 우뭇가사리와 미역이 생계 수단이었단다. 1929년 10월 24일 자 〈동아일보〉 기사다.

"일 년간 우리 섬(연화도)에서 산출하는 해초가 약 삼천 원 가량 되는데 그중 매년 몇백 원씩 현 원량공업보통학교에 기부합니다. 그러고 남은 금액에서 제반 비용을 제하면 매호에 불과 얼마 되지 않는데, 그로써 겨우 생명을 유지하는 데도 불구하고 그 채취전용권을 현 동항리어업조합에 귀속하라는 그 심사는 알 수 없습니다. 만일 오백 주민의 생명인 이를 강탈하여 간다면 연화도 주민의 생명을 빼앗아가는 것과 다름없으니 어찌 무사히 보고 있겠습니까라며 적극 대항하겠다고 하더라."

그랬다. 할머니가 팔고 있는 우뭇가사리나 미역은 일제강점기에는 연화도 섬 주민의 목숨 줄이었다. 그런데 그것을 옆에 있는 큰 섬 욕지도 동항리에 귀속하라 했으니 주민들 불만이 극에 달했을 것이다.

당시 욕지도 자부포에는 일본인 어업주만 28호에 이르렀다. 뿐만 아니라 일본인 상점과 수산회사가 만들어지고 건착망, 권현망, 분기망, 타뢰망, 연승 등 발달한 그물과 어법으로 멸치, 고등어, 정어리, 삼치, 장어 등을 잡아 본국으로 가져갔다. 이를 기반으로 1921년 일본 어민들과 조선인 어업자들이 함께 동항리어업조합을 설립했다.

1931년 조합 구성원을 보면, 조선인 75명에 일본인 34명이었다. 이미 멸치잡이 전용 어업권을 가지고 있었고, 고등어와 전복 통조림 공장을 운영하기도 했다. 여기에 더해 문제가 되는 해조류 채취도 병행했다. 당시 설립한 어업조합들은 일본인 이주 어민의 조선 어업 진출을 보증하는 역할을 자임했다. 바다가 거칠고 갯바위가 많은 연화도의 미역은 품질을 물어볼 필요가 없다. 이미 배를 타고 오면서 본 바다가 그 답을 일러준다. 일본인들이 연화도 해초를 탐낸 이유 말이다. 우뭇가사리와 미역은 일제강점기는 물론 광복 후까지 연화도 주민들의 목숨 줄이었다. 지금도 노인들은 해초를 뜯어 여행객들에게 팔고 있다.

우럭 양식을 시작하다

광복 후에도 상황은 크게 바뀌지 않았다. 바다에서는 멸치가 대세였지만 주민들이 멸치 어장에 나서지는 못했다. 일제의 멸치잡이 기술과 자본을 그대로 물려받은 통영 사람들 몫이었다. 주민들은 여전히 우뭇가사리, 톳, 미역, 문어, 해삼을 채취하는 것이 생업이었다. 농사를 지을 땅이 넉넉한 것도 아니었다. 그러다 보니 아이들 학비며 생활비는 객주들에게 해초를 가져다주기로 하고 끌어다 쓰는 '고리채'로 충당할 수밖에 없었다.

1960년대 5·16 쿠데타로 들어선 군사정권이 단행한 고리채 정리 내용을 보면 호당 1만 환 정도 고리채가 있었다고 한다. 1970년대에는 연화도를 국제낚시터로 개발해 일본 강태공들을 유치하겠다는 계획을 세우기도 했다. 그리고 1980년대 이후 도서개발촉진법에 의해 본격적인 도서정책이 추진되었지만 연화도는 욕지권에 묶여 있는 탓에 '도서개발'의 혜택도 주변이 차지하고 말았다.

경상남도의 도서 개발은 보통 욕지권과 한산권으로 구분한다. 가장 공평한 방법이라고 알려진 인구수에 따른 구분이란다. 하지만 어찌 섬과 바다의 가치를 주민들 수로만 평가할 수 있단 말인가. 눈만 뜨면 해양 주권을 이야기하면서 말이다.

연화도 포구는 자부포만은 못했지만 그 자체가 천연 어항 구실을 하는 곳이다. 남해, 고성, 통영, 거제, 창원의 선적들이 거센 폭풍우를 피할 수 있는 곳이다. 특히 연화도는 통영 외해에서 문어와 장어를 잡은 배들이 통영에서 온 활어 배에게 어획물을 넘기고 조업을 다시 나가는 관문이었다. 이를 어민들은 '킬로 떼기'라고 한다. 저울로 달아서 도매보다 싼값으로 넘기는 것이다. 냉동어보다는 활어로 팔아야 이문이 컸기 때문이다.

연화도에서 우럭 가두리 양식이 시작된 것은 20여 년 전이다. 통영 안바다에 더 이상 가두리 양식이 어렵게 되면서 양식장이 밖으로 진출하게 된 것이다. 내파성이 있는 양식 자재들이 만들어지고 기술이 발달하면서 가능하게 된 것이다. 연대도, 학림도, 곤리도 등 안 섬에서 발달

연화도에는 여객선 터미널이 있는 본촌마을과 동머리라는 마을이 있다. 동머리는 마치 섬처럼 가는 목으로 연결되어 있다. 두 마을까지 가는 길은 산릉선을 따라 걷는 길과 차나 자전거를 이용할 수 있는 포장길로 나뉜다. 포장길은 굴곡이 심해 능선을 따라 걷는 것이 좋다. 섬 내에 대중교통은 없지만 약간의 비용을 내면 이용할 수 있는 차는 있다.

한 가두리 양식이 밀식과 어장 오염 등으로 외해로 나갈 수밖에 없었던 것이다.

통영 바다의 안 섬과 바깥 섬 경계는 비진도다. 연화도나 욕지도는 먼바다에 속하는 섬이다. 그런데도 연화도 북쪽 본촌과 동쪽 동머리 앞 바다는 수온이 차지 않고 조류 소통도 좋아 가두리 양식의 적지이다. 태풍만 피할 수 있다면 이보다 좋은 장소는 없을 것이란다. 우럭 양식 에는 사료가 많이 필요하다. 정어리나 고등어 등을 얼려서 분쇄한 후 양식 사료로 제공하고 있다. 어민들은 사료 값이 비싸져 우럭 양식도 옛날 같지 않다며 걱정이 많다. 연안 오염과 밀식 등으로 통영 안 섬에 서 가두리 양식은 더 이상 지속하기 어려워지고 있다. 대안으로 연화도 가 20여 년 전부터 가두리 양식 적지로 주목받고 있다.

염화도인, 어디에 있을까

섬에서 가장 높은 봉우리가 연화봉이다. 연화봉에는 아미타불이 세워져 있다. 그 아래에는 사명대사가 정진했다는 토굴이 있고, 바다로 내려서면 보덕암이 자리를 잡았다. 조선의 억불정책을 죽도록 싫어한 고승이 섬에 들어와 암자를 짓고 정진해 깨달음을 얻었다는 이야기도 전한다. 그 고승은 입적을 앞두고 제자에게 '수장해달라'는 유언을 남겼다. 입적 후 스님의 뜻대로 수장하니 그 자리에서 커다란 연꽃이 피어올랐다. 주민들은 고승을 '염화도인'이라 불렀고, 섬을 연화도라 했다. 그 도인이 사명대사라는 설도 있다. 전하는 이야기일 뿐이지만 섬은 불교 성지가 되어 순례객들이 찾고 있다.

섬 동쪽으로 매물도, 서쪽으로 물미기 고향에 떠 있는 사량도와 추도, 남쪽으로 욕지도가 떠 있다. 그 외 비진도, 장사도, 가왕도, 소지도, 국도 등 통영 다도해를 한눈에 볼 수 있는 곳이다. 연화도는 바다에 연꽃봉우리가 떠 있는 형국이다. 연화봉 정상 보덕암에서 보는 용머리는 연화도 풍경의 백미다. 파도와 바람과 세월이 바위를 깎아 만들어낸 걸작이다. 섬 여행객이 원하는 탁 트인 바다를 한눈에 내려다볼 수 있는 곳이 생각보다 적다. 있다고 해도 멋진 바다와 섬이 펼쳐지는 곳은 더욱 적다. 이 모든 것을 갖춘 곳 중 하나가 연화도이며 연화봉이 그곳이다.

5층 석탑과 전망대로 이어지는 연화도 섬 길은 443미터 출렁다리를 지나면서 마무리된다. 2011년 다리가 완공되면서 연화마을에서 동머리마을로 이어지는 등산로를 이었다. 연화봉 정상에서 보았던 용머리를 출렁다리에서 보면서 섬 산행을 마무리할 수 있게 된 것이다. 산행을 하지 않고 셔틀버스를 이용해 동머리마을까지 타고 와서 출렁다리만 올라보고 가는 사람도 꽤 많다. 그동안 연화사를 중심으로 본촌마을

동머리마을을 앞두고 계곡에 출렁다리가 있다. 여행객을 위해 만들어진 것이다. 전국에 출렁다리가 몇 개나 될까.
필요한 곳도 있지만 과욕을 부린 곳도 없지 않다. 여행자의 시선이 섬의 모습을 바꾸는 것이 현실이다.

과 연화봉만 찾던 여행객들의 발길이 출렁다리가 완공된 뒤에는 동머리마을까지 이어지고 있다. 덕분에 동머리마을에도 펜션 등 숙박 시설과 해양레저 프로그램이 마련되고 있다. 선창에서 시작된 트래킹은 연화봉에서 정점을 찍는다. 연화봉에서 바라보는 용머리와 바다가 연화도 제일경이다.

문제는 동머리마을에서 연화마을에 이르는 3킬로미터 남짓 되는 길이다. 이 길은 시멘트로 포장되어 있어 피로도가 크다. 버스는 없지만 출렁다리에서 연화마을까지 수시로 오가는 셔틀버스(봉고차)를 이용할 수 있다. 최근에 포장길 중간에 커피와 음료를 파는 미니 카페도 생겼다. 돌아오는 길에 연화사와 연화분교를 들러보는 것도 좋다.

일반현황

위치 | 통영시 욕지면 연화리
면적 | 3.41km^2
가구수 | 108
인구(명) | 179
교통 | 배편 | 통영-통영여객선터미널에서 배편 이용
특산물 | 우럭

변화 자료

구분	1971	1985	1995
주소	통영군 욕지면 연화리	통영군 욕지면 동항리	통영시 욕지면 동항리
면적(km^2)	3.41	3.41	3.41
공공기관	-	-	-
인구(명)	912 (남: 496 여: 416)	595 (남: 303 여: 362)	331 (남: 182 여: 149)
가구수	164	140	108
급수시설	공동우물 9개	간이상수도시설 1개소	간이상수도시설 2개소, 공동우물 1개소
초등학교	1개 230명	1개 107명	초등학교 분교 1개 18명
전력시설	-	자가발전기 3대	자가발전기 2대
의료시설	-	약국 1개소	보건진료소 1개소, 약국 1개소, 상비약비치 1개소
어선(척, 동력선 +무동력선)	45(20+25)	44(31+13)	36(33+3)

5

해초비빔밥
먹으로 오이소

통영시 욕지면 우도

통영항에서 직선거리로 20킬로미터도 되지 않는 거리에 있지만 한때 두 시간 이상 걸리는 뱃길이었다. 그것도 하루에 두 번 정도만 배가 오 갔다. 불편한 사람들은 연화도까지 오가는 배를 타고 와서 마을 낚싯배를 이용했다. 최근에는 사람만 건널 수 있는 출렁다리가 연결되어 연화 도에서 무시로 들어오고 나갈 수 있는 섬이 되었다. 그래도 여객선은 시간에 맞춰 거제와 통영에서 오간다.

처음 우도로 갈 때는 송도호를 탔다. 마을에서 가장 젊은 50대 김강 춘 씨가 모는 배다. 연화도에 도착해 전화를 하면 달려온다. 주민들도 뭍으로 갈 때 김 씨의 배를 이용한다. 젊다 보니 노인들이 아플 때, 이승 을 마감할 때 모두 김 씨의 배를 이용했다. 젊은 사람들은 출렁다리를 걸어서 건너거나 자신의 배를 타고 연화도를 오가지만 노인들에게는 집 앞에서 타는 배가 제일이다.

걸어서 연화도로 가는 것은 어렵다. 그래서 차라리 차가 다니는 다리를 놓지 그랬냐고 역정도 냈다. 우도에서 차가 다닐 수 있는 길이라고 해봐야 큰 마을에서 작은 마을과 선창까지 오가는 길이 전부다. 걸어서 10분도 되지 않는 거리다. 노인들에게는 이 길도 버겁다. 나지막하지 만 산을 넘고 다리를 두 개나 건너 연화도까지 오가는 것은 고된 일이 다. 어찌했든 누군가의 신세를 져야 하니, 차가 다니는 다리보다 우리

섬 선착장까지 오는 배가 고마울 뿐이다. 마을은 큰 마을 윗막개와 작은 마을 아랫막개로 나뉘어 있다. 아랫막개는 몇 집 살지 않지만 윗막개는 열댓 집이 살고 있다. 이름에서 알 수 있듯 포구 마을이다. 섬마을 치고 포구 마을이 아닌 곳이 얼마나 될까.

고메길과 강정길

출렁다리가 놓인 뒤에 다시 우도를 찾았다. 우수도 지나고 동백이 흐드러지게 피었던 날이다. 햇볕은 좋았지만 바람과 파도가 높았고 사리라 들고 나는 물도 많았다. 연화도 본촌마을에 내려 연화도를 사이에 두고 욕지도와 우도를 잇는 출렁다리와 일반 다리를 건넜다.

　다리 서쪽으로는 내초도와 외초도, 욕지도, 상·하노대도가 자리 잡고, 동쪽으로는 윤슬 뒤로 소지도, 대매물도와 소매물도가 있다. 출렁다리를 건너면 작은 마을까지는 동백꽃이 만발하게 피어 있다. 우도의 동백꽃은 동지부터 우수 무렵까지가 한창이다. 강정길과 작은 마을로 가는 길 삼거리까지 동백꽃이 군락과 터널을 이루고 있다. 나무에서 떨어진 동백꽃에 눈을 맞추는 사이에도 대여섯 개의 꽃이 머리 위로 뚝뚝 떨어진다. 밟고 갈 수가 없다. 반 시간 이상 동백꽃에 눈을 맞추고 앉아 있었다. 신종 코로나바이러스 탓인지 주말인데도 찾는 사람이 하나도 없다. 고맙다고 해야 할지….

　동박새인지 작은 새들은 끊임없이 울어댄다. 파도 소리와 바람 소리가 동백 숲과 솔숲 사이에서 꼬리를 물고 이어진다. 이곳 말고도 우도에는 동백 군락지가 큰 마을 뒤에 또 하나 있다. 구멍바위로 가는 길목, 마을과 숲의 경계에 있는데, 과장하면 두 팔로 안을 만큼 밑동이 굵은 동백나무다. 숲 안으로 들어서면 신령스럽기까지 하다. 구멍바위에서 불어오는 바람을 막기에 충분하다. 붉은색과 분홍색 동백꽃이 반짝이

인형을 품에 안고 섬을 찾은 아이는 중학생이 되고 고등학생이 되었을 것이다. 그사이 연화도와 우도를 잇는 다리가 만들어졌다. 연화도를 찾는 사람들은 더이상 작은 배를 불러서 타고 갈 일이 사라졌다.

는 잎 사이에 박혔다가 바닥으로 내려앉았다.

동백 숲이 끝나는 지점에서 구멍바위로 가는 길과 작은 마을로 가는 길로 나뉜다. 구멍바위로 가는 길도 강정길과 고메길이라 이름을 붙였다. 강정은 갯바위가 발달한 해안을, 고메는 고구마를 일컫는 통영 말이다. 산비탈을 일궈 고구마를 심어서 식량을 하고 강정에서 톳과 미역과 우뭇가사리를 뜯고 문어와 자리를 잡아 돈을 만들고 반찬을 삼으며 섬살이를 했다. 하니 그 길이 예사롭지 않은 길이다. 고메밭은 묵정밭으로 변했고, 이제 강정은 낚시꾼들의 차지가 되었다. 그 길을 지나 구멍바위를 거치면 큰 마을로 이어진다.

젊은 사람이 들어왔지만

다리가 놓인 후 작은 마을에도 변화가 생겼다. 펜션이 생겼고, 민박집

우도 구멍섬으로 가는 길에 밭을 매는 어머니를 만났다. 해안으로 밀려온 해초(모자반)를 가져와 포기 옆에 놓았다. 화학비료가 나오기 전에는 제주도를 비롯해 남해안 섬마을에서 사용했던 거름이다. 가져가려는 주민들이 많아 추첨을 하거나 구역을 나누어 분배하기도 했다.

도 문을 열었다. 낚시객들에게 방을 빌려주는 정도의 예전 숙박 시설이 아니다. 골목 안쪽 집들도 디자인을 더했다. 두세 집이 방치된 빈집이지만 이 집들도 몇 년 안에 새로운 모습으로 바뀌지 않을까.

　고개를 넘으면 큰 마을이다. 가장 먼저 눈에 띈 것은 학교였다. 운동장에서는 염소가 뛰놀고 한쪽에는 돼지감자와 마늘이 심겨 있는데, 학교 건물은 그대로 남아 있었다. 그 자리에 '우도마을 휴양림센터'가 들어섰다.

　몇 해 전 마늘밭이 된 운동장을 가로질러 교무실 복도를 지나 4학년 1반 교실로 들어선 적이 있다. 교무실 앞에서 나도 모르게 걸음이 조심스러워져 웃음이 나왔다. 벽에는 아직 지워지지 않은 당번 수칙이 적혀 있었다. '학급 당번은 나처럼 해봐요'라며, '말할 때는 금붕어, 걸을 때는 고양이, 사귈 때는 잉꼬, 차례 차례 기러기, 공부할 때는 개미'라는 문구도 적혀 있었다.

이제는 말끔하게 교실을 밀어버리고 운동장도 흔적도 없다. 이승복 동상, 충효동상, 독서상 등 통영의 폐교에서 볼 수 있는 상징물은 공원이라는 이름으로 모아놓은 것 말고는 흔적이 없다. 하다못해 학교의 내력을 기록한 교적비라도 있어야 하는데 찾을 수가 없다. 분명 7~8년 전 방문했을 때는 '1946년 9월 1일 개교하여 2002년 3월 1일 폐교할 때까지 264명의 졸업생을 배출했다'는 내용을 적은 표지판이 출입문 옆 벽에 붙어 있었다. 이제 그 많은 학생들의 소중한 발걸음을 어디서 기억해낼 것인가.

고추밭 등 텃밭처럼 이용하던 자리에는 제법 큰 펜션이 자리를 잡았다. 구멍섬으로 오르는 길에는 도심에 내놓아도 손색이 없는 카페가 문을 열었다. 오랫동안 우도와 인연을 맺고 있던 젊은 부부가 들어온 것이다. 덕분에 섬에서 가장 젊은 송도호 부부는 뒤로 밀려났다. 있는 듯 없는 듯하던 담장 대신에 울타리가 쳐지고 자물쇠가 채워진 빈집도 있다. 모두 나름 새로 단장한 집들이다. 골목에서 만나던 어머니들은 모두 섬이 되었고, 자식들이 돌아온 집도 몇 집 된다.

카페에서 흘러나오는 노래 때문에 주인의 나이를 짐작할 것만 같다. 나도 좋아하는 노래들이다. 열린 문 사이로 안을 보니 커피 외에 몇 가지 음료가 메뉴에 적혀 있고 약초로 담근 술도 보인다. 필시 바깥주인은 약초를 아는 분이다. 커피 한잔 생각이 간절했지만 해초비빔밥 후로 미루었다. 무엇보다 구멍섬에 새로 생겼다는 펜션이 보고 싶었다. 막내와 함께 걷던 그 길이 떠올랐다.

산책하기 좋은 섬

7년 전 6월 어느 날, 아내와 막내와 함께 우도를 찾았다. 당시 배에서 내리자마자 아이와 함께 마을 산책에 나섰다. 윗막개는 제법 넓은 분지에 자리를 잡았다. 입구에는 문을 닫았지만 제법 너른 운동장이 있는 학교가 있었고 그 위로 마을이 자리를 잡았다. 천연기념물로 지정된 후박나무와 생달나무 숲을 지나 동백 터널을 빠져나오면 섬 북쪽에 구멍섬이 있다. 여행객들은 이곳까지 산책을 많이 한다. 막내가 아기 염소를 보고서 귀엽다고 난리였다. 옆에는 쌍둥이 염소를 돌보느라 신경이 날카로운 어미 염소가 버티고 있었다.

산책을 하다 아내가 막내를 데리고 산딸기를 따느라 정신이 없었는데, 그곳이 구멍섬으로 가는 길이었을 것이다. 그 좁은 오솔길이 이제는 자동차가 다닐 정도로 넓게 다듬어져 있었다. 필시 펜션을 만들면서 낸 길일 것이다.

구멍섬으로 가는 길에 사립문도 없는 집을 만났다. 인기척도 없는데 신발이 가지런했다. 슬레이트 지붕 아래 세 칸 집에 나무 마루가 인상적인 집이었다. 옆으로 방 두 칸에 창고까지 이어진 ㄱ자형 집이었다. 마당에 잔디가 심겨 있었다. 나름 관리가 되는 빈집이었다. 댓돌 위에는 운동화, 아쿠아슈즈, 샌들, 흰 고무신이 한 켤레씩 있고, 슬리퍼가 두 켤레 놓여 있다. 방 안에서 금방이라도 주인이 나와 마루에 앉을 것 같았다.

그 집도 지나는 사람들이 집 안으로 들어오는 것을 막느라 빗장을 질렀다. 댓돌 위에 신발이 있지만 예전처럼 생기가 넘치지 않았다. 슬리퍼 한 켤레와 운동화 한 켤레가 남아 있었다. 외딴집에서 해변까지는 길이 좁다. 차가 갈 수 있는 길이 아니다. 구멍섬 앞 바닷가에서는 펜션이 카페까지 겸해 커피와 주류도 판매하고 있다. 몇 명이 펜션에 머물며 낚시를 즐기고 있었다.

해안에 밭을 일궈 콩을 심었다. 콩밭 매는 어머니가 있다. 콩밭에 모

출렁다리로 연화도와 연결되면서 우도를 찾는 사람들이 늘고 있다. 둘레길도 만들어졌다. 우도를 세상에 널리 알린 것은 해초비빔밥이다. 덕분에 마을 펜션도 만들어지고 귀향을 하는 자식들도 생겨났다. 마을이 아담하게 바뀌어 좋지만, 담을 쌓듯 순박한 주민들과 벽이 쌓이는 것 같아 아쉽다. 모두 여행객들이 만들어낸 결과들이다.

자반을 거름으로 뿌렸다. 해안으로 밀려온 해초들을 걷어다 거름으로 사용한 것이다. 제주도나 남해안의 섬에서는 마늘밭이나 고추밭 그리고 콩밭 등에 잘피, 모자반 등 해초를 퇴비로 쓰기도 한다.

마을을 벗어나기 직전에 영험한 모양새를 한 후박나무 한 그루와 생달나무 세 그루를 만났다. 생달나무 중 큰 것은 20미터가 넘고 굵은 가지도 5개로 갈라졌다. 가슴 높이가 3미터에 이른다. 수령을 400년으로 추정해 보길도의 생달나무와 함께 수령이 오래된 나무로 꼽힌다. 후박나무는 가슴 높이 둘레가 130센티미터 내외다. 모두 천연기념물로 지정되어 있다. 구멍섬과 함께 우도의 명물이다.

해초비빔밥, 갯바위밥상
우도에는 동백, 구멍섬, 후박나무보다 더 널리 알려진 명물이 있다. 그

것은 바로 '해초비빔밥'이다. 우리나라에는 여러 비빔밥이 있다. 전주비빔밥, 진주비빔밥처럼 지역 이름을 머리에 달고 유명해진 비빔밥이 있고, 멍게비빔밥, 낙지비빔밥처럼 주재료를 앞에 세우는 비빔밥도 있다. 후자의 경우도 지역이 없는 것은 아니다. 멍게비빔밥은 통영, 낙지비빔밥은 목포, 무안 등이다. 그런데 해초비빔밥은 좀 생소하다. 우선 미역, 톳, 우뭇가사리, 파래, 서실, 세모가사리, 모자반 등 그때그때 갯바위에 자라는 해조류에 따라 밥상이 다르다. 해초만이 아니다. 군소, 거북손, 삿갓조개 등도 올라온다. 정확하게 표현하자면 갯바위밥상이다. 모두 김강춘·강남연 부부가 손수 뜯고 갈무리해 내온 것들이다. 슬로피시(Slow Fish. 좋은 수산물을 얻기 위해서 깨끗하고 건강한 바다와 갯벌에서, 불법 어업이 아니라 다 자란 물고기를 잡고, 공정한 임금을 지불하고 어부를 고용하고, 정성을 다해 조리한 바다 음식 또는 그것을 위한 다양한 활동까지 포함한 운동.)이며 푸드마일리지(Food Mileage. 먹을거리가 생산자에서 소비자 식탁까지 이동하는 거리.) 제로의 밥상이다. 이런 밥상을 어디에서 받을 수 있단 말인가.

지난번에는 강 씨의 슬로피시 밥상이 좋고 우도가 마음에 들어 가족의 칠순모임을 국외나 제주가 아닌 우도로 정한 사람들의 저녁 초대를 받았다. 해초 밥상에 강 씨의 남편이 잡은 자연산 광어회가 밥상에 올랐다.

이번에는 낚시객 두 명과 함께 자리했다. 밥상은 7년 전과 다를 바 없는 해초비빔밥이다. 우선 밥은 톳과 따개비를 넣어 지었다. 비빔용 해초로 세모가사리, 모자반, 미역, 톳무침이 준비되었다. 국은 미역국이다. 여기서 끝이 아니다. 파래무침, 거북손, 해초전, 생선전, 파김치, 배추나물, 갓김치, 멸치볶음, 고들빼기김치, 배추김치 그리고 양념장을 끼얹은 청어구이다. 이렇게 해서 1만 3천 원이란다. 막걸리를 먹고 싶었지만 꾹 참았다. 차려준 밥과 반찬을 많이 남길 것 같아서다. 밥상이 더 풍성해졌다. 예전에는 비빔용 해초가 밥과 따로 노는 느낌이었는데 비빔용 해초가 훨씬 부드럽게 밥과 잘 어울렸다. 아침 일찍 산에 들어가 뜯어 왔다는 머위대무침도 내왔다.

돌담에 핀 꽃들

우도의 윗막개는 집집마다 마당에 꽃밭을 일구어 작은 정원을 만들었다. 집 앞에 화분을 내놓은 집이 많아 골목부터가 정원이다. 천연기념물 후박나무와 생달나무 그리고 동백 숲은 오래된 정원이고, 집으로 들어가는 돌담 사이에 있는 우물과 장독과 돌확 심지어 가스통도 다육식물과 담쟁이, 화분으로 덮여 훌륭한 정원을 이루었다. 여기에 더해 텃밭 상추와 열무, 고추모종 그리고 큰 대야에 담긴 수련과 일부러 화분에 심은 철쭉, 양귀비도 멋을 냈다. 멀리 나지막한 산자락과 언덕이 어우러져 마당에서 차라도 한잔 하고 싶었다. 이런 정갈한 집을 보면 주인이 보고 싶다.

　열무가 흰 속살을 드러냈다. 잎은 적당히 벌레들과 나누었다. 민들레는 홀씨가 되기 직전이고 인동초가 하얗게 꽃을 피워 벌을 부른다. 아직 시집가기 전인 모양이다. 인동초 꽃이 노랗게 물이 들면 벌들도 나비도 더는 찾지 않는다. 자연은 신비롭다. 마을 집들은 새마을사업의 마지막 세대로 슬레이트를 머리에 이고 있다. 뭍에서는 발암물질로 시끄럽지만 그 문제가 섬에서까지 해소되려면 얼마나 많은 시간이 흘러야 할까 싶다. 좁은 골목에 참으로 많은 사연들이 새겨져 있다. 이번에 다시 우도를 찾았을 때는 골목도 집안도 깔끔하게 정돈된 집이 많았다. 아기자기한 정원 같은 모습들은 세련되게 디자인되었거나 아예 사라진 곳도 많았다. 필시 부모님이 돌아가신 후 자식들이 들어와 깨끗하게 정리한 것이리라.

요즘 재생이네 재개발이네 뉴딜이네 하는 소리를 들으면 속이 상한다. 섬이 간직한 이야기를 모두 쓰레기 취급하는 느낌 때문이다. 어촌 뉴딜도 그렇다. 여행객들을 위한다며 있는 스토리마저 깨끗하게 청소하고, 주민들을 위한다며 주민 간에 갈등만 만들어내고 치유는 주민 몫이라며 던져놓고 가버린다.

달팽이가 팔손이 잎에 매달려 대롱대롱 그네를 탄다. 골목 담장에서도 달팽이가 마실을 가는지 길을 나섰다. 평화롭다. 훌륭한 밥상을 받고 이렇게 훌륭한 정원을 산책하니 큰 대접을 받은 기분이다. 더 이상 바뀌지 않기를, 더 이상 마을에서 손때 묻은 역사들이 사라지지 않기를 기원한다.

개황 | 우도

일반현황

위치 | 통영시 욕지면 연화리
면적 | 0.48km^2
가구수 | 28
인구(명) | 50
교통 | **배편** | 통영–통영여객선터미널 또는 삼덕항에서 배편 이용
특산물 | 미역, 톳, 우뭇가사리, 파래, 모자반 등 해조류

변화 자료

구분	1971	1985	1995
주소	통영군 욕지면 연화리	통영군 욕지면 연화리	통영시 욕지면 연화리
면적(km^2)	0.6	0.6	0.6
공공기관	–	–	–
인구(명)	326 (남: 167 여: 159)	150 (남: 82 여: 68)	60 (남: 28 여: 32)
가구수	51	43	29
급수시설	공동우물 5개	간이상수도시설 1개소	간이상수도시설 1개소
초등학교	1개 63명	1개 13명	초등학교 분교 1개 2명
전력시설	–	자가발전기 1대	자가발전기 1대
의료시설	–	–	–
어선(척, 동력선 +무동력선)	13(0+13)	16(7+9)	8(6+2)

6
부부와 염소가
행복한 섬
통영시 욕지면 초도

그녀는 이미자의 〈총각 선생님〉 노래를 구성지게 불렀다. 광주에 사는 어머니를 닮아 유쾌 발랄하다. 무슨 사연이 있기에 주민들마저 모두 떠난 외딴섬, 객선도 닿지 않는 이 섬에 머물게 되었을까. 노랫소리에 귀 기울이는 것은 사람들만이 아니다. 염소들이 모두 안주인을 향해 고개를 돌렸다. 녀석들을 만나러 올 때도 저렇게 노래를 불렀던 모양이다. 초면에 그녀의 섬살이 속살까지 엿볼 수는 없겠지만 그녀가 드러내지도 않을 것이다. 기다려야 한다. 그런데 이 섬까지 오는 것이 쉽지 않다.

초도는 욕지면에 속하는 섬이다. 욕지도에서 가깝다. 욕지도에 십여 차례 오갔지만 초도까지는 갈 수 없었다. 먼발치에서 초도를 바라보고 되돌아 나와야 했다. 가는 배편도 문제였지만 맘 놓고 갈 수 있는 '자유'가 없었다. 그러다가 기회를 얻었다. 자유롭게 다닐 수 있는 시간을 얻었다. 사실 욕지도에서 배를 타면 금방이고 초도를 둘러보는 데 많은 시간이 걸리는 것도 아닌데 선뜻 나서지 못한 것은 무슨 이유일까.

초도는 내초도와 외초도로 나뉜다. 그중 조종임·김대규 부부가 사는 섬은 내초도다. 보통 초도라고 하면 내초도를 말하는 것이다. 배가 정박할 선착장도 없고 시멘트를 부어 만들어 겨우 배를 댈 만한 곳이 있다. 이마저도 물이 많이 빠지면 수심이 낮아서 선창에 배를 댈 수 없어 해안의 벼랑을 이용해야 한다. 선창이라는 곳도 배를 정박할 수 없

초도를 지키는 부부는 오가는 여객선이 없으니 낚싯배를 빌려서 뒤에 보이는 욕지도에서 생필품을 가져온다. 통영으로 나갈 때도 욕지도로 나가서 여객선을 타야 한다. 외로움은 노래와 염소를 돌보는 것으로 달랜다. 다큐멘터리 프로그램에 소개되어 간혹 찾아오는 사람도 있다.(사진·도영준)

다. 잠깐 사람이 내렸다 탈 수 있는 정도다. 이마저도 먼바다에서 오는 파도를 막아주는 외초도가 없다면 어려웠을지 모른다. 섬은 혼자 있는 것 같아도 옆에 친구들이 있어야 사람이 머물 수 있고 물고기도 새들도 머물 수 있다. 통영의 섬 중에서도 난바다에 위치한 좌사리군도에서 욕지도로 오다가 초도에 이르러 바다가 잔잔한 것은 모두 옆에 위치한 외초도와 개섬 덕분이다. 조종임 씨는 개섬이라고 하면 기분 나쁘다며 사자섬이라 부르라고 한다. 살펴보니 개섬이라 하기에는 모양이 제법 용맹스럽고 고풍스럽다.

초도 중 외초도는 1973년 4가구 19명이 살았지만 일찍이 무인도가 되었고, 내초도는 당시 15가구 84명에 분교생도 14명이었다. 그리고 1994년 3가구 9명이 내초도를 떠나면서 무인도로 바뀌었다. 주민들은 고기잡이보다는 보리농사와 고구마 농사로 생계를 이었다. 잡은 고기나 뜯은 해초는 아이를 등에 업고 욕지도까지 노를 저어 가서 팔았다. 당시에는 욕지도에도 장날이 있었다.

염소로 외로움을 달랜다

외초도를 뒤로하고 배를 대기 위해 섬에 다가서자 '염소민박'이라 쓴 큰 글씨가 먼저 반긴다. 염소도 민박을 하나? 해석이 분분할 것이 분명하다. 답은 이렇다. 민박하는 분들에게 염소를 잡아줄 수도 있으니 와달라는 것이다. 사람이 그리워 부르는 손짓이다. 부부는 염소를 팔아서 생계를 잇고 있다. 염소를 통해서 세상 사람들과 소통하는 것이다. 염소가 용돈도 주고 사람도 만나게 해주고 외로움도 잊게 해준다. 새끼염소에게 부부는 할아버지 할머니이고, 어미 염소에게는 부모다. 실제로 민박집 부부는 염소를 자식처럼 대하면서 섬살이를 시작했다.

부부가 사는 보금자리이자 염소들이 사는 안식처로 오르는 길목에도 두 부부의 정이 물씬 묻어 있다. 문패로 세운 작은 돌에 두 부부의 이름과 염소 얼굴이 정답게 그려져 있다. 그 밑에는 '행복의 섬'이라는 글도 덧붙였다. 그렇게 살고 싶어서 섬에 살림을 차렸을 것이다. 두 부부와 염소들이 행복하게 사는 섬, 초도다.

한가해 보이는 민박 부부에게도 정해진 일정이 있다. 내가 도착했을때는 염소를 돌보는 일을 마친 뒤라 자유시간이었다. 오전은 오롯이 염소를 돌보는 데 쓴다. 방목을 하니 특별하게 염소를 돌보기 위해 하는 일은 없지만 염소들이 머무는 곳을 청소하고 문을 여닫는 일을 한다. 그러고 나서는 자유다. 자유시간은 생각나는 대로 마음 내키는 대로 한다. 물때가 좋으면 낚시를 하고 미역을 뜯고 군소를 잡고 이도 저도 어려우면 고둥이라도 줍는다. 그렇게 지낸 덕에 남편의 당뇨병이 나았다.

택배는 어떡하나? 초도에 처음 발을 디뎠을 때 가장 먼저 떠오른 궁

태양광발전 시설에 게스트하우스도 만들어놓았으니 처음 초도에 둥지를 마련할 때에 비하면 호텔이다. 특히 봄 작약꽃이 만발할 때 초도를 찾는다면 꽃대궐이 따로 없다. 10여 일에 한 번씩 뭍에 나가지만 섬집이 그리워 금방 돌아오고 만다.

금점이다. 배가 필요하면 부르면 되고, 전깃불은 태양광발전으로 밝히면 된다. 전화선이 연결되어 있지 않아도 휴대전화가 있으니 걱정 없다. 웬만한 것은 모두 택배로 보내고 받는 요즘 세상이라 공연히 섬사람들의 택배물이 걱정되었다.

부부는 열흘에 한 번 정도 욕지도로 나간다. 그때 택배를 받는단다. 보내는 물건은 한 달에 한 번 정도 통영 시내에 목욕하러 갈 때 가지고 나가서 부친단다. 아파트 현관에서 택배물을 주고받는 도시인들과 비교하면 얼마나 불편할까 싶다. 그런데 정작 당사자는 불편할 것도 없다는 눈치다. 풀섬(초도)에서 밥을 짓기 시작한 지도 여러 해가 지나고 보니 바람처럼 물처럼 새처럼 그렇게 생각도 자유롭다.

"왜 사람들은 등산길을 따라 바쁘게 한 바퀴 돌아보고 급히 나가는지 모르것어라. 꽃도 보고 나무도 보고 자연하고 이야기도 나누고 해야제.

섬까지 와서는 글제라."

풀섬지기 조종임 씨의 말을 듣고 놀랐다. 꼭 나를 두고 하는 이야기 같아서 놀랐고, 그녀의 말투가 영락없이 전라도 사투리라서 놀랐다. 그런데 묻지는 않았다. 고향을 물어본들 무슨 소용이 있으랴. 이미 그는 섬살이를 하는 섬사람이 되었다.

저 섬에 살았으면 좋겠다

그사이 부부의 섬살이는 여러 방송에 소개되었다. 그래서일까. 물어보지도 않았는데 섬에 들어오게 된 이야기를 풀어낸다. 그 삶을 몇 번이나 되새김질했을까. 그래도 즐겁게 이야기하는 것은 사람이 그리운 탓이리라.

옛날에는 제주도에서 살았단다. 남편이 관광버스 운전을 해서 남부럽지 않게 살았다고 한다. 남편에게 당뇨병이 찾아왔지만 젊은 나이라 술과 담배를 계속하고 택시운전까지 하면서 건강을 자신했다. 하지만 시력이 약해지고 합병증이 시작되어 병원을 자주 드나들게 되면서 심각하게 생각하지 않을 수 없게 되었다. 의사는 대소변을 받아내지 않으려면 모든 것을 내려놓고 살라는 처방을 내렸다. 스트레스 받지도 주지도 말고 살 수 있는 곳에서 머물라는 조언이었다.

어느 날 걱정스럽게 텔레비전을 보고 있는데 욕지도 옆의 작은 섬이 나왔다. 아내가 혼잣말로 "저런 곳에서 조용하게 살면 좋겠소"라고 중얼거렸다. 그 길로 남편이 부산 가는 비행기표를 구했다. 그렇게 해서 부산에서 통영으로, 통영에서 욕지도로 들어와 처음 찾아간 곳이 초도로 들어오는 길목에 있는 봉도였다. 봉도는 마음에 들지 않았다. 다시 선장에게 살 만한 곳을 추천해달라고 하자 초도로 실어다 주었다.

부부가 초도에 온 것은 1994년 일이다. 예전에는 10여 가구에 100

풀섬지기 김대규·조정임 부부가 외딴섬에 이웃도 없이 살 수 있었던 것은 염소가 있었기 때문이다. 염소가 있어 외로움이 덜하고, 염소가 있어 찾아오는 사람도 있다. 그 염소를 팔아서 생계를 잇기도 한다. 일과는 오전 염소를 돌보는 일이 전부다. 부부의 이름 옆에 염소를 그려 넣은 것도 그런 이유이다.

여 명이 살던 섬이었지만 부부가 섬에 들어왔을 때는 모두 떠나고 텅 빈 섬이었다. 땅 주인이 손짓으로 저기부터 저기까지가 자신의 땅이라며 알려주는데도 풀과 나무가 무성해 더 들어가 살펴보지도 못했다. 그렇게 흥정을 하고 제주도로 돌아가 짐을 가지고 섬으로 들어왔다. 염소 여섯 마리와 함께.

눈 뜨면 풀 베고 나무 베고 그러다 지치면 잠들었다. 전깃불도 없어 촛불로 7년을 버텼다. 염소 키우는 일도 모르고, 바닷일은 더 몰랐다. 다행히 마을회관은 남아 있고, 해안 초소도 쓸 만했다. 그곳에 짐을 풀고 염소가 머물 자리도 마련했다. 그 지난한 삶을 어찌 말로 다하랴. 그러고 보니 가족이 하나 더 있다. 입구에서 경비를 서는 견공 초돌이다.

초도는 작약 꽃이 피는 계절이 제일 아름답다. 아내인 정임 씨의 이야기다. 작약 꽃 필 때 꼭 다시 가리다. 그리고 고향 이야기도 나누리라.

개황 | 초도(내초도)

일반현황

위치 | 통영시 욕지면 동항리
면적 | 0.21km²
가구수 | 1
인구(명) | 2
교통 | 배편 | 통영-통영여객선터미널에서 나폴리호, 욕지호, 금영호 등 배편 이용-욕지도에서
낚싯배 이용
특산물 | 감성돔

변화 자료

구분	1971	1985	1995
주소	통영군 욕지면 동항리	통영군 욕지면 동항리	통영시 욕지면 동항리
면적(km²)	0.45	0.45	0.45
공공기관	-	-	-
인구(명)	84	74	6
	(남: 47 여: 37)	(남: 37 여: 37)	(남: 3 여: 3)
가구수	15	17	2
급수시설	공동우물 2개	우물 17가구	간이상수도시설 1개소
초등학교	1개 14명	1개 12명	초등학교 분원 1개 1명
전력시설	-	자가발전기 1대	자가발전기 1대
의료시설	-	-	-
어선(척, 동력선 +무동력선)	9(0+9)	8(8+0)	1(0+1)

7

멈춰버린 시간,
1시 7분
통영시 욕지면 납도

아이들도 없는 학교에서 혼자서 째깍째깍 얼마나 돌았을까. 이제나 저
제나 아이들이 올까 기다리며 째깍째깍 돌다 지쳐 잠이 들었을까. 저
렇게 매달려 20여 년을 기다렸을 것이다. 아이들 소리가 들리면 금방
이라도 째깍째깍 돌아갈 것만 같은데, 학교 벽에 걸린 시계는 1시 7분
에 멈춰 있다. 입구에 교목은 팔손이나무요 교화는 동백꽃이라고 씌어
있다. '1995년 7월 14일 폐교'라는 공고문이 붙었다. '성령충만' 교회도
무너져 있다. 그런데 동백은 왜 이리 붉은지. 우물가에 두레박 하나가
덩그라니 놓여 있다.

　납도에는 사람이 머물지 않는다. 몇 명이 주소지를 두고 있을 뿐이
다. 간혹 오고 간 사람들의 흔적이 남아 있기는 하다. 한때 통영시가 납
도를 '창작예술의 섬'으로 개발하겠다는 계획을 발표하기도 했다. 납도
외에 봉도는 '자연치유의 섬', 내초도는 '생명의 섬', 수우도는 '모험 체
험의 섬', 용호도는 '역사유적의 섬', 상하죽도는 '해양 체험의 섬', 송도
는 '생태보전 관찰의 섬' 등의 캐치프레이즈를 갖고 있다. 납도는 아트
체험과 예술인촌과 갤러리를 갖춘 섬으로 계획을 세웠었다. 하지만 납
도, 봉도, 송도는 주민들이 머물지 않는 섬이다.

　납도는 욕지도로 가는 길에 고개를 돌려 서쪽을 보면 추도와 두미
도 사이에 납작하게 바다에 엎드린 섬이다. 이름대로 정말 납작 엎드린

욕지도 가는 길에 유독 납작 엎드린 섬이 있다. 봉긋하게 솟은 두미도가 있어 더욱 납작해 보일까, 큰 욕지도가 있어 더 왜소해 보이는 것일까. 한때 20여 가구가 살았고, 초등학교도 있었다. 지금은 상시 거주하는 주민은 없다.

납도다. 한때 16가구 81명 그리고 학생만도 13명이 있었다.(《도서지》, 1973년) 빈집에 들어가듯 조심스럽게 선창에 내려 이곳저곳을 기웃거리며 인기척을 했지만 동백 숲 너머에서 들려오는 새소리와 추도에서 밀려오는 파도 소리뿐이다.

《욕지면지》에 따르면, 1876년 정 씨 형제가 처자를 데리고 들어와 개간했다. 샘물이 나오는 곳에 집을 짓고, 고구마, 해초류, 물고기로 양식을 삼았다. 섬 주민은 섬을 떠났지만 동백나무와 후박나무는 아름드리로 자랐다. 그 아래 나지막하게 지어진 집들은 지붕이 무너져 흉가로 변했다. 빈터에는 어떤 목적인지 알 수 없지만 포클레인이 들어와 작업을 하다 멈췄다. 부엌에 백열등이 먼지를 뒤집어쓴 채로 대롱대롱 위태롭게 매달려 있다. 그래도 지붕 위에 핀 동백꽃은 붉기만 하다.

납도길 안내판은 갯바람에 수없이 흔들렸을 텐데 굳건히 자리를 지

납도는 작은 섬이지만 주변 바다는 넓다. 멀리 추도와 사량도가 터져 있다. 파도가 거칠고 배를 정박할 수 있는 선착장이 없다. 바다에 의지해 섬살이를 하기에 녹록지 않아 일찍부터 농사에 의존했다. 우장춘 박사의 권유로 제주도에 이어 밀감 농사를 시작했던 섬이다.

키고, 그 아래 우물가에는 지나는 나그네 목이라도 축이라는 듯 두레박이 다소곳하게 놓여 있다.

지금 납도는 무인도다. 주민들이 살던 집, 학교, 교회의 흔적이 잘 남아 있을 뿐이다. 주민들이 떠나면서 섬은 방치되었고 숲은 원시림으로 변했다. 금방 올 것처럼 가스통도 가지런히 몇 개 놓여 있다. 빈집은 장독들이 지키고, 주인을 잃은 신발이 뒹굴고 있었다. 붉게 핀 아름드리 동백나무 밑에는 소주병이 수북하게 쌓여 있다. '납도구판장' 건물은 글씨마저 희미하고, 자가발전으로 불을 밝히던 발동기와 밀감의 무게를 달았을 저울은 녹이 슬었다. 창고 벽에 붉은색으로 큼지막하게 썼던 '멸공' '방첩'은 색이 바래 흔적만 남았다.

납도 어촌계는 1989년 12월 15일 어촌계원 20명을 구성원으로 설립되었다. 같은 시기 설립된 상노대 상리 어촌계는 31명, 산등 어촌계는 21명, 탄항 어촌계는 25명이었다. 이들 마을과 비교해보면 납도의 가구 수도 결코 적지 않았다는 것을 알 수 있다. 당시 한 집에 한 명씩 조합원이 될 수 있었다. 그 전에는 상리·탄항·산등 마을과 함께 1962년 설립된 상노대 어촌계에 포함되었으며, 주요 소득원은 톳과 미역이었다. 그 무렵 납도에 새로운 희망의 씨앗이 뿌려졌다. 〈동아일보〉 (1966. 1. 6)의 기사 내용을 보면 "제2의 밀감 주산지 남해의 납도"라는 기사가 소개되어 있다.

충무통영항에서 발동선을 타고 5시간 남짓 남쪽으로 내려가면 납도에 닿는다. 이따금 폭풍에 쫓긴 고깃배들이 찾아들 뿐 오가는 이 드문 이 섬은 경치가 아름답기로 소문난 섬. 섬사람들은 이제 10년 전에 심은 밀감나무가 자라 올해 처음 대량 생산에 성공했고 '제주 밀감보다 맛이 좋다' 하여 제2의 밀감센터로 크게 번창할 꿈에 부풀어 있다.

주인도 떠나고 없는 빈집이지만 자가발전 시설, 구판장, 학교, 우물, 이정표 등 섬살이 흔적은 곳곳에 남아 있다.

10년 전 심은 동백나무가 빽빽이 섬 둘레를 병풍처럼 감싸 방풍림이 돼 있는 데다 땅이 기름지고 기후가 알맞다는 말을 당시 우리나라 농학계의 권위자인 고 우장춘 박사가 전해 듣고 현지를 답사, '제주도보다 천연 조건이 더 좋다'고 결론을 내리자 섬 주민들은 앞을 다투어 밀감의 묘목 4백 그루를 심었던 것인데 올해 그 첫 결실을 보게 된 것.

이 섬에서 처음으로 밀감 묘목을 심었던 박종식(42) 씨는 올해 들어 처음으로 수확, 15만 원을 벌었고, 뒤이어 묘목을 심었던 섬사람들도 내년부턴 돈벌이를 할 수 있다고 벅찬 꿈에 잠겨 있다.

납도의 경작 면적은 3만 평, 현재 수확이 가능한 밀감 묘목은 5백여 그루에 지나지 않지만 수천 그루의 묘목이 무성하게 자라고 있어 머지않아 한국 제2의 밀감센터가 될 것이라고 섬사람들은 희망에 부풀어 있다.

지금도 통영 여객선 터미널에서 납도까지 가는 길은 멀다. 이곳 주민들은 1950년대 중반 씨 없는 수박으로 유명한 우장춘 박사의 권유로 밀감 4백여 그루를 심었다. 납도만 아니라 욕지도에도 1970년대 전체 가구의 절반인 500여 농가가 밀감을 심었다. 납도에는 지금도 주인을 잃은 밀감나무가 자라고 있다. 욕지도 밀감은 특산물로 여행객들에게 판매되고 있다. 납도에서 밀감나무를 심어 성공한 이덕남 씨는 도지사 표창을, 박종식 씨는 대통령 표창을 받기도 했으며 성공담의 사례를 강연회에서 발표하기도 했다.

지금은 사람이 머물지 않지만 초도가 그랬듯이 언제라도 사람이 들어와 살 수 있는 섬이다. 섬 이름처럼 평평한 섬이라 다양한 용도로 쓰임새가 많고, 우물도 있다. 태양광을 이용한다면 전기도 해결할 수 있다. 배를 정박할 수는 없지만 접안할 수 있는 곳도 있다.

개황 | 납도

일반현황

위치 | 경남 통영시 욕지면 노대리
면적 | 0.3km²
가구수 | -
인구(명) | -
교통 | 배편 | 통영-중화항에서 배편 이용
특산물 | 밀감

변화 자료

구분	1971	1985	1995
주소	통영군 욕지면 노대리	통영군 욕지면 노대리	통영시 욕지면 노대리
면적(km²)	0.3	0.3	0.3
공공기관	-	-	-
인구(명)	81	83	19
	(남: 49 여: 32)	(남: 45 여: 38)	(남: 7 여: 12)
가구수	17	16	9
급수시설	공동우물 4개	간이상수도시설 1개소,	간이상수도시설 1개소,
		공동우물 2개	공동우물 1개소
초등학교	1개 13명	1개 12명	-
전력시설	-	자가발전기 1대	자가발전기 1대
의료시설	-	-	-
어선(척, 동력선 +무동력선)	7(4+3)	7(7+0)	8(8+0)

8

호수 같은 바다,
천연 가두리 양식장

통영시 욕지면 상노대도

통영의 섬 중에서 가장 늦게 발을 디딘 섬이다. 교통편이 너무 불편하다. 여객선 터미널에서 섬까지 오는 시간도 문제지만 하루에 딱 두 번, 오전과 오후에 뱃길이 열리는 것도 발길을 막았다. 상노대도와 하노대도 두 섬의 거리는 불과 몇백 미터 되지 않지만, 오히려 상노대도의 상리에서 산등마을까지 가는 길이 더 힘들었다. 겨울에는 그나마 잡초와 가시덩굴을 헤치며 갈 수 있지만 풀이 나기 시작하면 걷기 어렵다. 뱀도 많이 출몰하는 길목이다. 적어도 하룻밤은 머물러야 두 섬과 섬마을을 둘러볼 수 있다.

노대도는 욕지면에 속하는 섬으로, 상노대도와 하노대도로 이루어져 있다. 상노대도는 상리, 탄항, 산등, 세 마을이, 하노대도에는 하리마을이 있다. 상노대와 하노대, 욕지도 등이 파도와 바람을 막아 노대도 가운데 있는 바다는 호수처럼 잔잔하고 조류 소통이 좋아 일찍부터 양식이 발달했다. 뿐만 아니라 노대도 주변에는 많은 무인도와 여와 초가 발달해 감성돔, 볼락, 농어, 방어, 문어 등이 많이 서식해 낚시객들이 사철 많이 찾는다. 또 수심이 있고 물이 맑아 스킨스쿠버를 즐기는 사람들도 자주 찾는다. 노대도는 해오라기가 많이 서식해서 생겨난 이름이라고 한다.

노대도에 들어갈 때는 삼천포 장날(4일, 9일)을 확인해야 한다. 이날은 오전에 배가 통영 여객선 터미널에서 출발해서 노대도를 거쳐 두미도를 들러 곧바로 삼천포에서 닿는다. 그리고 오후에는 삼천포에서 두미도와 노대도를 거쳐 통영 여객선 터미널로 돌아온다. 장날이 아니면 삼천포에 가지 않는다. 이곳 주민들이 삼천포 장을 이용했기 때문에 생겨난 뱃길이다. 여객선을 타고 노대도로 가는 길은 계절에 따라 다르다. 겨울과 이른 봄에는 얼추 섬에 도착할 때 해가 뜨는 것을 볼 수 있다.

역사책에 나온 '조개더미'입니다

역사책에 나온 패총은 노대도의 자랑이다. 노대도의 패총은 1978년 동아대와 연세대 박물관에서 함께 발굴조사를 했다. 발굴된 유물은 돌칼, 돌도끼 등으로 진주국립박물관에 소장되었으며, 발굴지는 경상남도 기념물로 지정되었다. 노대도 외에 통영시에 속하는 섬에서 패총이 발견된 곳은 욕지도와 연화도 그리고 노대도이다. 상노대도 상리마을회관 뒤, 산등마을 두 곳, 하노대 하리 등 모두 다섯 곳에서 패총이 발견되었다.

패총지로 가는 노대보건진료소 좁은 길 왼쪽에 덮개와 지붕이 있는 팔각형 우물이 있고 그 옆에 비석이 세워져 있다. 그 비석에는 '慈善家 卓公長律氏施惠碑'(자선가 탁공 장률씨 시혜비)라는 비문이 새겨져 있다. 시혜비를 세운 것은 1954년 1월이다. 탁장률은 일제강점기 일본인들이 운영하는 멸치잡이 '오가들이'(권현망 전신) 배를 탔다. 광복 후 일본인의 오가들이 배를 인수하여 어장을 운영했다. 나이 든 노대도 주민들은 대부분 탁 씨의 배를 탔다. 멸치잡이가 번창하면서 노대도뿐만 아니라 통영에서 손꼽히는 부자가 되었다.

1950년대 초 흉년으로 섬 주민들의 생존이 어렵자 탁 씨는 고성 장

앞에서부터 하노대도, 상노대도, 뒤 두미도. 두미도 뒤는 남해군이며, 오른쪽은 사량면이다. 노대도 두 섬 사이의 좁은 물목은 천연 가두리 양식장이다. 일제강점기에는 멸치잡이를 하는 일본인이 자리를 잡고 어장을 수탈했다. 또 이곳에 일본으로 가는 운반선이 머물렀다가 통영 먼바다에서 잡는 수산물을 가져갔다.

에서 쌀을 구입해 상리, 탄항, 산등 그리고 하리 네 마을에 나누어주었다. 주민들은 시혜비를 세워 감사를 표시했다. 또 마을의 부족한 식수를 해결하기 위해 팔각형의 우물을 팠다. 시혜비 옆에 있는 팔각형 지붕이 있는 우물이다.

패총을 지나 원량초등학교 노대분교로 올라갔다. 폐교가 된 이곳에서 농촌진흥청 소속 국립농업과학원과 통영시농업기술센터가 토종벌 낭충봉아패병에 저항성이 강한 국내 육성 토종벌 증식을 위한 연구를 하기도 했다.

작은 섬에 있는 학교는 2층 건물에 운동장이 제법 넓다. 하노대도 분교가 폐교되어 이곳으로 합쳐지면서 230여 명이 넘는 학생이 다녔다. 그만큼 어장이 좋았다는 반증이다. 장어 통발이 활발할 때는 외지에서도 선원들이 들어와 조업했다. 조업이 끝나면 상리 포구 앞에는 술판이

상노대 산등마을. 통영에 속하지만 이 마을은 사천시 사량도가 생활권이었다. 지금도 삼천포 오일장이 열리는 날은 여객선이 삼천포항까지 연장 운항을 한다. 마을 앞 거칠리도 등 바위섬은 갯바위 낚시가 잘 되는 곳이다. 노대도에서는 전망이 가장 좋은 마을이다.

벌어졌다. 술집도 많았고 섬은 흥청댔다. 1970년대는 파시가 형성되기도 했다. 오죽했으면 부녀회에서 나서서 술집을 없애고 구판장에서 술을 없앴겠는가.

숨비소리에 두리번거리다

가두리를 지나 산등마을로 빠져나가는 해협은 작은 배로 군소를 잡고 소라와 해삼과 전복을 잡는 어민들의 바다다. 하리와 가장 가까운 언덕에 오르다 어디선가 이상한 소리가 들렸다. 처음에는 새 소리인 줄 알았다. 그런데 연이어 들리는 소리의 주인공을 찾다 바다에서 자맥질을 하는 해녀를 만났다. 오랜만에 물질을 하는지, 물속으로 들어갔다 나오는 시간이 짧다. 호흡이 짧아진 탓이다. 자주 해야 물질도 늘고 참는 숨도 길어진다. 20여 분 동안 관찰했지만 건져 올리는 것이 통 없어 보였다. 우수가 막 지난 봄의 길목에서 네 명의 어머니가 물속을 드나들고

상노대도와 하노대도 사이는 해녀들이 가장 즐겨 물질을 하는 바다이다. 한때 흥청대던 시절에 남자들이 술과 도박으로 세월을 보내자 어머니들이 나서서 금주와 도박을 없애는 추방 운동을 벌였다. 그때의 주인공들이다. 마을 당제와 마을굿이 미신이라는 이름으로 추방되어서 아쉽다.

있었다. 노대도 해녀는 두 명이다. 나머지 두 명은 욕지에서 오신 분들이다. 물질을 해서 얻은 소득은 어촌계가 40퍼센트, 해녀가 30퍼센트 그리고 나머지 30퍼센트는 선주 몫이다. 채취할 수 있는 것은 주로 해삼, 소라, 전복, 물미역 등이다. 갯바위에 드러난 미역이나 톳은 주민들 몫이다.

상리 동쪽 끝을 지나다 비릿한 냄새에 고개를 돌려보니 어머니 한 분이 미역을 널고 있었다. 탄항마을로 가는 길을 물으니 고개 넘어 5분이면 갈 수 있다고 알려주었다. 집 앞 바구니에 낙지 주낙이 가지런히 해바라기를 하고 있다. 바닷가에 걸쳐놓은 대나무 위에 미역이 꾸덕꾸덕 마르는 중이다.

상리에서 탄항으로 넘어가는 고갯길은 온통 구실잣밤나무 숲이다. 큰 도로를 만들면서 그 숲을 가로질렀다. 남아 있는 나무를 보니 얼마나 무성했을지 짐작할 수 있다. 그 고개를 상리 주민들은 '탄항곡'이라

하고, 탄항 주민들은 노대판이라 한다. '팬'이나 '편'은 고개를 의미하는 말이다. 탄항이라는 지명은 마을 동쪽에 광주여라는 섬이 있는데 그 사이로 흐르는 여울이 진 목이 있어 붙여진 이름이라 전한다.

고개를 넘으니 시꺼먼 연기가 마을에서 올라왔다. 처음에는 화재가 난 줄 알고 신고하려고 했다. 고개를 넘어 마을이 보이는 곳에서 내려다보니 소각장에서 나는 연기였다. 비닐이나 플라스틱을 소각하는 연기로 보인다. 쓰레기를 소각하는 것은 금지하지만 달리 방법이 없어 섬 주민들이 여전히 많이 이용하는 쓰레기 처리 방법이다.

탄항마을 앞바다에 빼곡한 가두리 양식장을 지나 상리와 하리의 호수 같은 바다에 이르면 왜 이곳이 통영에서 가두리 양식의 일번지인지 알 수 있다. 외국인 노동자들 몇 명이 꽁꽁 언 전갱이를 뜯어서 양식장 물고기에게 줄 먹이를 만들고 있었다. 이들은 대부분 바닷가에 있는 컨테이너 집에서 숙식한다.

양식업이 발달하지 않았을 때 노대도는 장어 통발과 문어 단지로 해

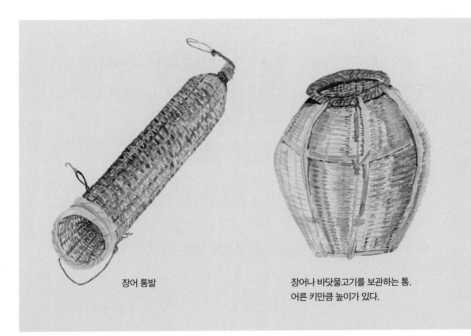

장어 통발

장어나 바닷물고기를 보관하는 통.
어른 키만큼 높이가 있다.

상 파시를 이루었던 곳이다. 어선 어업이 활발할 때는 학교는 학생들로, 마을은 선원들로 넘쳤고, 술로 흥청댔다. 보다 못한 부녀회에서 술집을 없애고 술을 섬에서 추방했다. 당시 새마을운동으로 술과 도박이 심한 섬에서는 금주와 도박을 없애는 운동이 진행되었다. 미신타파라는 이름으로 마을 당제와 마을굿 등 어촌 공동체의 기반이 되었던 것들도 함께 사라져 한편 아쉽기도 하다.

매화, 동백, 유채까지

봄철 통영의 섬 여행은 눈과 입이 즐겁다. 이보다 좋은 여행이 없다. 노대도도 마찬가지다. 이렇다 할 식당은 없지만 몇몇 민박을 하는 안주인들의 솜씨는 섬 밥상으로 손색이 없다. 낚시객들이 자주 찾고 단골이 많다 보니 철이 되면 준비를 해둔다. 물론 미리 연락해야 한다.

하지만 봄꽃은 연락하지 않아도 볼 수 있다. 다만 섬에 꽃이 피는 철을 생각해야 한다. 노대도 봄꽃의 하이라이트는 상리 백 년을 앞둔 교회 옆에 심어진 매화나무밭이다. 이곳에서 내려다본 호수는 매화꽃과 잘 어우러진다.

산등마을로 넘어가는 길은 여름 전 봄에 딱 걷기 좋은 길이다. 산등마을로 넘어가면 그곳에서는 두미도와 남해 바다가 들어온다. 산등마을에선 비탈진 밭에 심어놓은 유채밭과 바다가 그림이다. 두미도가 오똑 솟았다. 분홍색 지붕과 파란 바다와 그리고 노란 유채꽃은 어떤 캔버스에도 옮길 수 없는 풍광이다. 산등마을은 노대도 네 마을 중에서 가장 빼어난 경치를 가진 마을이다.

산등마을에 마을이 형성될 수 있었던 것은 두미도와 네 개의 거칠리도가 북서풍을 막아주기 때문이다. 상리와 하리 사이의 호수만은 못하지만 산등마을 바다도 아늑하다. 그곳에도 역시 양식장이 자리 잡았다.

무엇보다 거칠리도 일대는 갯바위 낚시를 하는 사람들이 사철 머무는 곳이다. 안쪽 두 개 섬은 내거칠리도(안거치리), 밖에 두 개의 섬은 외거칠리도(밖거치리)라고 한다.

안과 밖 사이로 물길이 빠르고 수중에 암초가 있어 물결이 거칠다 해서 붙여진 이름으로 생각된다. 낚시객들이 즐겨 찾는 것은 이곳에 참돔과 감성돔 등 대물이 곧잘 올라오기 때문이다. 또 주민들도 통발을 놓아 돌문어와 자리돔과 장어 등을 잡고, 그물로 도다리와 돔을 건져 올린다. 산등마을은 멧등개라고 한다. 고개 너머에 있는 포구 마을이라는 의미이다. 사실 경치보다 더 아름다운 것은 노대도 어머니들의 마음이다. 섬 밥상을 받아보면 알게 된다. 산등마을에서 말려놓은 장어로 만든 김치찌개를 먹어보시라.

개황 | 상노대도

위치 | 통영시 욕지면 노대리
면적 | 1.35km^2
가구수 | 102
인구(명) | 184
교통 | 배편 | 통영－통영여객선터미널에서 배편 이용
특산물 | 감성돔, 볼락, 농어, 문어 등

변화 자료

구분	1971	1985	1995
주소	통영군 욕지면 노대리	통영군 욕지면 노대리	통영시 욕지면 노대리
면적(km²)	1.5	1.5	1.5
공공기관	–	–	–
인구(명)	912 (남: 461 여: 451)	605 (남: 307 여: 298)	379 (남: 184 여: 195)
가구수	150	128	116
급수시설	공동우물 12개	간이상수도시설 4개소	간이상수도시설 3개소
초등학교	1개 187명	1개 99명	1개 35명
전력시설	–	자가발전기 1대	자가발전기 1대
의료시설	약국 1개소		보건진료소 1개소, 상비약비치 1개소
어선(척, 동력선 +무동력선)	50(25+25)	60(45+15)	71(49+22)

9

바닷물고기의
겨울 보금자리
통영시 욕지면 하노대도

상노대와 하노대도 사이 70미터. 가운데 큰 돌만 놓으면 징검다리 삼아 건널 수 있을 것 같다. 상리와 하리 선창 사이의 거리는 230미터다. 가장 멀리 떨어진 곳은 상노대 탄항마을과 하노대 동쪽 끝 공동묘지가 있는 곳으로 약 800미터 정도다. 선창에서 배를 타고 가는 데 걸리는 시간은 2, 3분쯤. 몇 분이나 걸리느냐고 묻기가 무색하다. 정말 긴 대나무를 두 섬에 걸어놓을 수 있을 만큼 가깝다. 노를 저어 가기 딱 좋은 거리이다. 그런데 두 섬이 분위기는 사뭇 다르다. 상리마을은 해가 떠서 질 때까지 양지이지만 하리는 마을이 동쪽을 보고 있어 해가 뒷산을 넘어서면 빛을 잃는다. 섬의 크기는 하노대도는 상노대도의 4분의 1쯤 될까. 자연 마을도 상노대도는 상리, 탄항, 산등, 세 마을이지만 하노대도는 하리마을 하나뿐이다. 섬이 작으니 마을 어장의 크기도 작다. 섬은 작지만 존재감은 크다. 만약 하노대도가 없다면 상리마을에 그렇게 많은 사람이 머물 수 있었을까. 선착장은 제 역할을 할 수 있었을까. 하늬바람과 갈바람을 모두 막아주는 섬이다. 상리마을 사람들이 매일 절을 해도 은공을 갚지 못할 것이다.

하노대도에 사람이 많이 살 때는 50여 가구가 살았지만 지금은 20가구에도 미치지 않는다. 우물만 작은새미, 간대새미, 큰새미, 세 곳에 있었다. 처음에는 상리·하리·산등·탄항 마을이 모여 회의하며 모든 일

하노대도와 상노대도 사이 바다는 물목은 좁지만 섬의 안바다는 넓은 복주머니를 가지고 있다. 한때 납
도까지 더해 세 섬이 하나의 어촌계를 이루어 바다 밭을 일구어 학교 운영을 보태기도 했다. 지금은 섬마
다 각각 영역을 나누어 가두리 양식을 하고 있다.

을 결정했다. 두 섬에 네 곳의 자연 마을이 한 마을처럼 지냈다. 옆에 큰
섬 욕지도가 있었지만 부러워하지 않았다. 특히 노대국민학교가 개교
하고 나서는 더욱 그랬다. 톳과 미역 등 마을 공동 어장에서 나오는 소
득이 학교를 운영하는 데 큰 도움이 되었다. 따라서 바다를 잘 이용하
기 위한 회의가 곧 마을 회의이자 학교 운영을 위한 회의였다. 노대어
촌계가 큰 역할을 했다.

  그러다가 하리에 분교가 만들어지면서 사정이 바뀌었다. 게다가 상
리를 중심으로 운영하는 것에 탄항과 산등이 불만을 나타냈다. 분교가
만들어지자 학교 운영을 위해 딴살림을 해야 했다. 결국 각각 어촌계로
분리되었다. 노대어촌계에 포함되었던 납도까지 분리되었다. 지금은
어촌계가 노대어촌계 하나로 운영하지만 바다는 각각 지선을 가지고
독립 운영하고 있다.

하노대도에는 일찍부터 일본인이 들어와 자리를 잡았다. 멸치 어장이 좋았던 탓이다. 이웃한 일본인 이주 어촌이 만들어진 욕지도의 좌부랑개 정도는 아니지만 일본인이 들어와 멸치잡이와 수산물 수집과 유통 등을 했다. 해양문화재연구소가 펴낸 《해양문화유산조사보고서 10》의 〈노대도·두미도〉에 따르면, 노대도에 일제강점기 일본식 조선 기술로 만들어진 개량형 목선박이 처음 도입되었다고 한다. 광복 후에도 목선박기술은 전승되었다. 이후 부산과 마산, 통영, 거제, 고성에서 배를 지었다. 그리고 1959년 9월 사라호 태풍으로 남아 있던 목선이 모두 사라졌다. 광복 전후까지 챗배, 들망배를 이용해 멸치를 잡았고, 1950년대 이후 주낙배로 장어를 잡고 규모가 있는 주낙배는 조기를 잡았다. 또 돛배를 이용해 봄과 가을에 멸치와 갈치를 잡았다. 이들은 모두 목선이었다. 1970년대 이후 동력을 이용한 기동선이 등장하기 시작했다.

하리는 상노대도에 비해서 사는 사람도 적고 밭도 척박하다. 학교도 일찍 폐교되었다. 예배당도 상리의 역사와 규모에 비해 초라하다. 역시 가두리 양식을 하는 집을 제외하면 섬에 머물 만한 이유가 없다. 대신에 낚시객들은 무시로 들어온다. 선창에서 나가는 배를 타려는 두 사람의 낚시객과 들어오는 세 명의 낚시객을 만났다.

상노대도도 그렇지만 하노대도 역시 농사는 밭농사뿐이다. 1970년대와 1980년대는 고구마와 보리를 심어 식량을 해결했다. 특히 욕지도에서 막걸리를 만들고, 농협에서 빼떼기를 수매하면서 노대도의 고구마도 소비되었다. 마을 뒷산의 정상 바로 밑에까지 개간되었던 것은 그 무렵 고구마 농사를 지었던 흔적들이다.

상리도 그렇지만 하리 등 노대도 사람들은 어획량이 줄어들면서 들망 대신에 소형 저인망 어업(고대구리)과 삼중자망을 택했다. 지금은 금지된 어업이다. 당시 어획고를 올리는 데 이만한 것이 없었다. 이 어법은 모두 남획으로 이어졌다. 바다 자원을 고갈시키는 주범으로 인정되었다. 그 후에는 장어와 볼락과 문어를 잡는 통발 어업과 낙지 등을 잡는 연승(주낙)으로 생계를 이었다. 소형 저인망 어업과 삼중자망이 금지되면서 잡는 어업은 급속하게 약화되고 대신 가두리 양식으로 전환했다.

상노대도와 하노대도 사이의 바다가 호수처럼 잔잔하고 조류 소통이 좋은 천연 양식장인 것도 한몫했다. 마치 신안의 다물도와 대둔도 사이의 바다를 연상케 한다. 그곳은 우리나라 최대의 조피볼락 양식장이다.

노대도 일대의 바다에는 얼마나 많은 수산동식물이 서식할까.《해양문화유산조사보고서 10》에 따르면 멸치, 갈치, 전갱이, 조기, 볼락, 붕장어, 갯방어, 도다리, 우럭, 참돔, 감성돔, 숭어, 방어, 농어, 게르치 등

상리와 하리 사이 바다는, 파도는 물론 웬만한 태풍이 와도 피해가 없는 자연 피항지였다. 육지도에서도 제방을 쌓아 파도를 막기 전에는 이곳으로 피항을 올 정도였다. 지금도 이곳은 제방을 쌓아 파도를 막지 않아도 두 섬에 의지해 자연재해를 막고 있다.

난류성 어류와 문어, 낙지, 오징어, 게, 새우 등이 서식한다. 또 해조류로 가사리, 참풀가사리, 우뭇가사리, 톳, 파래, 김, 미역 등이 있다. 무척추 동물로는 우렁쉥이, 홍합, 피조개, 꼬막, 바지락, 개조개, 새조개 등이 있다. 우리나라 동해와 서해와 남해에서 볼 수 있는 대부분 수산 자원을 확인할 수 있다.

실제로 어민들이 잡았던 바닷물고기는 멸치, 정어리, 전갱이, 학꽁치, 날치, 고등어, 삼치, 방어, 부시리, 상어 등 난류 회유성 어종이다. 어족 자원이 급감하며 사라지거나 급감한 어류로 청어, 까나리, 대구, 정어리, 청어, 날치, 능성어, 방어, 부시리, 갈치, 보리새우 등이 있다. 현재는 계절별로 보면 겨울에는 물메기를, 봄에는 붕장어·도다리·볼락·문어를, 봄부터 여름까지는 참돔과 농어를, 가을에는 삼치·고등어·오징어·문어 등을 잡는다. 문어는 사철 잡을 수 있다.

선사시대에는 어떤 수산 자원이 있었을까. 상노대도 '상리패총'에서 확인된 것을 보면, 가오리과, 색가오리과, 알락곰치, 농어, 하스돔과, 붉돔, 감성돔, 참돔, 졸복, 바다거북, 강치, 물개, 고래류, 돌고래류 등이다. '산등패총'에서는 쥐돔, 고래류, 돌고래류가 발견되었다.

이렇게 다양한 수산 자원이 서식할 수 있는 것은 해류와 수온과 영양 염류의 영향이다. 한류의 세력이 미치지 않아 바다 표면 수온이 13도 아래로 내려가는 일이 없다. 겨울에는 동해나 서해에 서식하는 어류들이 이곳에서 월동한다. 주변에 섬들이 많아 파랑을 막아주고 조류가 빠르지 않으면서 소통이 잘된다. 게다가 어업 기술이 일찍 발달하였고 일제강점기에 잡는 어업과 양식 기술의 영향도 컸다. 하리 출신의 탁장률이 통영의 수산업자로 성공을 할 수 있었던 것도 이러한 해양 생태와 사회·문화적 요인이 갖춰졌기 때문이다.

최근 남획과 수온 변화와 서식지 훼손 등으로 어족 자원이 감소하고 있다. 대신에 양식 어업이 대안으로 제시되고 있다. 양식이 어렵다는 고등어나 참치 양식도 욕지도와 노대도 일대의 바다가 양식 어업의 적지로 주목을 받고 있다. 교통도 불편하고 학교도 모두 폐교되었지만 작은 섬마을을 꿋꿋하게 지키는 것은 바다가 있기 때문이다. 가두리 양식과 여전히 다양한 수산 자원을 내주는 마을 어장과 잡는 어업을 지속할 수 있기 때문이다.

일반현황

위치 | 통영시 욕지면 노대리
면적 | 0.44km^2
가구수 | 14
인구(명) | 23
교통 | **배편** | 통영-통영여객선터미널에서 배편 이용
특산물 | 감성돔, 볼락, 농어, 문어 등

변화 자료

구분	1971	1985	1995
주소	통영군 욕지면 노대리	통영군 욕지면 노대리	통영시 욕지면 노대리
면적(km²)	0.57	0.57	0.57
공공기관	-	-	-
인구(명)	329 (남: 169 여: 160)	176 (남: 105 여: 71)	80 (남: 44 여: 36)
가구수	57	40	28
급수시설	공동우물 4개	간이상수도시설 1개소	간이상수도시설 1개소
초등학교	1개 62명	1개 26명	1개 35명
전력시설	-	자가발전기 1대	한전 28가구
의료시설	-	-	-
어선(척, 동력선 +무동력선)	9(2+7)	18(15+3)	18(15+3)

10

동백에
취하다
통영시 욕지면 두미도

나이 든 어머니는 화단에 걸터앉아 숨을 돌리고 다시 계단을 올랐다. 젊은 사람에게도 가파른 길이다. 언덕배기 옹색한 곳에 터전을 잡은 탓에 집들은 골목보다 낮고, 바다 쪽 돌담은 지붕보다 높다. 마마나 귀신보다 무서운 바람을 피하려니 달리 방법이 없었다. 그 길도 익숙해질 만하니 이젠 허리가 굽고 머리에는 하얗게 눈이 내렸다. 마실을 가시는 걸까. 아니다. 오른손에 쥔 종이를 보니 우편물이다. 고지서를 들고 이장에게 가는 걸까. 한참을 지켜보다 배에 오르는 일행을 보고 종종걸음으로 동백 숲을 빠져나왔다.

미륵, 섬에 머물다

통영시 욕지면에 속한 작은 섬이다. 통영보다 삼천포와 가깝다. 그래서 잡은 고기를 팔거나, 시장을 보거나, 학교를 보내거나, 결혼을 시킬 때면 삼천포로 먼저 달려갔다. 그래서 지금도 삼천포에 5일장이 서는 날(4일, 9일)이면 통영에서 두미도를 오가는 두 차례 뱃길 중 한 차례는 두미도와 삼천포로 항로를 바꾼다. 거리로만 보면 남해군과 더 가깝다.

100여 년 전, 남해 사람이 처음 들어와 섬을 개척했다고 한다. 뱃길로는 통영항에서 우도, 하노대도, 상노대도, 두미도, 욕지도를 거쳐서 도착하는 끝 섬이다. 오가는 사람이 적어 국가의 지원으로 겨우 운영

두미도는 일찍 꽃이 피는 섬이다. 겨울 동백도 아름답지만 뭍에 봄소식은커녕 꽃샘추위가 기승을 부리는 이른 봄, 두미도에는 봄꽃이 피어난다. 섬 길을 걷다 만난 노루귀 꽃이다.

되는 통영시의 유일한 '명령항로'이다. 마을은 구전·청석·대판 마을이 속한 '남구'와 설풍리, 고운리, 사동으로 이루어진 '북구'가 있다. 몇 고개를 넘어야 오갈 수 있었던 길이 최근에 해안도로로 개통되었다.

원래 둔미(屯彌)섬, 디미섬이라 불렸다. '미륵이 머물렀던 섬'이라니. 두미도 주변에는 미륵도, 연화도, 욕지도, 세존도 등 불교적인 색깔이 강한 지명이 많다. '연화세계를 알려거든 세존께 물어보라'(欲知蓮花藏 頭尾問於世尊) 했던가. 모두 남해의 다도해에 있는 섬이다. 바다에 용왕님만 사는 줄 알았더니 부처와 그 제자들도 뙤리를 튼 모양이다. 광복 직후 130가구에 720여 명의 주민이 살았다고 하는데, 지금은 남구와 북구에 50여 가구 100여 명이 살고 있다.

두미도의 지명을 보면 유독 '강정'이라는 이름이 많다. 구전과 청석 사이에 함지강정, 매강정, 서먹강정이 있고, 대판과 설풍 사이에 정승강정(순천강정), 무너진강정, 돼지강정이 있다. 강정은 갯바위가 발달된 곳이다. 미역, 톳, 가사리, 세모 등 해초가 잘 자란다. 바닷물고기도 많이 머무는 곳이다. 다음은 강정 중에서 순천강정에 전해지는 이야기다.

고향이 순천인 한 어부가 바다에 나오면 용왕님을 위해서 소변을 단지에 받아두었다가 육지에 내려서 버리곤 했단다. 그 사람이 하루는 고기잡이를 하다 날이 어두워지자 두미도 굴에 들어가서 잠을 자게 되었다. 꿈에 신령한 노인이 나타나 지금 당장 굴에서 나가라고 하였다. 깜짝 놀라 잠에서 깬 어부가 노를 저어 굴 밖으로 나오자 굴이 무너졌다. 다른 배들은 굴이 막혀 나오지 못했다. 이후 석 달 동안 바위틈에서 연기가 났다. 갇힌 배들이 밥을 지어 먹으면서 피운 연기였다. 이후 이곳을 순천강정이라 불렀다. 이 이야기는 두미도만 아니라 노대도 주민들에게도 알려진 이야기이다.

'다이빙'과 '미기'

남구 선착장에 도착하자 한 주민이 마중을 나와 있었다. 대판이 고향인 문재호 씨다. 퇴직하면 귀향할 생각으로 시간이 되는 대로 고향 지킴이로 활동 중이다. 문 씨의 안내를 받아 식당에 짐을 맡기고 가벼운 몸으로 섬을 둘러보기로 했다. 그런데 식당 이름이 '마린센터'다. 선창과 바다가 한눈에 내려다보이는 좋은 위치에 숙박 시설까지 갖추어져 있다. 몇 년 전 통영시가 두미도의 수려한 자연 경관과 해양 생태 자원을 활용해 '해저생태체험지구'로 개발하면서 만들어진 것이다. 여기에 '다이빙숍'과 스쿠버 체험까지 할 수 있는 기반 시설과 장비를 갖추었다. 오늘 걷게 될 등산로와 해안산책로도 이 사업으로 추진된 것이다.

두미도 사람들은 겨울에는 '미기'(두미도 사람들이 부르는 물메기 이름)를 잡지만 봄에는 도다리와 가오리, 여름에는 서대, 갈치, 갑오징어

두미도 천황봉에 오르면 통영과 남해와 쓰시마섬까지 살펴볼 수 있다. 가까운 노대도와 사량도는 통영으로 가는 뱃길이며 삼천포로 가는 옛 뱃길이었다. 지금도 삼천포 장날에는 여객선이 장배로 바뀌어 뱃길이 열린다.

를 잡는다. 가을에도 여름과 비슷한 물고기로 생계를 잇다 다시 겨울에는 물메기를 찾아 바다로 나간다. 미기가 제일 돈이 된다. 깎아지른 가파른 땅을 일궈 보리를 심어 식량하고 마늘을 심어 팔았다. 지금은 모두 묵정밭으로 변했다. 이들에게 '다이빙숍'과 '마린센터'는 너무도 생경하다. 미기와 다이빙은 주민과 관광객의 다른 표현이다. 두미도가 생태적으로, 사회·경제적으로 지속 가능한 섬이 되려면 미기와 다이빙의 상생 방안을 찾아야 할 것 같다.

돌담과 동백

이번에는 작정하고 천황봉(467미터)을 오를 계획이다. 산의 높이만 생각하고 야트막한 동산으로 생각하지 마라. 문 씨도 정상에 올라갔다 내려오는 데 족히 세 시간은 잡아야 할 것이라고 알려주었다. 남구 선창에서 산책로로 곧장 오르는 길은 코에 닿을 듯 경사가 급하다. 저 길을 노인들이 어떻게 오르고 내렸을까. 붉은 우체통과 담쟁이가 붙든 돌담이 가슴을 따뜻하게 감싸주었다.

언덕에 있는 고만고만한 집들이 고개를 내밀며 객을 맞았다. 바람을 막기 위해 쌓은 돌담은 섬 주인만큼이나 나이가 들어 있었다. 그 앞으로 줄지어 심어놓은 수백 년 된 동백나무가 붉은 꽃을 소담스레 매달았다. 저 꽃도 봄이 오면 '뚝' 고개를 떨구겠지. 동백나무를 보면 할머니 생각이 난다. 언제나 긴 머리를 한 올 한 올 다스려 동백기름을 발라 쪽을 찌고 비녀를 꽂았다. 시골 마을에서 곱기로 소문난 우리 할머니. 화려한 냄새는 아니었지만 할머니 곁에 가면 늘 고소한 동백기름 냄새가 났다. 박카스 병에 동백기름을 담아 선반에 얹어두고 애지중지 간직하셨다. 정작 그 기름이 동백꽃이 지고 나서 열린 열매의 속살로 만든다는 것을 안 것은 철이 들고서도 한참 뒤였다. 동백꽃은 약재로도 쓰이고, 나무는 단단하고 치밀해 악기, 가구, 얼레빗, 목탁, 칠기 등의 재료로 사용되기도 했다.

또 동백꽃은 선비들의 청렴과 절조를 상징하며, 자식을 많이 낳고 아들을 낳게 하는 꽃이라 믿었다. 혼례식의 초례상에 동백나무를 꽂을 정도로 상서로운 나무로 취급했다. 동백꽃이 질 때 꽃송이가 통째로 떨어진다고 해서 일본에서는 불길하게 여기기도 했다. 하지만 동백나무를 신목으로 모시는 마을이 있고, 꽃을 보고 그해 농사나 운을 가늠하기도 했다. 물에 빠져 죽은 이의 넋을 건질 때 동백나무 가지를 사용하기도 했다. 동행한 강제윤 시인이 두미도에는 흰 동백이 자생한다고 알려주었다. 욕심을 부리지 않기로 했다. 한걸음에 욕심껏 보고 갈 수 없지 않은가. 발길 닿는 대로 보이는 대로 보고 가는 것으로 족하다. 돌담과 동

두미도는 태풍과 바람을 동백 숲으로 막았다. 마을을 둘러싸듯 두 팔로 안아야 할 만큼 오래된 수령의 동백이 에워쌌다. 덕분에 겨울부터 늦봄까지 동백꽃이 흐드러지게 핀다. 동백이 그리울 때 가고 싶은 섬이다.

백 사이로 작은 길이 있다. 골목길이자 북구로 가는 길이요, 천황봉으로 오르는 길이다.

두미도 남구 사람들이 태풍보다 강하다는 계절풍 속에서도 함석지붕을 지탱하며 머물 수 있었던 것은 동백 숲과 돌담 때문이리라. 두미도 동백은 특별히 붉다. 사람이 그리워서일까. 향기 없는 대신 붉은 색으로 동박새를 불러온다. 동백이라면 선운사, 오동도, 거문도, 마량(서천), 대청도, 지심도 등을 꼽는다. 이제는 두미도 동백도 목록에 올려야겠다.

담뱃불 조심하이소

청석마을로 가는 길목에 '동뫼'라 부르는 곳의 끝에 전망대가 있다. 노대도, 욕지도를 지근거리에서 볼 수 있는 곳이다. 벌써 일행은 전망대를 거쳐 등산로로 접어들고 있었다. 자꾸 나무, 돌, 풀, 꽃에 눈길을 주다 보니 꼴찌는 맡아놓았다. 급히 발걸음을 옮기려는 순간 "담뱃불 조심하이소."라는 굵직한 목소리에 소스라치게 놀랐다. 돌아보니 칠순은 넘었을 사내가 동백을 비롯해 겨울에도 푸른 잎을 가진 잔가지를 한 아름 베어 지게에 올리고 있었다. 대판에 산다는 사내는 산에 방목되어 있는 염소 몇 마리를 기르고 있다고 했다. 겨울이면 먹이를 손수 준비해야 하기 때문에 가지치기를 겸해 먹이를 마련하는 중이었다.

산길로 접어들고 얼마 되지 않아 앞서가던 일행을 만날 수 있었다. 산 위에서 내려다보는 바다와 섬의 절경에 몇 걸음을 걷지 못하고 넋을 잃고 있었다. 맨 앞에는 김창록 씨가 있었다. 두미도를 찾았던 사람들은 그를 '두미도 기봉이'로 기억한다. 필자도 섬을 찾기 전부터 김 씨의 명성을 들었다. 너 나 할 것 없이 김 씨의 맑은 웃음, 친절, 두미도 사랑 그리고 검정고무신을 이야기했다. 그를 만난 곳은 욕지도와 노대도가 한눈에 보이는 전망 좋은 산허리였다. 한 시간도 되지 않는 짧은 산행 시간에 벌써 아줌마는 물론 아저씨까지 꽤 많은 팬을 확보했다. '저 섬이 매물도이네 아니네, 연화도가 맞네 아니네'라며 일행과 즐거운 입씨름을 하는 중이었다.

섬의 위치보다는 김 씨의 신발부터 확인했다. 역시 검정고무신이다. 등산화를 신은 일행들은 한 걸음 한 걸음 옮길 때마다 불안해했는데 검정고무신의 주인공 김 씨는 산양이 벼랑을 지나듯 사뿐사뿐 걸었다. 등산화와 검정고무신, 신발이 문제가 아니었다. 그의 발은 섬을 알고 길을 읽었다. 신발에 의지해 걷는 관광객과 달리 김 씨는 마음으로 섬 길을 걷고 있었다. 진정한 섬의 주인이다. 바람을 막는 동백과 돌담도, 높은 계단을 오르던 나이 든 어머니도, 동백의 잔가지를 잘라 염소를 먹이는 아버지도 모두 섬 주인이었다.

섬은 주인이 주인 노릇을 할 수 있도록 해야 한다. 길을 만들 때도, 숙

두미도에는 북구와 남구 두 개의 마을이 있다. 해안이 가파르고 갯바위로 이루어져 해안을 따라 걷는 길이 없었다. 배를 타고 이동하는 것이 더 나았다. 섬 안에서 마을과 마을이 서로 교류하고 오가는 일은 생각보다 적다. 걷는 여행객들이 늘면서 두 마을을 연결하는 해안길이 만들어졌다.

박 시설이나 체험 시설을 만들 때도 그리해야 한다. 주인과 객이 바뀌면 섬이 무너지기 때문이다. '미기' 철이 끝났으니 뭍으로 나간 주민들도 있을 터다. 저 붉은 동백꽃이 지면 진달래가 필 것이다. 천황봉의 진달래를 보겠다고 객들이 들기 시작할 것이다. 내려오는 길에 또 다른 섬 주인인 노루귀꽃에 반해 머뭇거리다 또 꼴찌가 되고 말았다. 그래도 도다리쑥국은 꼴찌한 객을 기다리고 있었다.

개황 | 두미도

위치 | 통영시 욕지면 두미리
면적 | 5.03km^2
가구수 | 61
인구(명) | 92
어촌계 | 저도 어촌계
교통 | 배편 | 통영-통영여객선터미널에서 배편 이용(1일 1회 운항)
특산물 | 물메기

변화 자료

구분	1971	1985	1995
주소	통영군 욕지면 두미리	통영군 욕지면 두미리	통영시 욕지면 두미리
면적(km²)	4.43	4.43	4.43
공공기관	–	–	–
인구(명)	1,260	556	237
	(남: 644 여: 616)	(남: 292 여: 264)	(남: 122 여: 115)
가구수	211	141	86
급수시설	공동우물 18개	간이상수도시설 1개소, 공동우물 2개, 사설우물 5개	간이상수도시설 2개소
초등학교	2개 262명, 공민학교 1개 53명	2개 83명	초등학교 분교 2개 3명
전력시설	–	자가발전기 2대	한전 86가구
의료시설			보건진료소 1개소, 상비약비치 1개소
어선(척, 동력선 +무동력선)	53(3+50)	37(20+17)	47(30+17)

통영시 사량면

고성군

사량면

11

13

12

통영시 사량면

그 섬에는
산과 바다가 있다
통영시 사량면 사량도 상도

"화장실이 어디야? 언니가 물어봐."

　뱃고동 소리마저 잠든 섬마을의 여름 새벽을 깨우며 열댓 명의 등산객이 들어섰다. 수런수런 소리에 몸을 뒤척였다. 저녁 늦게까지 마을 주민들과 술을 마시며 이야기를 나누다 자정을 훌쩍 넘긴 시간에 잠이 들었다. 수륙제를 겸한 풍어제를 마치고 옥녀봉까지 올랐던 터라 피곤했다. 자리를 털고 일어났다. 하나둘 울긋불긋 옷차림을 한 등산객들이 모여들었다. 어제 나를 홀린 마을 숲이 떠올라 누워 있을 수 없었다. 어제 왔던 길을 되돌아갔다. 두리번거리다 답포마을 바닷가 방풍림에 눈길이 머물렀다. 차를 멈췄다. 어제 저녁 나를 유혹했던 숲이 바로 저거란 말인가. 달빛 아래서 바다와 숲의 정령들이 만나 밀회를 즐겼던 곳이란 말인가.

　낮에 보아도 마늘밭과 어우러진 숲은 바다를 배경으로 한 폭의 그림 같았다. 나뭇가지 사이로 자잘하게 쏟아지는 햇살이 물비늘처럼 반짝거렸다. 녹음이 우거진 숲보다 신비로웠다. 나무 그늘 아래에서 두 노인이 앉아 취나물을 손질하고 있었다. 경주 이 씨가 많이 사는 작은 마을이다. 노인은 지난봄까지 도다리를 곧잘 잡아 용돈을 벌었다고 한다. 최근에는 수온이 변해서 잡히지 않는다며 이제 바다 농사도 끝난 것 같다고 안타까워했다. 기름값도 건지지 못하는 배는 선창에 꽁꽁 묶여 있

섬에서 맞는 해 지는 모습은 각별하다. 이때 비로소 섬에 있다는 느낌이 오롯이 가슴에 새겨진다. 사량도의 일몰은 수우도 너머 남해로 진다. 돈지마을 해안길이나 지리산에 올라 일몰을 볼 수 있다. 위험한 바위 능선까지 올라갈 것도 없다. 차를 세우고 길가에서 봐도 부족함이 없다.

었다. 그게 어디 배 탓이란 말인가. 대신 묵혀놓은 밭이 효자 노릇을 하고 있다. 주민들은 나물을 뜯어 주말이면 등산객들에게 판다.

사량도는 상도와 하도 두 개의 섬과 딸린 섬 수우도 등 세 개의 유인도가 있다. 이 섬이 사람들의 사랑을 한몸에 받는 것은 등산객 덕분이다. 상도는 지리산(옥녀봉), 하도는 칠현산이 유명하다. 옥녀봉은 조각을 한 듯 자태를 뽐내는 절벽이 아름답고 칠현산은 지리산에 비하면 완만하다. 대조적인 두 산 사이로 좁은 바닷길이 있다. 한때 대한민국 최고의 멸치잡이 선단들이 오가던 뱃길이다. 면사무소, 농수협, 학교, 보건소 등 공공기관은 상도에 있어 하도 주민들은 배를 타고 건너와 일을 봤다. 2015년 두 섬 사이에 다리가 놓였다.

사량도는 통영시에 속하지만 생활권은 삼천포였다. 섬사람들의 생활권은 뱃길과 장시가 결정했다. 삼천포는 통영보다 거리도 가깝고 바다가 잔잔하며 시장도 활발했다. 특히 멸치를 비롯한 어시장이 활발하게 형성되었다. 노를 저어서 오갔던 시절에 결혼도 학교도 직장도 삼천포에 의존했다. 지금은 통영으로 바뀌었다. 행정뿐 아니라 아이들 교육, 문화 등 다양한 이유로 삼천포보다는 통영과 가깝다. 심리적인 이유이지만 아침에 해를 안고 나가는 통영이 해를 등지고 나가는 삼천포보다 희망적이라고 믿는다.

사량도는 '박도'라고도 불렀다. 상도와 하도로 섬이 나뉘니, 위박도, 아래박도쯤 될 것 같다. 두 섬 사이로 흐르는 '동강'의 물길이 마치 뱀처럼 구불구불해 '사량'(蛇梁)이라 이름 붙였다고 한다. '스토리텔링'을 좋아하는 사람들은 이를 '사랑'으로 해석한 모양이다. 전해오는 옥녀봉 설화를 입혔다. 사랑과 사량은 의미도 글자도 다르다. 스토리텔링이 필요하다지만 지나치면 아니함만 못하다. 사랑대교를 만들면서 상징물을 하트로 만들어 세우기도 했다.

마을숲에 홀리다

"아이고 고맙소."

대항마을 정류장에 커다란 취나물 보따리와 유모차를 내린 노인이 고개가 땅에 닿도록 인사를 했다. 답포에서 만난 어머니다. 등산객들이 많이 내려오는 곳에 산나물을 팔기 위해 가시는 길이었다. 버스를 기다렸다 타면 되지만 딸린 짐이 노인에게는 부담스러웠다. 가는 길이라 모셔다 드렸다. 아침 이른 시간인데 목 좋은 자리는 다른 어머니들이 자리를 차지했다. 차 안에서 주말이면 벌이가 좋다며 지난 주말에 얼마를 벌었는지 넌지시 자랑했다. 차에서 내린 노인은 고맙다며 꼬깃꼬깃 접은 돈을 기름 값이나 하라고 내밀었다. "돌아갈 때 남는 나물이 있으면 조금 주세요." 그 마음이 고마워 너스레를 떨었다.

　이곳은 가오치와 사량도 간 여객선이 운항하기 전까지는 산중 절간이었다. 등산객들이 늘면서 고성과 삼천포에서도 이곳을 오가는 뱃길이 열려 있다. 일 년이면 명절 때 오가는 자식들 말고는 찾는 사람이 거의 없던 곳이었다. 지금은 주말은 말할 것도 없고 평일에도 마을을 찾는 사람들이 제법 있다. 고기잡이를 하는 사람도 있지만 노인들은 평일에 주말에 팔 물건을 준비하며 보낸다. 다시 사량도를 찾았을 때는 마을 숲이 우거진 여름이었다. 무논이었던 논에 벼도 제법 많이 자랐다. 취나물을 뜯던 밭은 옥수수와 들깨와 고추가 탐스럽다. 여름철이라 등산객이 적어서인지 나물을 팔던 길이 휑하다. 마을 숲 아래는 피서를 온 사람들이 자리를 차지했다. 최근 그곳에 펜션이 들어섰다.

상도와 하도를 합해서 사량도이다. 주민들은 상도와 하도라 부른다. 두 섬을 오가는 일이 거의 없었던 주민들도 다리가 놓이면서 하도 주민들은 편의 시설이나 상가가 발달한 상도로 자주 오간다. 상도 주민들은 칠현산 둘레길을 걷기 위해 찾는다.

암릉산행의 백미, 안전이 우선

사량도의 가을밤은 수우도 너머로 해가 진 후에 시작된다. 황금 바다란 이를 두고 하는 말이다. 왜 이곳에 겨울이면 물메기가 몰려오는지 알 것 같다. 아름다운 바다가 그리워 다른 곳으로 갈 수 없었던 것이다. 해가 지고 나서도 한동안 자리를 뜨지 못했다. 돈지마을을 지나 전망대에 못 미쳐 한쪽 길가에 아무 생각 없이 앉아서 고기잡이를 한 뒤 포구로 돌아오는 배를 보았다. 그 배는 분명 '검은 돛배'였다.

옥녀동에 이르면 이제 하산이다. 서울에서 왔다는 부부와 앞서거니 뒤서거니 상도를 종주했다. 신발부터 옷차림새까지 동네 뒷산을 오르는 모양새다. 높은 봉우리라고 해봤자 400미터 내외다. '숲길 사량도'라는 안내에 편하게 들어왔다고 했다. 그런데 걸어보니 전문 등산화를 신고 마음 준비를 단단히 해야 할 것 같다며 혀를 내둘렀다.

사량도 등산길은 크게 6코스로 나뉜다. 지리산과 옥녀봉을 아우르는 세 길과 고동산 둘레코스까지 상도에 네 길이 있고, 칠현산이 있는 하도에 두 길이 있다. 고동산 둘레길을 제외하면 모두 칼날 같고 공룡의 등 같은 바위 능선과 암봉으로 이루어진 '암릉'이다.

시간이 없어 옥녀봉에만 올랐던 옛날 기억을 떠올리며, 버스를 타고 돈지마을 너머에 있는 수우도 전망대로 향했다. 능선으로 오르는 길이 완만하다는 표 파는 아가씨의 추천도 있었고, 지리산을 거쳐 옥녀봉에 이르는 주요 암봉을 모두 살펴볼 수 있는 등산로이기도 했다. 제일 완만한 등산로라는데, 이게 웬일인가. 산행을 시작한 지 10여 분도 지나지 않아서 사량도 등산이 만만치 않음을 직감했다. 지리산을 앞두고는 암벽을 오르듯 기어야 한다. 지리산에서 옥녀봉에 이르는 산행길은 칼바위와 암봉으로 이어져 있다. 에둘러 가는 길이 있지만 길이 험하다. 가벼운 운동화로는 어림없다. 등산화를 착용하고 동료와 함께 산행하는 것이 좋다.

하늘이 도와 미세먼지가 없는 것을 고마워하며 땀을 닦기 시작할 무렵 사천과 고성이 한눈에 보이기 시작했다. 그때 요란한 소리를 내며 헬리콥터가 고성 방향에서 지리산 능선으로 다가왔다. 그리고 너머에 있는 돈지마을을 지나 하도로 가더니 잠시 후 선회해서 곧장 다가오는 것이 아닌가. 앞서가던 외국인 두 명이 바닥에 엎드렸다. 나도 좀 떨어진 곳에서 긴장하며 지켜보았다. 잠시 후 헬리콥터 문이 열리고 소방대원이 내려왔다. 사고였다. 같은 배를 타고 왔던 흰 바지에 분홍색 재킷 입고 있던 여성이 들것에 묶여 헬리콥터 안으로 들어갔다.

나중에 산에서 내려와 식당 주인에게 들은 말로는, 발을 접질리면서 어른 키 두 배나 되는 아래로 굴렀다고 한다. 천만다행이라는 말도 덧붙였다. 사량도는 일 년이면 한두 차례 사망사고가 날 정도로 위험한 악산이다. 단단히 준비해야 하는데 사람들이 쉽게 편하게 섬에 들어와 등산한다. 사량도를 소개한 리플릿에도 '섬과 바다, 기암절벽이 어우러진 환상의 등산코스'라고만 적혀 있다. 암릉을 오르는 데 적절한 신발이며 옷차림을 갖추라고 알려주면 좋을 것 같다. 일 년에 60만 명이 찾는 100대 명산으로 꼽힌다. 출렁다리를 놓고 위험 구간을 정비하고, 에둘러 가는 우회로를 만들었지만 기암절벽과 암릉으로 이루어진 산행 길은 아무리 준비를 해도 지나치지 않다. 더구나 음주 산행은 절대 금물이다. 배 안에서 술을 먹고 섬에 들어오는 것은 더욱 위험하다.

상도에 위치한 사량도의 중심 진촌이다. 조선시대 수군만호진이 설치된 곳이다. 두 섬만 아니라 상도의 암릉을 연결하는 출렁다리도 놓였다. 다리가 놓이기 전에는 사다리를 타고 맞은편 암릉으로 오르다 중간에 멈춰 오도 가도 못하는 사람이 많았다.

사량 바다에서 건져 올린 가을 맛

섬에서 하룻밤을 자야 누릴 수 있는 것은 수우도 너머로 지는 아름다운 저녁노을만이 아니다. 눈만 아니라 입도 호사를 누릴 수 있는 섬이다. 백조기회라니. 식당 주인은 조기회가 얼마나 맛이 좋은 줄 아느냐며 한술 더 뜬다. 오늘 얼마나 힘든 산행이었던가. 마지막 옥녀봉을 넘어설 때는 다리가 흔들렸다. 오늘만큼은 나를 위한 멋진 성찬을 마련하고 싶었다. 그런데 1인 밥상이 문제다. 그래서 아예 두 사람인 것처럼 주문했다. 바깥주인인 선장님이 마침 물을 보고 왔다며 쥐치와 참돔 그리고

사량도 상도에는 지리산-촛대봉-불모산-달마봉-옥녀봉으로 이어지는 암릉이 빼어나다. 작은 섬이지만 많은 등산객들이 찾는 것도 암릉과 바다를 보기 위해서다. 그만큼 위험하다. 간혹 운동화는 고사하고 샌들과 구두까지 신고 오르는 사람들이 있다. 짧은 코스지만 등산화는 반드시 갖춰야 한다.

백조기회를 내왔다. 그리고 직접 담은 '옹기사곡주'를 내왔다. 누룩에서 주모를 추출하여 수수, 옥수수, 찹쌀, 기장, 생강을 넣고 직접 담은 수제 막걸리다. 선장이자 바깥주인이며 주방을 책임지는 이정덕 씨가 제조자다. 이 정도면 성찬으로 부족함이 없다.

남해에서 사량도만큼 좋은 어장도 드물다. 수우도, 추도, 사량도 일대의 어민들은 슬슬 대나무 통발을 만지기 시작할 것이다. 겨울 낙지잡이도 한철이다. 봄 도다리, 여름 문어, 그리고 철 없이 잡히는 광어가 있다. 낚시객을 유혹하는 참돔, 감성돔, 돌돔까지 예전만 못하다지만 풍성하다. 여기서 그치는 것이 아니다. 자연산으로 돌우럭과 농어와 문어를 추천한다. 계절 음식으로 도다리쑥국, 대구탕, 물메기탕 그리고 바지락탕까지 올라온다. 상도와 하도 사이, 골과 골 사이에 갯벌도 제법 있다. 바지락 등 패류가 나오는 곳이다. 낙지는 돌낙지라 서해안 어촌

섬의 역사를 보면 수군진이나 유배와 관련된 기록이 많다. 섬을 영토를 지키는 방어의 전초기지로 사용하거나 기존 질서에 저항하는 사람을 격리하는 장소로 사용해왔던 탓이다. 사량도에 수군진이 있었다. 이곳에서 뭍으로 들어오는 적을 살폈다. 하도 칠현산에는 봉화를 올렸던 터도 남아 있다.

●─낙지 주낙

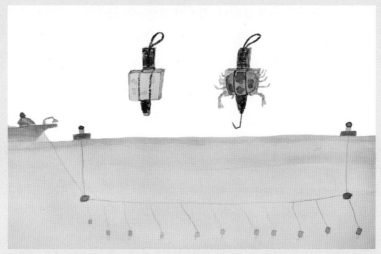

사량도의 낙지 잡는 연승 어구 '낙지 주낙'. 수심이 깊은 곳에서 낙지를 잡을 때 우측처럼 낚시를 매달아 떨어지지 않도록 하며, 서해안의 무안이나 신안에서 낙지 주낙을 할 때는 왼쪽처럼 낚시를 묶지 않는다. 남해나 서해나 미끼로는 작은 게를 사용한다.

낙지를 잡기 위해 미끼를 끼우는 봉. 대나무에 돌이나 타일을 묶어 만들었지만 요즘에는 플라스틱으로 제작한 것을 사용하기도 한다. 봉에 살아 있는 작은 게를 고무줄로 묶어서 낙지를 유인한다.

수심이 낮은 신안, 무안 갯벌에서 낙지를 잡을 때 사용하는 봉(낚시가 없음)

수심이 깊은 통영 사량도에서 낙지를 잡을 때 사용하는 봉(낚시를 단단하게 묶음)

마을에서 잡히는 뻘낙지와 다른 맛이다. 사량도 어장은 '주부'라고 부르는 정치망이다. 사량횟집을 운영하는 선장 이 씨는 그날그날 그물을 털어 싱싱한 회를 상에 올린다. 겨울철 사량도는 본격적으로 낙지잡이가 시작된다. 돌 틈에서 잡은 '반짝게'(바위게로 추정됨)를 미끼로 '낙지 주낙'을 한다. 돌문어는 단지를 이용한다. 무엇보다 주인이 직접 개발했다는 막걸리가 좋았다. 다음 날 숙취가 없다는 주인장의 권유도 있었지만 맛있는 안주에 막걸리 한 주전자 바닥을 보고서 일어섰다.

개황 | 사량도 상도

위치 | 통영시 사량면
면적 | 10.8km^2
가구수 | 546
인구(명) | 982
교통 | 배편 | 통영-통영여객선터미널에서 사량면어촌계의 2000사량호 이용,(1일 2회 출항)
삼천포항, 고성 용암포항, 통영 가오치항, 통영 미수동항 등 4개의 카페리호 운항 중
특산물 | 낙지, 도다리, 문어, 광어 등

변화 자료

구분	1971	1985	1995
주소	통영군 사량면	통영군 사량면 진촌리 상도	통영시 사량면
면적(km²)	11.36	11.36	11.36
공공기관	경찰서 1개소, 농협 1개소, 어협 1개소	면사무소 1개, 지파출소 1개, 우체국 1개, 보건지소 1개, 단위농협 1개, 어촌계 1개	읍사무소 1개소, 지파출소 1개소, 우체국 1개소, 농업인상담소 1개소
인구(명)	3,753 (남: 1,862 여: 1,891)	2,823 (남: 1,500 여: 1,323)	1,970 (남: 1,024 여: 946)
가구수	588	594	564
급수시설	공동우물 38개소	간이상수도시설 7개소, 공동우물 17개, 사설우물 31개	간이상수도시설 9개소
초등학교	중학교 1개 315명, 초등학교 3개 939명, 유치원 1개 30명	중학교 1개 509명, 초등학교 3개 446명	중학교 1개 199명, 초등학교 1개 74명, 초등학교 분교 2개 49명, 유치원 1개 17명, 유치원 분교 1개 9명
전력시설	–	한전 594가구	한전 564가구
의료시설	공의 1개소, 한의원 1개소, 약국 1개소		보건지소 1개소, 상비약 비치 1개소
어선(척, 동력선 +무동력선)	153(80+73)	239(186+53)	218(211+7)

12

물메기
많이 들게 해주이소

통영시 사량면 사량도 하도

통영시 사량면 사량도 칠현봉 아래에 양지리 능양마을 박 씨는 요즘 걱정이다. 겨울 농사를 제대로 짓지 못했기 때문이다. 박 씨가 짓는 겨울 농사는 바다 농사다. 특히 겨울 한철 물메기를 잡아 1년 생활한다. 박 씨만이 아니라 사량도 상도와 하도 주민들 중 바다에 의존하는 대부분의 주민들은 겨울철 물메기잡이로 생계를 유지하는 사람들이 많다. 이번 겨울은 물메기 구경도 하기 힘들다며 얼굴에 수심이 가득했다. 굿이라도 한판 해야 할 판이다. 그래서인지 이번 정월에는 10년 만에 별신굿이 펼쳐졌다. 코로나바이러스가 기세를 부리기 전이어서 천만다행이었다.

굿도 보고 떡도 얻어먹자는 심산으로 사량도로 향했다. 사량도로 들어가는 뱃길은 가오치 여객선 터미널, 통영 여객선 터미널, 삼천포 여객선 터미널에서 출발한다. 상도와 하도가 연도교로 연결되어 두 섬을 돌아볼 수 있지만 대부분 여행객들은 상도를 중심으로 섬 여행을 한다.

사량도를 찾는 여행객들은 대부분 등산객이다. 상도의 지리산부터 옥녀봉까지 이어지는 암벽 능선과 하도의 칠현산 주봉을 돌아보는 등산이다. 모두 상도와 하도 사이에 흐르는 구불구불한 물길인 '사량'과 마주 보는 주봉을 바라보며 남해 다도해를 조망할 수 있는 섬 산행의 백미이다. 비록 산은 높지 않지만 '대한민국 100대 명산'에 이름을 올

122

상도의 암릉에 비하면 하도의 바위 능선을 찾는 사람은 적다. 지리산과 달마봉 등 상도의 암릉을 제대로 보려면 하도 칠현산에 올라야 한다.

린 것은 암봉과 어우러진 남해 바다의 경관 때문일 것이다. 한려해상국 립공원에 속하는 사량도는 상도와 하도 각각 일주보도로가 있고 두 섬 을 연결하는 다리가 놓여서 섬을 둘러보는 것도 권할 만하다. 자동차를 가져가는 것도 좋지만 섬 내 버스를 이용하는 것도 좋다. 사량도는 '박도'라고 불렸다. 위박도, 아래박도쯤 될 것 같다.

별신굿이 열리는 양지리는 통영시 사량면 사량도 하도에 위치해 있으며 능양마을과 백학마을 두 개의 자연 마을로 이루어져 있다. 이 중 능양마을은 사량면에서도 큰 마을에 속하며 한때 초등학생만 500여 명에 이르렀다. 능양항은 바다를 사이에 두고 능양과 백학 두 마을 안 쪽에 위치한 국가어항이다. 1971년 국가어항으로 지정되어 1987년 기본 시설이 완공되었다.

어촌 마을 시인들 안녕하실까

능양마을은 2010년 어촌 시인 마을로 주목을 받았다. 그 무렵 사량도를 방문했을 때 선창의 냉동 창고가 색색의 페인트로 칠해져 있었고, 그 위에 '섬마을에 웃음꽃이 활짝 피네'라는 글씨와 함께 시와 사진들이 전시되어 있었다. 통영 극단 '벅수골'이 생활문화공동체만들기 시범 사업으로 마을 주민들과 준비한 것들이었다. 당시 주민들의 섬살이를 조사하고 시와 연극과 그림으로 표현하여 좋은 평가를 받았다. 그중에 "사량 고구마가 물메기를 만날 때"라는 서길수 주민의 시가 눈에 띈다.

사량 고구마가 물메기를 만날 때

(중략)
오래전 고메와 물메기는
굳이 자랑도 상표가 없어도 알아주는
사량도의 대표적 특산물
그러는 사이 '욕지고구마', '추도 물메기'가
상표로 날개 달아 유명세 타고
전국으로 팔려간다
욕지섬이나, 추도섬이나, 바다의 땅 통영이지만
그래도 고구마와 물메기는
사량도가 본산이고 맛과 질이 다르다.
(중략)

이웃 섬에 뒤지지 않는데 특산품으로 만들지 못한 아쉬움을 표현한 시다. 이 외에도 섬으로 시집와서 살게 된 할머니의 사연, 일제강점기 위안부로 끌려가지 않기 위해 섬마을로 시집온 사연 등 섬살이를 오롯이 시와 그림 그리고 연극으로 꾸몄다. 그리고 딱 10년 만에 다시 별신굿으로 주민들이 들썩였다.

마을잔치, 별신굿

능양마을 별신굿은 10년마다 한 번씩 열리는 마을굿이다. 보통 별신굿은 길게는 일주일 동안 열리기도 하지만 이곳에서는 이틀에 걸쳐 이루어진다. 게다가 10년 만에 열리는 얼마나 귀한 굿인가. 남해안에서 별신굿이 열리는 곳은 통영시 죽도와 사량도 그리고 거제시 죽림마을 세 곳이다. 하지만 사량도는 10년에 한 번씩, 죽도와 죽림마을은 2년에 한 번씩 개최되고 있다. 죽도에서는 마을의 대소사를 비롯한 마을 역사를 기록한 문서를 보관하는 '지동궤'를 모시고 하는 지동굿이 큰 굿이다.

하도의 큰 마을인 능양마을에서는 10년에 한 번씩 마을잔치를 한다. 능양마을 별신굿이라 하는 남해안 별신굿의 일종이다. 옛날 굿판을 기억하는 사람도 많지 않다. 이번에 잔치를 구경하고 나면 다음 잔치는 볼 수 있을지 모르겠다는 할머니의 이야기가 애틋하다.

하지만 능양마을에서는 지동궤가 없는 대신에 '말미굿'이라는 큰 굿을 한다. 이 굿은 지동굿과 마찬가지로 '마을 조상을 기리며, 마을의 안녕과 재수를 기원'하는 굿이다. 그리고 손님풀이라고 하는 것은, 옛날 큰 병마였던 손님을 모시고 오히려 인간들을 모든 병에서 보호해달라고 기원하는 굿이다.

박 씨는 한국전쟁 전에는 매년 마을 주민들이 풍물을 치며 당산제도 지내고 마을굿을 했다고 기억했다. 이후 경제적인 부담을 책임지려는 사람이 나서지 않아 10년에 한 번씩 무당을 불러 하고 있다고 한다. 〈남해안별신굿보존회〉에서 마련한 자료에 따르면, 능양마을 별신굿은 첫날은 당산굿, 부정굿, 가망, 제석굿, 선왕굿, 대풀이 순으로 이어지며, 다음 날 서낭대를 들고 당산에서 신들을 모시고 우물과 마을을 돌며 안택을 위한 지신밟기와 용맞이굿을 하는 골메기굿으로 이어진다. 이후 손말미굿, 고금역대, 환생탄일, 황천문답, 축문(열두축문), 시왕탄일, 대신풀이(신살풀이), 군웅굿, 시석으로 마무리한다. 이 중 손말미굿이 가장 큰 굿이다. 굿이 끝나면 소지를 올리고 헌식을 하며 오색기를 매단 배를 바다로 끌고 나가 풍어를 축원하는 것으로 마무리한다.

굿을 하는 동안 중간에 주민들이 복채를 놓고 치성을 드리는 장면도 볼 수 있다. 박 씨도 만 원짜리 몇 장을 들고 굿을 하는 지모 앞으로 다가갔다. 부채 위에 돈을 놓고 두 손을 모아 조그마한 소리로 "금년에는 물메기 많이 들게 해주이소, 낙지도 많이 잡게 해주이소, 자식들 건강하게 해주이소."라며 머리를 숙였다. 더 이상 뭘 바라겠는가. 무엇보다 백미는 올해 삼재에 든 사람들을 모두 굿청 앞으로 불러 살을 풀어주는 것이다. 마지막으로 주민들과 굿패들이 함께 어우러져 한마당 잔치를 벌인다.

●— 통영 벅수, 왜구를 막다

당포 성안에 있는 마을이 '당포'이고, 바깥 바다에 있는 마을이 원항마을이다. 가는 개를 지나 산양읍 삼거리를 지나 고개를 넘는 길 양쪽에 작은 벅수가 있다. 원항마을로 드는 길목이다. 그리고 당포마을 앞에 한 쌍의 벅수가 느릅나무 아래 자리를 잡고 있다. 해안도로가 뚫리기 전에는 세포마을과 원항마을로 이어지는 길이 있었을 것이다. 마을에서 만난 어머니 말씀이 생각났다. 눈이 와서 가파른 길이 미끄러워 오갈 수 없어도 집집마다 음식을 장만해 벅수 앞에 차려놓고 비손을 했다고 한다. 통영 벅수는 여수만큼이나 많다. 벅시라고도 하며, 장승이라고도 한다. 벅수가 마을로 드는 액을 막고 풍농과 풍어를 비는 대상이고, 장승은 이정표라는 설도 있다. 통제영 본부였던 세병관 석축을 해체하는 과정에서 벅수 네 기가 발견되기도 했다. 통영을 대표하는 문화동 벅수 외에도 삼덕리, 곤리도 등 섬과 어촌에 주목을 받지 못한 벅수들이 꽤 있다. 그중 가장 눈에 띄는 것은 삼덕리 당포마을과 원항마을 벅수다.

당포마을 벅수도 이순신과 무관치 않다. 왜군에게 살해된 당포마을의 한 사내는 견내량 전투를 앞두고 당산나무 아래에서 무녀를 만난다. 누이를 닮은 무녀를 보고 그곳에서 죽임을 당한 누이의 한을 풀 수 있도록 부탁한다. 그리고 다음 날 이순신을 따라 전투에 참여한다. 무녀는 혼신을 다해 기도하고 사내는 누이의 한을 풀고 나라를 구하기 위해 치열한 전투를 벌인다. 온 힘을 다해 기도하면서 무녀는 돌로 변해가고, 적군을 무찌르고 승리를 앞두고 사내는 화살이 맞아 돌처럼 굳어간다. 그 후 둘은 벅수가 되어 당산나무 아래 자리를 잡았다. 당포마을 할매 할배 벅수의 이야기다. 《산양읍지》 '전설과 이야기' 편에 나오는 이야기다. 지금은 돌 벅수지만 옛날에는 나무 벅수였다. 장군봉에서 소나무를 깎아 벅수를 만든 후 왜구가 침입하지 않았다는 영험함도 전한다.

할매 벅수, 코가 사라진 이유는?

산양읍에서 당포항으로 넘는 고갯마루에 갓난아이만 한 키의 벅수가 길 양쪽에 세워져 있다. 1915년 임봉학이라는 사람이 아들을 낳기 위해 만들었다고 전한다. 아들을 낳게 해주는 영험함이 소문이 나서 할매 벅수의 코는 성할 날이 없었다. 아이를 원치 않는 임산부는 벅수의 눈을 갈아서 먹었다고 한다. 그래서인지 할매 벅수의 눈과 코는 할배 벅수보다 마모가 심하다. 사별한 여자가 재혼할 때는 벅수 앞에 신발을 놓아두어야 죽은 남편 영혼이 따라오지 못한다는 말도 있다.

지금은 마을의 안녕과 풍어를 기원하는 마을 지킴이가 되었다. 장군봉 쪽에 있는 벅수는 관을 쓰고 있고, 당포성지 쪽에 있는 벅수는 민머리다. 그래서 관을 쓴 벅수를 할배 벅수, 맞은 편 민머리 벅수를 할매 벅수라 한다. 할매 벅수 앞을 보니 최근에 제를 지낸 흔적이 있다. 종이를 깔고 그 위에 '제웅'이 몇 개 놓여 있다. 짚으로 만든 사람 형상이다. 그 유래를 신라시대의 역신 처용에서 찾기도 한다. 집안 식구 중 삼재에 들거나 나쁜 기운이 있으면 액막이로 제웅을 만들어 정월 보름 전날 밤 길이나 다리 밑에 버리기도 했다. 이를 제웅치기라고 한다. 제웅에 동전을 넣어 버리기도 하는데, 아이들이 제웅을 받아 동전을 갖고 제웅은 길에 버리는 것이다. 고갯마루 벅수가 있는 곳이야말로 제웅치기에 적당한 곳이었다.

장군봉에 오르다

벅수가 있는 원항마을 고갯마루 서쪽으로 갑옷에 투구를 쓴 장군처럼 위엄 어린 바위가 있다. 지명도 장군봉이다. 그곳에는 천제와 장군제를 지내는 제당이 있다. 바다에서 보면 그 모습이 더욱 또렷하다. 장군당에는 나무로 만든 크고 작은 두 마리 말을 신체로 모시고 있다. 용마다. 그래서 장군당에 모시는 제의를 용마제라고도 한다. 원래 철마가 있었지만 도둑을 맞고 난 뒤에 나무로 만든 것으로, 작은 것은 1930년대 이곳에서 어장을 하던 일본인이 풍어를 기원하며 기증한 것이라고 한다. 벽에는 칼을 들고 갑옷과 투구를 쓴 장군 그림 두 점이 걸려 있다. 장군당 옆에 천신당이 있다. 이곳에는 호랑이 곁에 앉는 산신과 복숭아와 호리병이 묶인 지팡이를 든 여인이 노송을 배경으로 서 있다.

옛날에는 장군봉에서 천제와 장군제를 지낸 뒤 마을로 내려오다 중간에 잡신제를 지냈다. 그리고 다음 날 아침 일찍 벅수제와 당산제와 별신제를 지냈다. 벅수제는 집집마다 상을 차려 벅수 앞에 차려놓았다. 당산제를 지낸 다음에 마을 앞마당에서 용왕에 지내는 제의가 별신제다. 당포마을과 원항마을 모두 이렇게 민간전승 신앙이 이어졌다. 당포마을은 지금도 스님을 모셔다가 마을제의를 거행한다. 장군당과 천제당, 큰 용마와 두 마을의 벅수는 우리나라 농어촌 동제신당의 모습을 잘 보여주는 곳으로 경상남도 중요민속자료로 등록되어 있다. 통영 출신 탁연 장군은 장군봉에 목책을 두르고 주둔하며 바다에 솟은 바위(여)에 깃발을 달고, 어선들을 배치해 많은 병선이 진을 치고 있는 것처럼 보이게 해 적을 속였다는 이야기도 전한다.

장군봉까지는 1킬로미터가 안 되는 짧은 거리이지만 오르막이라 30여 분은 잡아야 한다. 중간에 돼지바위로 가는 갈림길이 있지만 길을 잃을 염려는 없다. 붉은 동백꽃, 연분홍 진달래, 노란 생강나무 꽃, 보라색 현호색과 제비꽃 등 봄꽃을 구경하다 보면 어느새 장군봉 아래 도착한다. 정상은 큰 바위로 이루어져 있고 그 위에 제당이 있다. 줄을 잡고 오르고 가파른 바위를 타고 오르기도 해야 한다. 정상에 오르면 잘 단장된 두 개의 당집이 눈에 들어온다. 장군당에 들어서기에 앞서 바위를 등지고 보는 당포 앞바다가 좋다. 당포마을과 원항마을, 삼덕항, 곤리도, 연대도 그리고 멀리 욕지도까지 펼쳐진다. 봄에 찾기 좋은 마을이다.

고려시대 남해안으로 출몰하는 왜구를 막기 위해 구당포성, 당포성, 삼천진을 설치했다. 임진왜란 때 충무공은 당포에서 왜구를 격퇴한 당포해전의 중심지이다. 삼덕항 서쪽으로 장군봉 아래 원목마을이 있다. 원항이라고도 부른다. 해안도로가 만들어지기 전에는 풍화리에서 삼덕리로 넘어오는 고갯길에 당산나무(팽나무) 군락이 있었다. 넘어오는 바람을 막고 액을 막기 위함이다. 길 양쪽에는 벅수(석장승)가 서 있다. 통영 고지도를 보면 미륵도에서 통영을 잇는 판데목 위 다리 입구에도 벅수가 있었으며, 진남관 앞에도 벅수가 그려져 있다.

통영시 산양읍 삼덕리 돌 벅수.

충무공이 머물렀던 마을

다리가 연결되었지만 하도를 찾는 사람은 적다. 하지만 상도의 지리망산이나 옥녀봉을 오롯이 보려면 칠현봉에 올라야 한다. 상도만큼은 아니지만 만만치 않은 바위 능선이다. 한 걸음 한 걸음 높이 오를수록 두미도, 노대도, 연화도가 모습을 드러낸다. 이번에 선택한 길은 사량대교에서 칠현봉을 거쳐 망봉과 용두봉 그리고 읍포로 내려오는 세 시간 코스다. 내려오는 길도 오르는 길만큼이나 급경사다. 더 긴 산행을 원한다면 읍포가 아니라 양지리나 통포로 내려가는 길이 있다. 이 길을 선택한 이유는 칠현산으로 가는 암릉 중간에 있는 봉화대를 보기 위해서다. 양지리 앞바다에서 하룻밤을 묵은 충무공도 필연코 이곳에 병사를 배치해 당포를 장악한 왜군의 동태를 살폈을 것이다.

《난중일기》 임진년 6월 1일에 이렇게 기록되어 있다.

"맑음. 사량(양지리) 뒷바다에서 진을 치고 밤을 지냈다. … (이튿날) 아침에 출발하여 곧장 당포 앞 선창에 이르니, 왜적 20여 척이 줄지어 정박해 있었다.…"

이 전투가 당포해전이다. 그러니까 당포해전을 앞두고 통영으로 가는 길목 사량도 하도 양지리 능양항에서 진을 치고 머물렀던 곳이다. 양지리에서 당포까지는 약 12킬로미터 남짓 되는 거리이며, 지금도 마을 뒤 칠현봉은 봉화대가 남아 있다.

능양마을에서 작년까지 쌀농사를 지었던 박 씨는 작년에 허리가 삐끗해 문전옥답을 묵혔다. 별신굿 구경을 하러 들어온 출향 인사들이 가장 서운해하는 것은 벼농사를 멈춘 논이었다. 어장이 아무리 좋아도 농사지을 땅이 있어야 했던 시절이 있었다. 이를 잘 보여주는 곳이 하도 읍포마을 개막죽이다. 1960년대와 1970년대에 간척사업을 했던 흔적이다. 당시 뭍에서도 보기 힘든 중장비를 섬에서 어찌 동원했겠는가. 모두 마을 주민과 이웃 마을 주민들이 밀가루 부역을 했다. 지금 그곳에 쌓은 제방 안쪽으로 굴 포자를 붙이고 굴 양식을 하기도 한다. 날씨가 따뜻해지면서 밭을 갈고 논에 물을 잡고 주낙 채비를 하느라 바쁘다. 올해는 날이 빨리 따뜻해질 모양이다.

저 잠녀 가면 다음엔 누가 물질을 할까

푸우 휘--이--익.

백학마을에서 통포로 가는 해안길에서 바람에 섞여 희미한 휘파람 소리가 들렸다. 소리의 정체를 몰랐다면 무심히 지나쳤을 것이다. 그 소리를 제주도 우도에서 처음으로 들었다. 새떼들의 울음소리처럼 들

충무공이 당포전투로 왜군의 예봉을 꺾었다. 그 전날 밤 머무르며 전열을 정비하고 왜군의 동태를 파악했던 곳이 하도 양지리이다. 《난중일기》에 기록한 내용이다. 그곳에 봉화대가 있다. 임진년 6월, 수군의 한 병사도 이곳에 올라 미륵도 일대를 유린하던 왜군의 동태를 살폈을 것이다.

렸다. 나중에 잠녀들의 숨비소리라는 것을 알았다. 잠녀의 삶과 죽음의 경계는 숨비소리에 있다. 해안가에 차를 멈추고 한참을 보았다. 잠녀 혼자서 물질을 하고 있었다. 전복이나 소라 등 해안가에서 하는 어장을 마을 어업이라고 한다. 잠녀가 채취한 수확물은 잠녀 몫을 제한 후에 마을 주민들이 공동으로 분배한다. 물속에 있는 것이라 잠녀들이나 전문 다이버들을 채용한 업자들과 계약해서 채취한다. 이런 문제에 익숙하지 않은 어민들은 늘 손해를 보기 마련인데 사량도는 수협에서 이를 대행하고 있다.

잠녀의 숨비소리와 등산객의 거친 숨소리는 다리를 건너 상도의 느티나무 막걸리집에서 어우러졌다. 막 잡아온 해삼과 돌멍게와 소라는 등산객들이 가장 많이 찾는 메뉴다. 옥녀봉 하산길에 등산객들의 사랑을 받는 집이다. 막걸리 한 잔을 들이켰다. 시어머니에게 전수받아 3대째 이어오는 막걸리란다. 음식을 어디 입맛으로만 먹던가. 사연을 들으니 갈증을 가시게 했던 막걸리 맛이 다르게 느껴졌다. 이 맛에 옥녀봉에 오르는 사람도 있다.

그 집에서 통영 음식을 공부하며 글을 쓰고 사진을 찍는 이상희 작가를 만났다. 그때는 사진을 찍는 작가인지, 음식을 공부하는 셰프인지 몰랐다. 카메라 하나 들고 오른 낯선 이였을 뿐이다. 그에게 나도 그랬을 것이다. 우연히 만나 내려오는 길에 막걸릿집에서 나는 막걸리를 들이켰고, 그는 음료수를 마셨다. 10여 년이 지난 뒤 그는 통영 시내에 멍게가라는 식당을 열었다. 그리고 통영 음식의 뿌리를 찾아 고문헌을 뒤지고 섬사람들을 만나고 있다. '바다 맛 기행'을 통해 섬과 섬의 가치를 나누고, 슬로 푸드로 도시민과 함께 섬살이와 갯살림을 나누는 과정에서 다시 만났다. 그리고 '한국음식문화포럼'이라는 모임에 함께 참여하고 있다. 인연이란 쉽게 이어지는 듯해도 쉽게 이어지는 인연은 없는 것 같다. 그때처럼 바다 향이 뚝뚝 떨어지는 돌멍게를 한입 가득 넣었다. 사량도는 도다리, 전어 맛이 살아 있다. 그리고 여름 갯장어와 겨울 낙지와 물메기가 유명하다. 특히 겨울에도 수온이 따뜻해 가을에서 초봄까지 조업하는 겨울 낙지는 경쟁력이 높다.

사량도는 멸치잡이로 유명한 곳이다. 삼천포 위판장에 사량도 멸치가 올라가지 않으면 위판이 되지를 않았다. 특히 석조망 멸치라 가격도 최고였다. 최근에는 백화점과 서울 지역 학교 급식에까지 유통되고 있다. 사량도 멸치가 사랑받는 것은 거칠고 청정한 바다가 있기 때문이다. 석조망(선망)은 사량도 전통 멸치잡이 방법이다. 그물로 어군을 에워싼 다음 돌을 던져 멸치가 나가지 못하게 그물을 죄어 잡는 것을 말한다. 사량도에는 한때 석조망이 40통(3척으로 구성된 선단을 통이라 함)이나 있었다. 지금은 10통만 남아 있다. 사량도 수협은 풍어와 섬사람들의 안녕을 기원하는 마을 축제인 '용왕대제'를 개최하고 있다. 주말 반나절 반짝 개최되지만 뭍의 요란스런 축제보다 알차다.

할머니는 점심시간도 못 되어 큰 자루에 가득했던 취나물을 비웠다.

"할머니, 저한테 줄 취나물이 없네요."

"그래서 기름값 받으라고 했잖아."

배시시 웃는 할머니를 차에 태우고 숲과 바다의 정령이 사는 마을 숲으로 향했다.

바다 농사는 기다림이다

양지마을 주민들은 요즘 울상이다. 겨울철 통발에 미기가 들어야 신이 나고 주낙에 낙지가 걸려야 흥이 날 텐데…. '미기'는 물메기, 꼼치를 이르는 지역 말이다. 올해 미기는 종자를 구하기도 힘들 판이고, 낙지는 구경한 지 오래되었다. 그동안 겨울 한 철 벌어 일 년 산다고 할 만큼 쏠

쏠했다. 그런데 2, 3년 전부터 심상치 않더니 올해는 아주 바닥이다. 통발 하나에 두 마리가 들기도 할 정도로 미기가 많이 들었는데 얼마 전 바다에 나갔다가 40여 개 통발을 건져 겨우 미기 한 마리를 꺼냈다. 이렇게 해서는 어민들 먹고살기가 힘들다. 양지마을만 겪는 어려움이 아니다. 사량도 상도와 하도 모두 겪고 있다.

봄부터 가을까지 낙지를 잡는 서해안과 달리 사량도를 비롯해 남해안에서는 겨울철에 본격적으로 낙지잡이가 시작된다. 사량도의 낙지잡이는 낙지 주낙으로 바위게(반짝게라고도 함)를 미끼로 써서 잡는다. 서해안과 달리 여름철에는 낙지가 전혀 잡히지 않는다. 봄에는 도다리를 잡고, 여름에 시작한 문어잡이는 가을까지 이어진다.

능양항은 낚시객들이 많이 찾는 어항이다. 능양마을과 백학마을을 지나 하도의 도로 끝이 통단마을까지 이어지는 해안도로는 어항은 물론 해안이 모두 낚시 포인트라 할 정도이며 경관이 빼어나다. 이른 봄부터 잡기 시작하는 볼락을 비롯해 노래미, 도미, 넙치 그리고 여름에는 감성돔과 놀래미, 가을에는 삼치와 농어 그리고 겨울에는 볼락과 감성돔이 많이 잡힌다.

매년 이렇게 물메기가 잡히지 않으면 어떻게 하느냐는 물음에, 박 씨는 '수온이 바뀌면 다시 물메기도 낙지도 올 것'이라고 믿었다. 한두 해 고기잡이 하고 말 것도 아니고 기다리면 기회가 또 온다는 말이다. 이것이 바다를 읽는 섬마을 어부가 사는 삶이다.

개황 ㅣ 사량도 하도

일반현황

위치 ㅣ 통영시 사량면
면적 ㅣ 14.7km^2
가구수 ㅣ 350
인구(명) ㅣ 566
교통 ㅣ **배편** ㅣ 통영–통영여객선터미널에서 사량면어촌계의 2000사량호 이용,(1일 2회 출항)
삼천포항, 고성 용암포항, 통영 가오치항, 통영 미수동항 등 4개의 카페리호 운항 중
특산물 ㅣ 물메기, 낙지

변화 자료

구분	1971	1985	1995
주소	통영군 사량면	통영군 사량면 읍덕리 하도	통영시 사량면
면적(km²)	13.97	13.97	13.96
공공기관	–	지파출소 1개, 우체국분국 1개	지파출소 1개소, 우체국 1개소
인구(명)	3,308 (남: 1,692 여: 1,616)	2,433 (남: 1,261 여: 1,172)	1,420 (남: 727 여: 693)
가구수	577	492	410
급수시설	공동우물 40개소	간이상수도시설 4개소, 공동우물 19, 사설우물 27개	간이상수도시설 11개소
초등학교	2개 660명	2개 408명	2개 55명, 유치원 2개 17명
전력시설	–	한전 492가구	한전 410가구
의료시설	–	–	보건진료소 1개소, 상비약 비치 1개소
어선(척, 동력선+무동력선)	107(54+53)	159(121+38)	156(152+4)

13

진달래꽃 피자
뱃길이 열렸다
통영시 사량면 수우도

새벽 5시 삼천포 어시장. 중매인에게 잘 보여야 한다. 어부들은 물고기가 담긴 함지박에 물을 연신 뿌려댔다. 좋은 값을 받으려는 마지막 작업이다. 감성돔, 갑오징어, 도다리, 쏨뱅이 등 활어 옆에는 갈치, 꽁치, 민어, 병어 등 선어가 기다린다. 남해만이 아니라 동해와 서해 바다의 수산물도 보인다. 상인들뿐 아니라 여행객들도 곧잘 삼천포 어시장을 찾는 이유다. 살아 있다. 꿈틀거린다. 어시장 밖 도로변에는 톳, 물미역, 쑥, 달래, 풋마늘, 이른 봄 고사리까지 갯밭과 텃밭에 봄소식이 가득하다. 삼천포를 찾는 즐거움이다. 여기에서 끝이 아니다. 섬 산행을 즐기는 사람들이 좋아하는 수우도와 사량도로 가는 출발점이 삼천포항이다. 통영보다 가깝고 당일 산행이 가능해 늘 분주하다.

봄이 되면 마음이 설레는 것은 처녀 총각만이 아니다. 봄꽃도 보고 싶고, 바다도 보고 싶고, 산길도 오르고 싶다면 권할 만한 섬이다. 주민들은 '시우섬'이라 하고, 여행객들은 '동백섬'이라 부른다. 나무가 많고 섬 생김새가 소를 닮았다고 지명 유래를 풀지만 억지춘향이다. 사량도에 딸린 섬이지만 생활권은 삼천포, 사천에 속한다. 뱃길로 삼천포항까지는 40여 분, 통영 여객선 터미널까지는 두 시간이 족히 걸린다. 게다가 통영에서 직접 가는 배는 없다. 욕지도에 내려서 사선을 타고 가야 한다. 실제로 섬 주민들은 주민세를 통영에 내지만 시장은 사천에서 본

수우도는 작은 섬이다. 부부싸움을 해도 하루를 넘길 수 없다. 밖으로 나가는 배도 왕복 두 번뿐이고, 섬이 작아 마을을 돌아봐도 금방 얼굴을 맞대야 하기 때문이다. 그래도 수우도를 보겠다고 오는 사람들이 줄을 잇는다. 빼어난 경치 덕이다.

다. 수우도다. 20여 가구가 사는 작은 섬이다. 사량도 돈지마을에서 하루에 한 번 가는 뱃길이 있다. 30여 년 전 5일 만에 한 번씩 장배가 다녔다. 말 그대로 장을 보기 위해 사천을 오가던 배다. 수우도는 부부싸움을 해도 하루를 넘길 수 없다고 한다. 밖으로 나갈 수 없으니, 아침에 다시 얼굴을 맞대야 한다. 부부만 아니라 이웃과도 마찬가지다.

새벽 6시. 복탕 한 그릇을 우격다짐으로 먹고 배에 올랐다. 수우도로 가는 첫걸음은 이렇게 시작되었다. 삼천포항 불빛을 뒤로하고 화력발전소를 지날 무렵이 되어서야 어둠이 걷혔다. 날씨는 비가 올 듯 말 듯 '설운 장군'이 수우도 뱃길을 쉬 열어주지 않을 모양이다. 아니나 다를까 파도가 높아 접안이 어렵다는 선장의 안내 방송이 흘러나왔다. 새벽같이 일어나 부산을 떨었는데 모두 실망스런 눈빛이다.

그 섬에 인어 장군이 있다

일 년 후 진달래 소식이 들리던 봄날 다시 설운 장군을 찾아 나섰다. 봄의 불청객 미세먼지가 있었지만 흐리지는 않았다. 파도도 높지 않아 배가 섬에 접안하는 데 어려움은 없었다. 같은 배를 타고 온 등산객들은 도착하자마자 달리듯 산에 오르기 시작했다.

우선 마을 안으로 들어갔다. 뱃길을 열어준 설운 장군에게 인사를 드리기 위해서다. 골목길을 돌아 수백 년 된 느티나무 아래 튼튼하게 쌓은 돌담 안에 나지막한 작은 집이 나타났다. 곱게 단장되어 있었다. 마을 주민들도 부정 탈까 걱정되어 들어가는 것을 조심한다는 설운 장군을 모신 지영사다. 어떻게 마을신으로 자리를 잡았을까. 최영, 장보고, 임경업, 이대원. 마을신으로 모시는 인물들은 전설이 아니라 모두 실존 인물들이다. 위기에 처했을 때 나라를 구한 충신도 있지만 고기 잡는 법을 알려준 장군도 있다. 백성을 괴롭히는 적을 물리친 장군들은 나중에 예외 없이 중앙 권력을 위협하는 변방 반란군으로 둔갑한다. 결국 억울하게 죽고, 주민들은 주검을 수습하여 모신다. 후에 사당을 짓고 마을신으로 모시며 마을의 안녕과 풍어를 기원한다.

역적이 된 장군, 마을신이 되다

설운 장군은 역사 속에 등장하는 인물은 아니다. 설화 속 인물이다. 제주 설문대 할망처럼 거인은 아니지만 욕지도, 사량도, 수우도, 남해도를 건너는 신통력을 지녔다. 겨드랑이에 아가미가 있어 물고기처럼 물속에서 헤엄을 쳐서 다닌다. 인어 공주가 아닌 한국판 인어 장군이다.

장군은 자식이 없는 한 부인의 치성으로 수우도에서 태어났다. 섬 출신이다. 어렸을 때 온몸에 비늘이 돋고, 겨드랑이에 아가미가 생겼다. 물고기처럼 자유롭게 헤엄을 치며 남해안 바다를 누볐다. 청년 시절, 왜

서해에는 최영이나 임경업 등 실존 인물들이 종종 마을신으로 모셔지기도 한다. 남해에는 곧잘 설운 장군이 등장한다. 사량도, 수우도 일대 남해 바다를 오가며 주민을 괴롭히는 왜구를 물리친다. 민중의 아픔을 해결하는 영웅들은 역적으로 몰려 죽임을 당하고 마을신으로 모셔진다.

구들이 남해안에 나타나 곡식을 빼앗고 분탕질을 해댔다. 조정에서도 속수무책이었다. 사량도에 왜구들이 나타나 주민들을 괴롭히자 장군은 수우도 은박산과 사량도 천왕봉을 오가며 부채로 왜구를 물리쳤다.

왜구는 '조정을 위협할 반인반어 괴물이 남해안에 나타나 어민과 백성들을 괴롭힌다'는 소문을 퍼뜨렸다. 역모를 꾀한다는 소문을 퍼뜨린 것이다. 소문이 궁궐에까지 알려졌다. 조정에서는 욕지도 호주판관에게 당장 체포하라는 명령을 내렸다. 하지만 물속에서 석 달 열흘을 지낼 수 있는 장군을 당해낼 수 없었다. 오히려 장군은 대담하게 어부를 모아 관군에 맞서고 판관부인을 납치해 국도로 들어가 아내로 삼았다. 국도는 실제 통영에 위치한 가장 먼 외딴섬이다. 부인은 세월이 흘러 아이를 낳았지만 호시탐탐 탈출할 기회만 엿봤다. 한번 잠들면 며칠씩 깨어나지 않는다는 것을 알게 된 부인은 설운이 잠든 사이 봉화를 올려 관군을 불렀다. 관군이 배를 타고 들어와 장군을 꽁꽁 묶었지만 잠에서

수우도에 딸린 딴독섬에서 본 거북 형상을 한 바위 모습이다. 수우도는 바닷물과 해풍으로 인한 풍화작용으로 다양한 형상의 갯바위가 발달했다. 배를 타고 돌아보면 그 모습을 확인할 수 있다.

깬 설운이 힘을 주자 줄이 끊어졌다. 관군이 목을 내려쳤지만 잘린 목이 다시 붙었다. 다시 목을 자르자 판관 부인이 메밀가루를 뿌렸다. 장군은 죽고 말았다. 이후 주민들은 사당을 짓고 장군을 모시고 풍어와 안전을 기원했다.

섬 길을 걷다

북쪽에 자리한 마을을 제외하면 섬은 온통 바위와 절벽으로 이루어져 있다. 그래서 아름답다. 수우도 섬 길은 선착장 옆 '신애끝'에서 시작해 고래바위(주민들은 도둑놈골창이라 함), 백두봉, 신선대, 은박산, 몽돌해변을 지나 선착장에 이르는 길이다. 부지런히 걷지 않으면 마을을 살펴볼 시간도 없다. 하룻밤 묵는다면 모르겠지만.

골목에서 만화 캐릭터를 만났다. 독특하고 다양하다. 물어물어 주인

수우도 홍합과 돌미역이 여행객들에게 큰 인기다. 최근 '찾고 가고 싶은 섬'에 선정되어 주민소득 창출을 위해 폐교에 홍합과 돌미역 등을 판매하는 특산물 판매장, 숙박 시설이 마련되었다.

공을 만났다. 섬에서 가장 젊은 김정갑(1975년생) 씨는, 어머니를 모시고 섬을 지키며 그림도 그리고 홍합도 팔고 있다. 나무 붓을 이용해 페인트로 그렸단다. 그가 사는 집은 작은 갤러리다. 마당에도 벽에도 그림이 그려져 있다. 동네에서 소문난 효자다. 장가를 보내지 못해 눈을 감지 못하는 어머니다. 그 어머니를 돌보기 위해 귀향을 결정했다. 세끼를 챙겨야 하는 어머니다. 산에 가고 바다에 갔다 오면 제일 먼저 부르는 이름이 '어머이'이다. 섬 길을 걷는 내내, 바다를 살피는 내내 어머니를 생각한다. 그 어머니가 1928년생이니 90이 넘었다. 어머니의 안부가 궁금해 전화했다. 건강하시단다. 멋쩍어서 "아들 장가가기 전에는 눈을 못 감는 것 아닌가요."라며 정갑 씨를 들먹였다. 그는 여전히 혼자다.

해안으로 돌아볼 길이 없다. 갯바위를 따라 섬을 돌아볼 수 없으니 갯밭을 일구는 주민들은 얼마나 힘이 들었을까. 섬살이가 녹록지 않았을 것 같다. 섬 그늘을 좋아하는 바다 생물들에게는 이런 천국이 없다. 주민들이 갈 수 없는 갯바위는 어김없이 낚시꾼 차지다. 수우도 산길 능선에 오르면 흘린 땀이 아깝지 않은 경관이 펼쳐진다. 특히 남쪽 사량도를 배경으로 전개되는 모습이 절경이다. 고래바위, 매바위, 백두봉, 해골바위를 볼 수 있는 능선이 으뜸이다. 동백꽃에 이어 진달래꽃이 지천이다. 흠이라면 뱃길이다. 하루에 두 번 뱃길이 열리기 때문이다. 아침 첫 배를 타고 들어와 섬을 한 바퀴 돌고 오후 배로 썰물 빠지듯이 삼천포로 나간다. 배에서 내리자마자 급하게 산으로 오른 이유가 다 있는 것이다. 주말이면 더욱 심하다. 자동차가 없는 섬이라 걸어서 다녀야 한다. 사람을 찾아다닐 일도 없다. 동구 밖 선창에 앉아 있으면 섬에 있는 웬만한 사람은 모두 만날 수 있다.

마을 홍합을 사세요

은박산을 지나 선착장에 이르니 마을 주민들이 홍합, 톳, 미역, 칡 등 섬에서 채취한 것을 팔고 있었다. 섬에서는 10여 년 전부터 홍합 양식을 하고 있다. 대규모 홍합 양식을 하려면 배도 있어야 하고 일할 젊은 사람이 있어야 한다. 나이 든 노인들은 양식장에서 일손을 거들어주고 홍합으로 품삯을 받기도 한다. 이렇게 마련한 홍합을 말려서 주말에 섬을 찾는 등산객에게 판매하고 있다. 옛날에는 주민들이 재 너머나 도둑놈 골창까지 조개를 팔러 다녔다. 통영에서는 우럭조개나 개조개 등 다이버들이 물속에서 파는 큰 조개 외에 바지락처럼 호미로 캐는 작은 조개를 모두 조개라 한다. 이를 주민들은 '개발하러 간다'고 한다.

수우도에는 펜션이나 변변한 식당은 없었다. 그런데 두 번째 수우도를 방문했을 때는 폐교를 리모델링해 지은 복합휴양센터를 볼 수 있었다. 1946년 11월 1일 개교해 269명의 아이들을 졸업시켜 뭍으로 보내고 2008년 3월 1일 문을 닫았다. 폐교한 학교를 마을 펜션으로 바꿔 2018년 문을 열었다. 그리고 그 학교를 졸업한 김 씨가 이젠 펜션지기가 되어 운영을 맡았다. 이젠 라면도 끓여주고 간단한 식사를 할 수 있는 곳만 마련하면 된다. 지금도 라면에 막걸리, 홍합파전 정도는 가능하다.

수우도에는 할머니 몇 분이 운영하는 가게가 있다. 섬 안에 있는 유일한 가게다. 막걸리, 맥주, 소주, 아이스크림 그리고 간식과 생필품이 갖춰진 일명 '수우도백화점'이다. 길에 노점을 열어 서로 호객하면서 장사를 했던 것을 모아 백화점을 열었다. 다섯 명의 할머니들이 일을 하는 곳이다. 배가 들어오고 여행객이나 등산객들이 산행을 마치고 내려오면 배가 다시 올 때까지 문을 연다. 선창에 앉아 바다가 내어준 홍합, 미역, 해삼으로, 섬이 내준 산나물로 여행객을 맞는다. 그렇게 수런거리던 여행객이 떠나면 백화점도 섬도 문을 닫는다.

●— 소금과 바다가 만든 최고의 조각품, 딴독섬

딴독섬은 경상남도 통영시 사량면에 속한 바위섬으로 수우도와 접해 있다. 수우도에서 은박산으로 가는 길에 눈길을 끄는 바위섬이다. 마치 수우도와 붙어 있는 것처럼 보일 정도로 가깝다.

타포니(tafoni)라 부르는 염풍화(鹽風化. salt weathering)와 해식와(海蝕窪. notch)가 발달했다. 타포니는 암석이 물리적·화학적 풍화작용으로 벌집처럼 파인 구멍을 말한다. 해식와는 염분으로 바위가 녹아 깊고 좁게 침식된 지형이다. 이 섬은 위치에 따라 매, 거북이 등으로 보여 제각각 편리한 대로 이름을 붙여 지도에 올려놓지만 바른 지명은 '딴독섬'이다. 2014년 12월 특정 도서로 지정되었다.

딴독섬은 우리나라에서 대규모의 노치와 타포니가 있다. 길이 50미터, 높이 20미터, 깊이 5미터의 노치는 국내에 보고된 것 중에서 가장 큰 규모로 조사되었다. 천연기념물의 가치를 가지고 있다. 해식와가 유명한 섬으로 굴업도(토끼섬), 무녀도가 있다.

딴독도 노치에서 본 남해 바다.

딴독도 타포니.

개황 | 수우도

위치 | 통영시 사량면 돈지리
면적 | 1.28km^2
가구수 | 25
인구(명) | 40
교통 | **배편** | 삼천포–사량도여객선터미널에서 배편 이용
특산물 | 홍합

변화 자료

구분	1971	1985	1995
주소	통영군 사량면 돈지리	통영군 사량면 돈지리	통영시 사량면 돈지리
면적(km²)	1.51	1.51	1.51
공공기관	경찰서 1개소	–	–
인구(명)	257	209	144
	(남: 121 여: 136)	(남: 108 여: 101)	(남: 73 여: 71)
가구수	52	37	41
급수시설	공동우물 2개소	간이상수도시설 1개소, 공동우물 2개	간이상수도시설 2개소
초등학교	1개 49명	1개 35명	초등학교 분교 1개 1명
전력시설	–	자가발전기 1대	자가발전기 2대
의료시설	–	–	상비약비치 1개소
어선(척, 동력선+무동력선)	12(3+9)	20(9+11)	14(14+0)

통영시 도산면

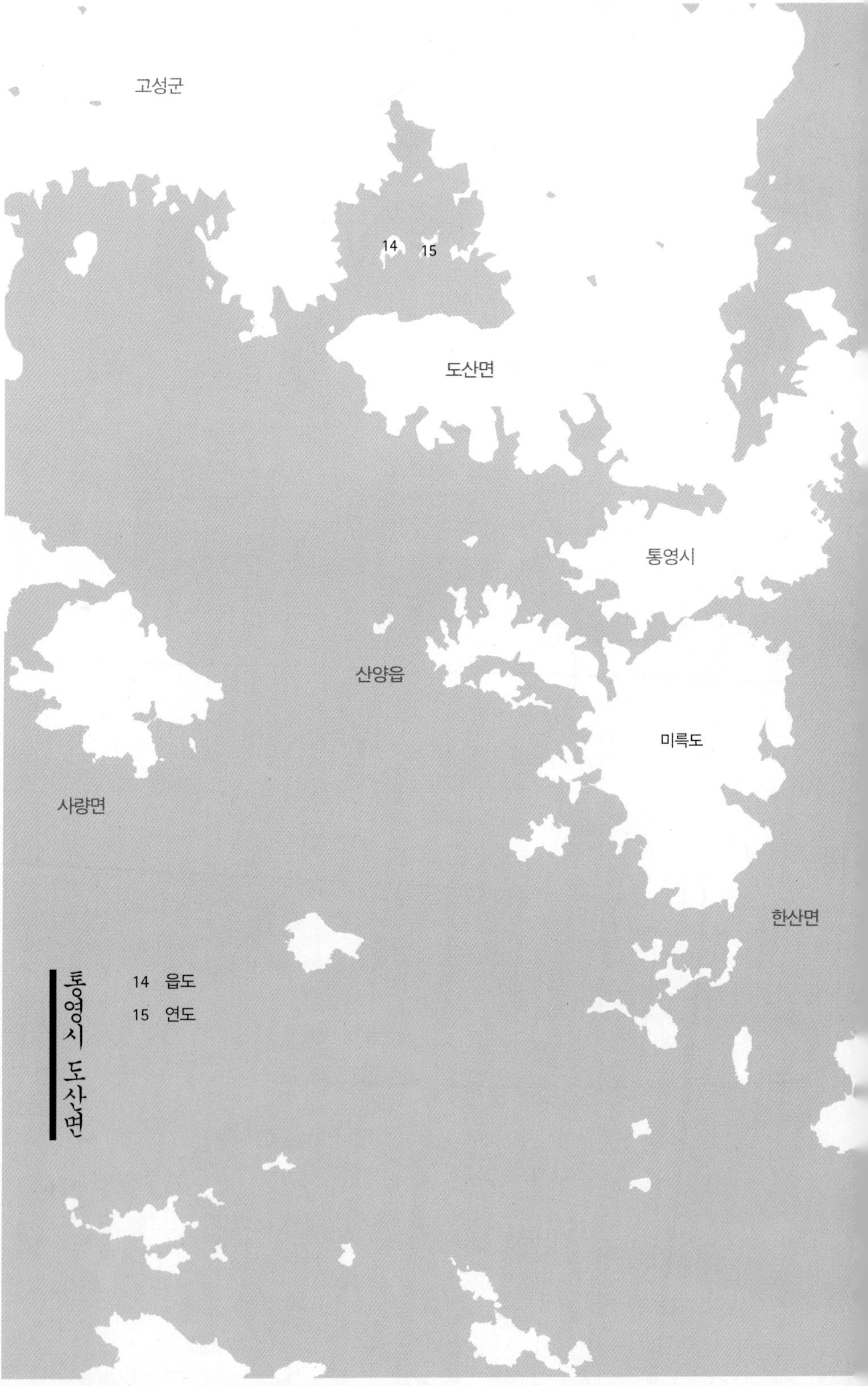

고성군

14　15

도산면

통영시

산양읍

미륵도

사량면

한산면

14　읍도
15　연도

통영시 도산면

14

한 마을에
왜 이장이 둘일까

통영시 도산면 읍도

지명을 해석할 때

작은 두메산골에 '읍'이라는 지명이 사용되는 경우도 있다. 이곳 읍도
는 작은 섬마을에서 시작된 것일 수 있다. 여기에 삼별초, 임진왜란 등
지역의 역사나 문화와 관련된 인물을 호명한 민간 설화 등이 덧붙여진
경우로 해석할 수 있다. 읍도의 지명 유래는 '임진왜란 당시 고승 현감
이 피란해 이곳에서 머물렀던 고을이라 해서 읍도(邑島)라 했다'고 전
한다. '읍'은 '고을' '골'에 해당한다. 일제 이후 많은 우리말이 한자화되
면서 읍이라는 지명이 나타난다. 큰 마을이었거나 도성이 있는 곳, 큰
인물이 등장하는 곳 등에 사용되기도 한다. 지명 유래는 지역을 이해하
는 요긴한 자료임에는 틀림없지만 한자화되면서 왜곡된 경우가 많아
조심스럽다. 지명 유래만 믿고 섬에 조형물을 세우거나 관련 동식물 서
식지를 만드는 우를 범한 경우가 종종 있다.

읍도는 통영시 도산면에 속하는 섬이지만 고성읍이 더 가깝다. 이웃
한 연도와 함께 고성만에 자리를 잡고 있다. 행정은 통영이지만 생활은
고성이다. 사람이 많이 살 때는 50여 가구에 250여 명이 살았던 섬이
다. 그때는 바닷가 학교에 100여 명의 학생들이 수런거렸다. 섬마을과
뭍을 오가는 도선도 운항했다. 지금은 인기척이 있는 집은 손으로 꼽을
정도이며, 빈집은 무너지고, 학교는 나무가 우거져 안으로 들어갈 수

없다. 겨우 책 읽는 소녀상을 보고 이곳이 학교였음을 짐작할 뿐이다. 한때 10여 척의 배가 서해의 대청도와 동해의 주문진까지 오갔다는데 믿기질 않는다.

작은 섬에 그 많은 사람들이 살기 위해서 의지할 곳은 바다밖에 없었다. 작은 섬마을에서 이용할 바다도 넓지 않았다. 그나마 반은 고성 바다였고, 나머지 반도 뭍에 있는 큰 마을이 어장을 차지했으니 읍도나 연도나 겨우 마을 앞 선창과 주변에 있는 갯벌이 전부였다. 작은 섬마을 사람들이 배를 다루는 기술이나 고기 잡는 지식이 더 발달한 것은 생존 본능일지도 모른다.

공룡이 살던 땅

읍도는 바위 위에 자리한 섬마을이다. 학교도 바위 위에 지어졌고, 집도 바위 위에 있다. 밭도 마찬가지다. 땅이 비옥할 리 없다. 오랜 시간이 지나면서 풀이 자라고 나무가 자라고 흙이 쌓이면서 섬이 되었다.

선창에서 그물을 손질하던 노인이 일을 마치고 선창에 있는 바위에 축대를 쌓아 지은 집 앞 의자에 앉아 내려다보며 불편한 목소리로 어디서 왔냐고 다그치듯 물었다. 답을 하기도 전에, 공룡 발자국 때문에 길도 내지 못한다며 불만에 찬 목소리가 이어졌다. 의자 밑에도 모두 공룡 발자국이고 학교 밑에도 공룡 발자국인데, 몇 개 남은 발자국을 가지고 사람을 불편하게 만든다는 것이다. 축대 밑에 초식 공룡의 발자국이 선명하다.

조사 결과 공룡 발자국 140여 개, 사람 발자국으로 추정되는 3개 흔적이 발견되어 1993년 경남문화재 자료 제203호로 지정되었다. 바다 건너 고성에서는 공룡 박물관도 만들고 공룡으로 뭘 많이 하는데, 통영시는 지정만 해두고 아무것도 하지 않으면서 주민들 생활만 불편하게 하는 게 불만이라는 것이다. 폐교된 국민학교 15회 출신이란다. 또 다른 노인은 강아지를 데리고 공룡 발자국을 밟으며 마을로 들어갔다. 그 길이 아니면 마을 뒤 경사진 길과 사람들이 다니지 않아 풀이 자라고 덩굴이 얼기설기 길을 막은 좁은 골목으로 돌아가야 한다.

읍도의 지층은 고성군의 바닷가 지층과 마찬가지로 공룡이 살던 시대에 만들어진 것이 많다. 중생대 백악기 약 1억 년 정도 된 지층(진동층)으로 이루어져 있다. 바닷물이 드나들면서 공룡 발자국을 덮고 있던 흙을 씻어내어 볼 수 있게 된 것이다.

읍도에 상시 거주하는 가구는 네 가구뿐이다. 나머지 두 가구는 주말에 한 번씩, 혹은 한 달에 한 번 정도 섬을 찾는다. 전부 여섯 가구만 생활하고 있다. 주변에 많은 굴 양식장이 있지만 섬 주민들 양식장이 아니다. 김영진 읍도 이장 정도가 가리비 양식을 하는데, 노인들은 대부

그 섬에 사람들이 자리를 잡기 전에 공룡들이 살았었다. 서해와 남해는 지금처럼 바다가 아니라 풀이 자라는 습지였을 것이다. 그 흔적이 읍도에 남아 있다. 그 위에 집을 짓고 학교를 세웠다.

분 선창 안 갯벌에서 조개를 파는 '개발'로 생활한다. 간간이 들어오는 낚시꾼들이 유일한 손님이다. 오가는 사람도 없다. 갑자기 방문해서 카메라를 들고 갯바위를 살피고 있었으니 공룡 화석을 조사하러 온 문화재청이나 시청 직원쯤으로 생각했나 보다.

사립문 옆에 있는 보행기에 덩굴 식물들이 올라와 자리를 잡았다. 마당에는 붉은 고추가 주인이 없는 집을 지키고 있다. 보행기가 방치된 빈집은 비교적 최근에 떠난 분들이다. 구석구석 빈집을 구경하다 제법 뼈대가 좋고 툇마루가 있는 네 칸 집에 쌓여 있는 주낙 틀을 발견했다. 주문진까지 올라가 오징어를 잡았다는 이장의 말이 떠올랐다. 그땐 만선이라 배에 깃발을 꽂고 농악을 치며 포구로 들어오곤 했다. 이렇게 만선한 배가 들어오는 날과 학교운동회를 하는 날이면 마을 잔치가 벌어졌다. 당시 읍도를 '돈섬'이라 불렀다고 한다.

작은 섬에 아름드리 느티나무가 있다. 지금은 몇 가구 남지 않았지만 예전에는 많은 사람들이 마을을 이루며 살았다는 증거이다. 그래서 허투루 지나칠 수 없다. 사람은 새로운 삶터를 찾아 집과 고향을 버리고 갈 수 있지만 느티나무는 섬을 버릴 수 없다.

무성하게 자란 단풍나무에 막혀 학교가 제대로 보이지 않았다. 책 읽는 소녀상이 없었다면 학교였는지도 모를 정도다. 교실 두 칸에 교무실 한 칸인 작은 학교는 폐허가 되었다. 민간에 팔렸지만 특별한 계획이 없어서인지 방치되고 있었다. 구석에 있는 묘만 벌초를 한 흔적이 있을 뿐이다.

읍도에서 모두 여섯 명의 주민을 만났다. 노인 두 분, 이장, 이장 어머니, 중년의 남녀. 중년의 남녀는 고성에서 일을 하기 위해 잠깐 들렀는지 이장이 데려다준다고 고성으로 향했다. 가리비 두 자루와 민꽃게 한 자루를 배에 올렸다. 이장은 얼마 전까지 굴 양식을 했지만 지금은 가리비 양식만 한다.

굴은 직접 각굴로 파는 것이 아니라 알굴을 팔기에 껍질을 까는 박신 작업을 해야 한다. 도산면 바닷가 곳곳에도 박신 작업을 하는 공장이 해안에 있다. 일할 사람도 없는 섬에서 박신 작업을 하기란 쉽지 않다.

일반현황

위치 | 통영시 도산면 오륜리
면적 | 0.18km^2
가구수 | 6
인구(명) | 9
교통 | **배편** | 통영-도산면 오륜리-마상촌선착장에서 낚싯배 이용
특산물 | 굴, 가리비 등

변화 자료

구분	1971	1985	1995
주소	통영군 도산면 오륜리	통영군 도산면 오륜리	통영시 도산면 오륜리
면적(km²)	0.14	0.14	0.14
공공기관	-	-	
인구(명)	310	135	85
	(남: 152 여: 158)	(남: 62 여: 73)	(남: 44 여: 41)
가구수	36	29	21
급수시설	공동우물 3개	공동우물 29개	공동우물 2개소
초등학교	1개 91명	1개 23명	초등학교 분교 1개 1명
전력시설	-	자가발전기 1대	한전 21가구
의료시설	-	-	-
어선(척, 동력선 +무동력선)	26(11+15)	24(12+12)	8(6+2)

15

개발해서
살지요

통영시 도산면 연도

연도는 도산면 도선리에 속하는 섬이다. 읍도와 거리는 300미터로 가깝다. 두 마을은 손을 뻗치면 닿을 듯 가깝지만 마을이 다르다. 각각 실제 거주하는 가구는 네 가구에 불과하지만 이장이 따로 있다. 읍도는 일찍부터 어선 어업이 발달했지만 연도는 갯벌이 발달해 바지락과 자연산 굴을 채취하며 살고 있다.

도선리에서는 바닷일로 돈을 벌면 도선리 땅을 샀다. 농사지을 땅을 마련한 것이다. 작은 섬일수록 농사짓는 땅에 대한 애착이 크다. 특히 큰 섬이나 육지에 가까운 섬은 배를 타고 오가며 농사를 짓기도 했다. 반대로 뭍이나 큰 섬의 마을은 작은 섬마을의 어장을 탐한다. 땅은 개인이 살 수 있지만 어장은 마을의 힘(권력)으로 국가(지자체)로부터 허가나 면허를 내야 한다. 어촌계가 하는 일이 그런 것이다. 작은 섬은 독립된 어촌계가 아니라 큰 마을에 포함되어 운영되기에 작은 섬이나 작은 마을은 피해를 받기도 한다.

읍도와 연도 앞에는 멸치잡이 정치망이 두 개나 있다. 물론 두 섬과 관련이 없다. 연도는 임 씨들이 많이 살았던 섬으로 솔섬이라 했다. 작은 섬이라는 말이다. 그런데 솔이 '솔개'[연 鳶]로 바뀌어 연도로 자리를 잡았다. 여수에도 연도가 있다. 그곳은 아예 '소리도'라고도 부른다. 읍도나 연도는 사량도로 가는 배를 타는 가오치마을에서 주민의 배로 10

연도는 갯벌에 의지해 개발로 먹고사는 섬이다. 단촐한 몇 가구를 찾아가는 길에 만난 갯벌과 작은 텃밭이 이들의 생활 터전이다. 이웃한 연도와 비교하면 밭도 좋고 갯밭도 좋다.

작은 섬에서는 보기 드물게 헛간 처마에 묵은 덕석이 걸려 있다. 그만큼 밭에 수확한 콩, 깨, 고추 등 곡식이 중요했다는 증거다. 이제 괭이도 덕석도 호미도 제 역할을 잃었다. 다시 사용할 일도 없을 것 같지만 버릴 수가 없다.

분도 채 걸리지 않는 거리에 있다. 연도도 읍도와 마찬가지로 고성 생활권이었다.

개발해서 먹고살아요

골목에서 사내를 만나 이야기가 길어졌다. 잠깐 들렀다 읍도로 가려고 내렸는데 궁금한 것을 묻다 보니 목소리도 커졌다. 네 가구가 산다는 작은 섬마을, 골목이라고 해봤자 한눈에 들어오는 집과 집 사이에 하나 있는 정도다. 화단에 걸린 여러 개 호미가 눈에 들어왔다. 호미를 만지다가 "누구요?"라고 부르는 어머니 목소리에 고개를 돌렸다. 반쯤 경계하는 눈빛으로 누구냐며 묻다가 옆에 이야기를 함께 나누던 주민을 보고는 경계를 풀었다.

작은 섬에서 어떻게 먹고사느냐는 돌직구 질문에 답도 돌직구다. "개발해서 먹고산다." 처음엔 무슨 개발을 했기에 노인들이 먹고산다는 거지? 좋은 일자리인가 싶었다. 통영 바닷가에 사는 할머니들에게서 가장 많이 듣는 말 중에 하나가 '개발'이다. 갯벌에서 호미로 조개를 파는 것을 이르는 말이다. 읍도와 달리 연도는 밭농사를 지었던 흔적들이 남아 있다. 지금도 텃밭을 일구는 곳이 많다. 갯밭에서 개발을 하고 텃밭에서 양념 채소를 심어 먹고살고 있다. 읍도처럼 이곳에도 많은 사람이 살 때는 멀리 통영 밖에까지 배를 타고 나가 고기잡이로 먹고살았다. 양식을 할 어장도 없고, 객선도 없어 다른 섬에 비해 일찍 젊은 사람들이 섬을 떠났다. 연도 출신 출향 인사 임 씨가 부산에서 창업하여 원양 어업으로 성공하면서 젊은 사람들이 부산으로 많이 진출하기도 했다.

2020년 정부는 읍도와 연도를 잇는 320미터 연륙교와, 연도와 도산면 사이 280미터 연륙교를 건설하겠다고 발표했다. 그리고 두 섬과 도산면 해안을 따라 산책로를 만들겠다고 한다. 이러한 계획이 발표되기 전에 섬 요지의 땅들을 외지인들이 차지했다. 이제 개발 계획이 발표되었으니 남아 있는 주민들도 집과 땅을 팔고 섬을 떠날 것이다. 섬 개발은 대부분 그렇게 진행되고 있다.

연도와 읍도 사이 좁은 물길을 오가는 사람은 낚시객뿐이다. 예전에는 연도에 사는 아이들이 읍도에 있는 학교에 가기 위해서 건너던 물길이다. 국민학교 고학년은 직접 노를 저어 오갔단다. 작은 배가 미끄러지듯 해안으로 다가오더니 멈춘다. 역시 낚시객이다.

개황 | 연도

위치 | 통영시 도산면 도선리
면적 | 0.11km²
가구수 | 5
인구(명) | 7
교통 | 배편 | 통영−도산면 오륜리−마상촌선착장에서 낚싯배 이용
특산물 | 조개

변화 자료

구분	1971	1985	1995
주소	통영군 도산면 도선리	통영군 도산면 도선리	통영시 도산면 도선리
면적(km²)	0.09	0.09	0.09
공공기관	–	–	–
인구(명)	82	40	21
	(남 : 37 여 : 45)	(남 : 19 여 : 21)	(남 : 8 여 : 13)
가구수	11	6	6
급수시설	공동우물 2개	공동우물 6개	공동우물 2개
전력시설	–		한전 6가구
의료시설	–	–	–
어선(척, 동력선 +무동력선)	7(1+6)	5(3+2)	6(3+3)

통영시 광도면

가조도

광도면

17

16

용남면

도산면

거제시

통영시

미륵도

산양읍

한산도

통영시 광도면

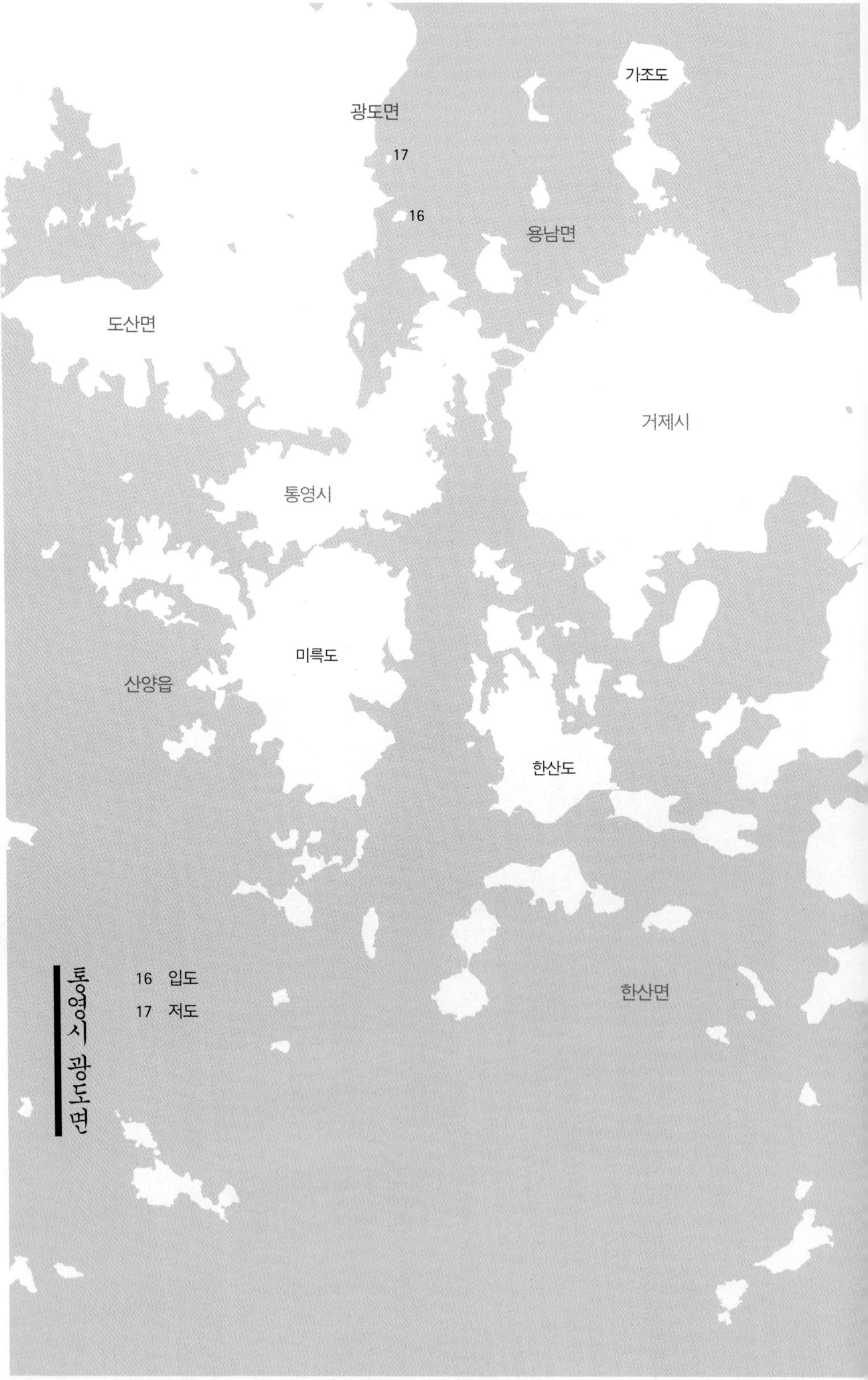

16 입도
17 저도

한산면

16

이 섬을
누가 지킬까

통영시 광도면 입도

주민들은 갓섬이라 부르고, 행정에서는 입도라 한다. 섬의 모양이 삿갓 모양을 닮아 갓섬이라는데 오히려 뭍에 가까이 위치해 '가에 있는 섬'이라 '갓섬'이라 하지 않았을까. 오가는 배가 없으니 마을 이장을 찾아가 부탁했다. 인심 좋은 박문갑 이장은 배도 태워주고 안내까지 자청했다. 갓섬은 통영시 광도면 덕포리 적덕마을에 속한다. 갓섬은 열세 가구가 섬에 살았지만 지금은 세 가구가 살고 있다. 주민등록에는 일곱 가구라고 되어 있지만 이장도 모르는 사람들이란다. 갓섬으로 가는 길은 북통영IC에서 빠져나와 고성 방향으로 접어들어야 한다. 통영의 북쪽이지만 진해만의 남쪽 끝자락에 위치한 바다 마을이다.

마을 뒷산에 붉은색 바위가 있어 '붉은바우'(붐바우)가 한자 지명으로 바뀌면서 적덕(赤德)이라 했다고 한다. 1600년대 밀양 박 씨들이 들어와 마을을 일구었는데 갓섬에도 비슷한 시기에 경주 이 씨가 들어와 살기 시작했다. 적덕마을은 자연 마을로 웃땀, 영터몰, 아랫땀, 애기땀, 갓섬(입도)이 있고, 무인도로 작은 갓섬, 방아섬(춘도), 형제섬(웃섬, 아랫섬)이 있다. 대부분의 선창을 공장에 내주고 귀퉁이에서 배 몇 척으로 체면치레를 하고 있는 적덕포에서 배를 타고 갓섬으로 향했다. 굴 양식장을 지나 작은 갓섬을 벗어나자 갓섬 선착이 보이기 시작했다. 적덕선착장에서 볼 때는 작은 갓섬과 갓섬이 하나의 섬으로 보이지만 물

아무리 작은 섬이라도 멀리서 보는 것과 섬 안으로 들어설 때의 느낌은 사뭇 다르다. 입도가 그랬다. 저 섬에서 어떻게 먹고 살 수 있을까 싶었지만 멸치 어장과 바지락밭과 너른 밭이 있었다. 지금도 멸치 어장과 바지락밭은 여전히 제 역할을 하고 있다.

이 많이 들 때는 잠기는 모래 갯벌로 연결되는 섬이다. 갓섬과 작은 갓섬 앞에는 굴 양식장이 있다.

1895년 통제영 폐지 이후 진남군과 용남군을 거쳐, 1914년 거제군을 통합해 통영군으로 명칭을 변경하면서 광삼면과 도선면을 합해 광도면이라 했다. 광도면은 일제강점기에는 일본인 이주 어촌이 자리를 잡으면서 어장을 내주어야 했다. 《한국수산지》(2집, 1908년)를 보면, 적덕포의 입도, 방아도, 형제도 일대 어장에서 손방그물(수조망), 정치망, 어전 등을 이용해 멸치, 조기, 고등어, 대구를 어획했다. 일제강점기 일본인 이주 어촌은 60여 곳으로 전국 1위를 차지한다. 당시 통영군의 수산 기사는 이곳을 '천혜의 어장이고 어항'이라 극찬했다.

통영과 거제를 포함한 어장은 조선 왕실의 어장이었다. 특히 진해만에 이주 어촌이 자리한 곳은 왕실의 어살과 어조가 있는 곳이다. 1930년 11월 15일 자 〈동아일보〉에는 "광도면 황리와 안정리 등지는 대구 어장 지역이다. 갓섬은 더욱 유명한 대구 어장이다."라고 했다. 대구는 '설어'(鱈魚)라고 했다. 당시 기사에는 설어 어업권을 자본가들이 독점해 일반 어민들의 생존이 자본가들에 의해 좌우되어 이중삼중 손해를 보고 있다는 지적도 있다. 진해만에서 잡은 수산물은 부산을 거쳐 일본 하카다로, 통영의 욕지 일대 먼바다에서 어획한 수산물은 노대도에 설치한 '부산수산주식회사'가 출장소에서 수집해 통영항과 부산항을 거쳐 일본으로 운반되었다.

한쪽에서 섬 주민이 정치망으로 멸치를 잡을 때 함께 올라온 감성돔과 고등어를 손질하고 있었다. 멸치 어장은 이동진(50세) 씨와 그의 아버지가 운영하는 어장이다. 아버지는 한때 선원 10명을 데리고 진해만은 물론 부산 일대까지 나가서 멸치를 잡았다. 이제는 아들에게 정치망을 넘겨주고 옆에서 지켜보고 있다. 아들은 멸치 건조 상태를 보며 연신 아버지에게 상태를 물어본다. 어머니는 정치망에 들어온 고등어와 감성돔을 갈무리해 반찬거리로 저장해두고 딸과 함께 선별기에서 떨어지는 멸치를 상자에 담았다. 갓섬 옆에 작은 갓섬이 있다. 소입도라는 이름으로 작은 섬은 부산 사람이 구입했다. 두 섬 사이에 모래갯벌은 바지락이 서식하기 좋은 공간이다. 진동만이 한눈에 보이는 언덕에 위치한 학교는 문을 닫은 지 오래되었는지 흔적을 찾기 어렵다. 아이들 대신 흑염소의 놀이터가 되었다. 학교로 가는 길목에 있는 굵은 동백나무가 학교의 내력을 대신해줄 뿐이다.

마을로 간 한국전쟁

적덕마을에서 예포마을로 넘어가는 옛길 적덕고개는 '무지개고개'라

입도에서 멸치 어장을 이어가고 있는
이동진 씨 가족들.

부른다. 지금은 해안도로를 따라 자동차를 타고 오가지만 옛날에는 마을 뒤 고개를 넘어 안정리를 오갔다. 아름다운 이름을 간직한 무지개고개에 우리나라 근현대사의 상처가 묻혀 있다. 일명 '무지개고개사건'이라고도 한다. 《광도면지》에 따르면, 이곳에서 광도면과 통영지역 국민보도연맹 가입자들 170여 명이 희생을 당했다고 한다. 그 전에 좌익에 의해 순경 2명과 주민 6명이 희생되기도 했다.

국민보도연맹은 1949년 좌익 전향자를 계몽·지도하고 보호한다는 명분으로 조직된 단체이다. 지역 군수가 책임을 맡고 경찰서장과 법원 지원장 등 지역단체장들이 자문을 맡았다. 공무원을 동원해 가입자를 늘리기 위해 전향자만 아니라 일반 농민과 민간인들도 다수 가입시켰다. 통영과 광도에서는 사회주의나 공산주의는 알지 못하고 농민들이

작은 섬이지만 마을 뒤 폐교를 지나면 광도만이 한눈에 들어온다. 멀리 거제 가조도가 솟아 있고 그 사이 바다를 작은 섬 사람들은 누비며 살았다. 작은 섬이지만 일본인들이 머물렀던 것은 저 바다가 탐났기 때문이다.

쌀과 토지를 나누어준다는 소리를 듣고 가입했다고 한다. 특히 빈부 차이가 크고 지식인이 많았던 안정리와 황리의 주민들이 많이 가입했다. 한국전쟁 후 수만 명의 가입자들이 전쟁을 틈타 조직적으로 반정부활동을 할지 모른다는 불안감 때문에 군과 경찰에 의해서 살해되었다. 경찰은 유족들이 시신을 확인할 수 없도록 불태웠다고 한다. 시신을 묻으러 갔다가 운 좋게 살아남아 다리를 붙들고 살려달라고 애원하던 사람도 만났다고 기억했다. 무지개고개사건 후에 인민군이 고성을 지나 광도면으로 들어왔다.

　인민군은 1950년 7월 중순부터 8월 중순까지 약 두 달 정도 광도면에 머물렀다. 전쟁으로 인해 민간인 피해가 가장 컸다. 진해만을 사이에 두고 거제 쪽에서 해군 군함에 주둔하며 딱섬 앞 예포 황리산에 함포사격을 했다. 안정리의 술도가에 중대본부가 설치되고 마을마다 소대나 분대가 설치되었다. 예포마을은 분대가 설치되어 주민들에게 강제로 사상 교육을 하고 노래를 가르쳤고, 황리산에 참호를 파는 데 주민들을 강제동원하였다. 함포사격이 심해지자 주민들은 집 주변에 굴을 파고 몸을 숨기기도 했다. 예포리 고개 너머 중촌마을에는 박격포가 진해만을 향해 설치되었다. 연합군도 거제도 앞바다에서 연일 함포사격이 이어졌다. 마을에서는 인민군과 좌익이 공무원과 군인 가족을 잡아 안정리 술도가에서 취조와 고문이 이어갔다. 《광도면지》에 따르면, 딱섬의 조 씨, 중촌마을의 조 씨 등이 인민군에 끌려가 고문을 받다가 죽기도 했다. 예포의 교인 이씨는 딱섬으로 끌려가 고문을 받고 순교하기도 했다. 이 외에도 몇 명이 인민군과 좌익에 의해 희생을 당했다. 광도초등학교는 인민군의 본부로 사용했고, 수복 후에는 해병대 신병훈련소로 이용했다. 인민군이 점령해 주둔했던 광도면은 1950년 8월 17일 진해만, 한산 바다, 고성만 세 곳에서 진행된 해병대의 통영상륙작전으로 수복될 때까지 2개월 남짓 인민군의 치하에서 생활해야 했다. 인민군이 퇴각한 후 안정리와 황리가 수복되었지만 이후 지역민 간 갈등이 깊어져 이중고를 겪기도 했다.

● ─ 일본은 왜 통영 바다를 탐냈을까 : 일본인 이주 어촌

미륵도 주변 바다는 쿠로시오난류의 지류가 지나 수온이 물고기가 서식하기 적당한 온도(13~28도)이다. 또 조류 소통이 좋고 영양염류가 풍부하며 섬과 섬, 내만에 해초들이 많아 산란을 위해 어류들이 많이 찾는 해역이다. 대한제국 말기에 용남군 전체의 어업 비중은 8.7퍼센트였지만 산양면은 어업 비율이 20퍼센트에 이를 정도로 높았다. 그만큼 미륵도 주변 바다의 어족 자원이 풍부했다.

1910년 한국강제병합 이전에 어업법 개정을 통해 외국인이라도 우리나라에 거주하면 어업권을 취득할 수 있도록 했다. 일찍이 토지조사사업과 함께 우리나라 수산 자원을 낱낱이 조사한 일제는 조선으로 이주 희망자를 모집해 지원하고 정착을 위한 제도 개선을 추진했다. 통영 지역에는 1900년 중앙동 나가사키촌(長崎村), 1907년 도남동 오카야마촌(岡山村) 건설을 시작으로 1911년 신전리 도사촌(土佐村. 1912년 27호까지 증가했지만 1917년 1가구만 남음), 항남동 시마네촌(島根村), 그리고 1919년 미수동 히로시마촌(廣島村, 1921년 개촌한 해에 13호 91명이 이주한 순수어촌 고등어 연승과 낚시업으로 통영 어시장에 위탁판매) 등 일본 어민 이주 어촌이 만들어졌다.

이렇게 통영 지역에 이주 어촌이 만들어졌던 것은 일본과 가깝고, 어족 자원이 풍부하며 따뜻하기까지 해서 거제와 함께 일본인 이주 어민들이 좋아하는 지역이었기 때문이다. 그 결과 우수한 기술과 어구를 앞세운 그들이 통영 바다를 장악하면서 지역 어민들은 어업 노동자가 가공공장 노동자로 전락했다. 일본인 이주 어촌과 통영읍을 잇는 길은 바닷길이었다. 1932년 461미터의 해저 터널이 만들어지면서 바닷길을 대신했다. 해저 터널 이름을 도요토미 히데요시의 벼슬 이름을 따서 '태합굴'(太閤掘)이라 불렸다. 또 통영반도와 미륵도 사이에 '판데목'을 넓혀 길이 1,420미터, 수심 3미터의 통영 운하를 만들기도 했다.

광복 후 일본으로 돌아간 이들은 통영의 아름다움을 잊지 못하고 '통영인회'라는 모임을 만들어 풍화리에 있던 히로시마촌을 방문하고 해당 마을 주민들을 초대하기도 했다.

오카야마촌은 1980년대 도남관광단지 건설로, 미수동은 1998년 통영대교 건설로 흔적이 사라졌다.

왜 일본 어민들은 조선 바다를 탐했던 것일까.

일본은 막부 시절 부역을 제공하고 어업권을 보호받는 '지선 어장' 제도가 도입

일제강점기 일본인 이주 어촌의 흔적이 남아 있는 미륵도 남포마을.

되었다. 이로 인해 새로 어업에 진출하거나 수운업을 하려는 신흥 세력의 입지가 크게 줄었다. 반대로 17세기 들어 도시의 발달과 면작농업의 발달로 수산 식량과 어비가 크게 증가했다. 신흥 어업 세력은 지선 어장을 피해 새로운 어장을 찾아야 했다. 일본의 중앙정부와 지방정부는 적극적으로 이주장려정책과 지원정책을 폈다. 서해안이나 동해안에 비해 남해안은 식민 이주 어촌 건설에 적지였다. 일본의 세토 내해의 오카야마, 히로시마, 에히메, 가가와, 지바 등 지역에서 많은 어민들이 조선 바다로 들어왔다. 세토 내해는 바다가 좁고 어장을 하려는 어민은 많아 지선 어장을 피해 새로운 어장을 찾는 사람들이 다투어 조선 바다로 진출했다. 1914년 기준으로 경남에 있던 31곳의 일본인 이주 어촌 중 15곳이 통영과 거제 지역에 있었다. 이름도 오카야마촌처럼 출신 지역에 '촌'(무라)을 붙였다.

통영에서 가장 빨리 일본인 이주 어촌이 형성된 곳은 도남동이다. 갯장어와 붕장어가 많이 잡히고 일본인이 좋아하는 도미가 많아 연승(주낙)과 유자망을 이용해서 같은 어종을 많이 잡는 오카야마현 출신의 어민들이 많이 이주했다. 오카야마현은 1호당 300엔의 보조금을 지급하면서 장려정책을 추진했다. 그 결과 1930년경 68호 268명이 거주하는 어촌으로 확대되었다. 동양척식주식회사에서 대부금을 받아 밭과 논을 구입하여 택지와 장옥을 조성했다. 해안을 매립하여 방파제를 축조하고 임야를 조성하여 공동재산으로 등록하기도 했다. 그리고 일상생활을 위한 신사, 학교, 우편국, 전신전화, 주재소를 설치하였다. 1914년에는 어업조합을 설치하고 1920년 선어수송 및 판매사업을 시작했다.

　도남동에서 오카야마촌의 흔적을 찾기는 어렵다. 지워진 흔적과 기억되지 않는 삶 위에 도남동은 관광지로 만들어졌다. 오카야마촌 어민들은 거제 화도에 멸치 어장막을 설치하기도 했다. 하노대에 집하장을 두고 조선인들이 잡은 장어를 모아서 일본으로 보내기도 했다. 중일전쟁 이후 어업조합이 합병되고 운반선마저 징발되어 점차 몰락했다.

　이수동에 들어온 일본인 이주 어촌은 히로시마 출신이 많아 1927년 히로시마촌으로 개촌했다. 위치는 지금의 통영대교 아래 이수동 일대이다. 《조선의 취락》에 따르면 1929년 7월 19호에 인구 129명에 이르며, '통영면에서 산양면'으로 통하는 '태합굴'의 남쪽이다. 그 연혁은 '종래 히로시마현에서 조선해로 통어하던 어민을 일정 장소에 정주시킬 목적으로 히로시마현수산회가 1919년 부지 건설을 착수해 가옥을 세워 1920년 이래 통어민을 정주시켜 오늘에 이르고 있다'고 했다.

　장어잡이를 주로 하는 도남동에 오카야마촌과 달리 이수동의 히로시마촌은 멸치잡이를 하는 어민들이다. 멸치잡이는 온망 어업이라 한다. 요시다는 《조선수산개발사》에서 '히로시마현의 권현망 어업자가 조선 남부에서 멸치 어업의 최초 개척자'라고 했다. 거제와 통영 일대의 권현망이 이수동의 히로시마촌에서 시작되었다는 것이다.

개황 | 입도

위치 | 통영시 광도면 덕포리
면적 | 0.05km^2
가구수 | 6
인구(명) | 16
교통 | 배편 | 통영-광도면 덕포리-적덕마을선착장에서 낚싯배 이용
특산물 | 멸치

변화 자료

구분	1971	1985	1995
주소	통영군 광도면 덕포리	통영군 광도면 덕포리	통영시 광도면 덕포리
면적(km²)	0.05	0.05	0.05
공공기관	-	-	-
인구(명)	82	62	42
	(남: 42 여: 40)	(남: 34 여: 28)	(남: 18 여: 24)
가구수	15	13	10
급수시설	공동우물 2개	공동우물 1개	공동우물 2개
초등학교	1개 16명	1개 9명	
전력시설	-	한전 13가구	한전 10가구
의료시설	-	-	-
어선(척, 동력선 +무동력선)	8(0+8)	13(11+2)	5(4+1)

17

딱섬 김 씨,
매일 섬으로 간다

통영시 광도면 저도

"저 섬이 전부 전(田)이야. 고구마를 심었지. 고구마 아니면 먹고살 수
가 없었어. 식량이었지."

광도면 예포리에 사는 김종곤(1939년생) 씨가 딱섬에 도착하자 섬
을 가리키며 꺼낸 첫 이야기가 고구마였다. 섬에서 먹고사는 문제가 그
만큼 중요했다. 지금은 아무도 머무는 사람이 없는 딱섬이다. 저도라고
부른다. 섬의 모양이 닭의 벼슬을 닮아 닭섬이라 했다는 말과 종이를
만드는 닥나무가 많아서 닥섬이라 했다는 말이 있다. 김 씨가 섬에 살
때만 해도 섬은 나무가 없는 민둥산이었다. 모두 일구어 고구마를 심었
기 때문이다. 지금은 해안과 마을을 제외하고는 온통 숲이 우거졌다.

딱섬은 통영시 광도면 안정리 예포마을에 있는 섬이다. '끄신개'라
불렸던 예포마을에는 큰 마을인 예포 외에 잿곡, 범우개, 저도가 있다.
안정리는 너른 바다와 안정만을 가스공사와 조선소 등 공장에 내주고
터전을 잃었다. 안정리라는 이름은 아무리 가뭄이 심해도 우물이 마르
지 않고 불로장생한다 해서 안정(安井)이라 한 데서 비롯되었다고 한
다. 모두 김 씨들만 살아서 다른 사람들이 '딱섬 김 씨'라 불렀다. 거제
에서 김 씨의 9대조가 입도해 마을을 이루었다고 한다. 어장이 좋을 때
는 마을 뒤에서 대구를 잡았다. 어장에서 번 돈으로 안정리에 논을 사
서 배를 타고 오가면서 농사를 지었다. 지금 가스공사가 들어선 곳이

통영시 광도면 예포리 앞에 작은 섬이 저도다. 그 뒤로 뾰족하게 솟은 섬은 거제시 가조도다. 그 사이 바다가 진해만에서 남쪽 끝자락에 위치한 광도만이다.

딱섬 김 씨들이 농사를 짓던 땅이었다. 안정리 중촌마을의 삼각주는 광도에서 가장 비옥한 땅으로 벽방산에서 발원한 물이 안정저수지를 거쳐 바다로 흘러든다. 하구에 형성된 농지는 2000년대 초 안정국가산업단지가 조성되면서 사라졌다. 딱섬의 섬사람들이 바다에서 벌어 농사지을 땅을 마련했던 곳이다. 이곳은 고려와 조선 때 교통의 요지로《경상도지리지》에 춘원역이 표기되어 있다.

1876년 개항 이후 일본 어민의 이주자들이 통영과 거제도로 들어오기 시작했다. 조선 말기 일시적으로 들어와 욕지도, 고초도 등에서 어업을 했지만 1900년부터는 도남면, 욕지도, 사량도, 강구항 일대에 일본인이 머물렀다. 《광도면지》에는 1900년 7월 일본인 오자키 등이 적덕포로 들어온 것이 처음이라 했다. 또 1년 후인 1901년 10월 11일 일본인 어업자 현황 보고를 인용해, 남촌포에 일본인 13명, 안정리 저도(딱섬)에 11명의 일본인 어업자가 있다고 했다. 특히 딱섬 11명의 어선 현황을 각각 보고했는데 모두 합해보면, 창고가 2개, 어선이 59척, 어부는 332명, 어획고는 1개월 평균 7,300엔이라 보고했다. 평균하면 어부는 30여 명, 어획고는 700엔이다. 작은 섬에 이렇게 많은 어업자와 어부들이 머물 수 있었는지 의문스러울 정도다.

김 씨는 군대를 다녀와 20대에 결혼하고 나서 선친이 섬에서 바라보이는 예포리에 살림을 내줬다. 그 뒤로 섬과 집을 오가고 있다. 지금도 집 뒤에 있는 700여 평의 밭을 매일 배를 타고 한 번씩 살펴보고 간다. 한쪽에 채소를 심은 것 말고는 텅 비어 있지만 살펴보고 가야 다른 일을 할 수 있다. 당시 딱섬에는 모두 11가구가 살았다. 2001년에도 13명이 살았다. 섬에 학교가 없어서 매일 바다를 건너 학교를 다녔다. 갈 때는 배를 타고 갔지만 집으로 올 때는 헤엄을 쳐서 건너오기도 했다. 예포리에서 손에 잡힐 듯 가깝기는 하지만 헤엄을 쳐서 건너오기에는 짧지 않은 거리인데 믿기지 않았다.

사람들은 딱섬을 부자 섬이라 불렀다. 대구가 많이 잡혔고, 어장을 하지 않는 주민들은 홍합을 삶아 싸릿대에 꿰어서 말리는 '동구접이'와 조개를 말려서 팔아 생활했다. 통영에서 가장 작은 섬인 딱섬이 부자 섬이 되기까지 섬 주민들의 흔적은 〈조선일보〉(1976. 2. 8.) 기사 "바다에 나선 아낙네 어부들"에서 엿볼 수 있다. 기사는 "딱섬 아낙네 20여 명은 지난해 10월부터 자력으로 살림을 꾸려나가기로 결심하고 바다에 도전하기 시작했다. 9가구 76명이 살고 있는 저도는 통영군 58개 유인도 중에서 가장 작은 섬. 1970년대 어자원이 줄어들고 양식장의 확장으로 남자들 일거리가 적어지자 마을 재산인 거룻배 3척으로 해초를 뜯고 볼락과 감숭어를 잡아 하루 5천 원에서 1만 원씩 수입을 올렸다.

저도를 상시로 지키는 주민은 없지만 주말에 오가며 섬을 챙기는 사람이 있다. 주말에 들어와 낚시꾼들이 버리고 간 쓰레기를 줍고 나면 시간이 훌쩍 지나고 만다. 이곳이 고향이라 퇴직하면 들어와 살려고 준비하고 있지만 섬살이가 녹록지 않다고 한다.

집집마다 벽시계와 라디오를 갖게 되었다. 섬 여자들이 바다에서 돈을 번다는 소문에 뭍에서 선을 보자고 하는 일이 많아졌다."라는 내용이다.

부자 섬이었다는 딱섬을 매주 오가며 지키는 또 한 사람이 있다. 이곳에서 태어나 마산에서 살고 있는 김호성 씨는 탯자리 집을 수리하고 마을 쓰레기와 해안으로 밀려온 양식장 부표들, 낚시객들이 버리고 간 쓰레기를 치우며 섬을 지키고 있다. 처음 섬에 들어와 몇 달간은 청소만 했다고 한다. 지금도 주말에 들어오면 청소하는 것이 일과다. 행정의 힘이 미치지 않고 아직 주소지를 옮기지 않아서 도움도 받을 수 없는 형편이다. 김 씨가 마련한 거처를 제외하면 딱섬의 집들이 모두 무너져 쓰레기 더미로 바뀌고 있다.

개황 | 저도

위치 | 통영시 광도면 안정리
면적 | 0.03km^2
가구수 | –
인구(명) | –
교통 | 배편 | 통영-광도면 덕포리-범우개-예포마을선착장에서 낚싯배 이용
특산물 | 대구, 홍합 등

변화 자료

구분	1971	1985	1995
주소	통영군 광도면 안정리	통영군 광도면 안정리 예포	통영시 광도면 안정리
면적(km^2)	0.03	0.027	0.027
공공기관	–	–	–
인구(명)	76 (남: 36 여: 40)	32 (남: 18 여: 14)	21 (남: 10 여: 11)
가구수	9	4	7
급수시설	공동우물 1개	공동우물 1개	공동우물 1개
전력시설	–	한전 7가구	한전 7가구
의료시설	–	–	–
어선(척, 동력선 +무동력선)	8(2+6)	7(5+2)	6(4+2)

통영시 용남면

광도면
18
19
용남면
20
도산면
21
거제시
통영시
미륵도
한산도
산양읍
한산면

통영시 용남면

18 어의도
19 수도
20 지도
21 해간도

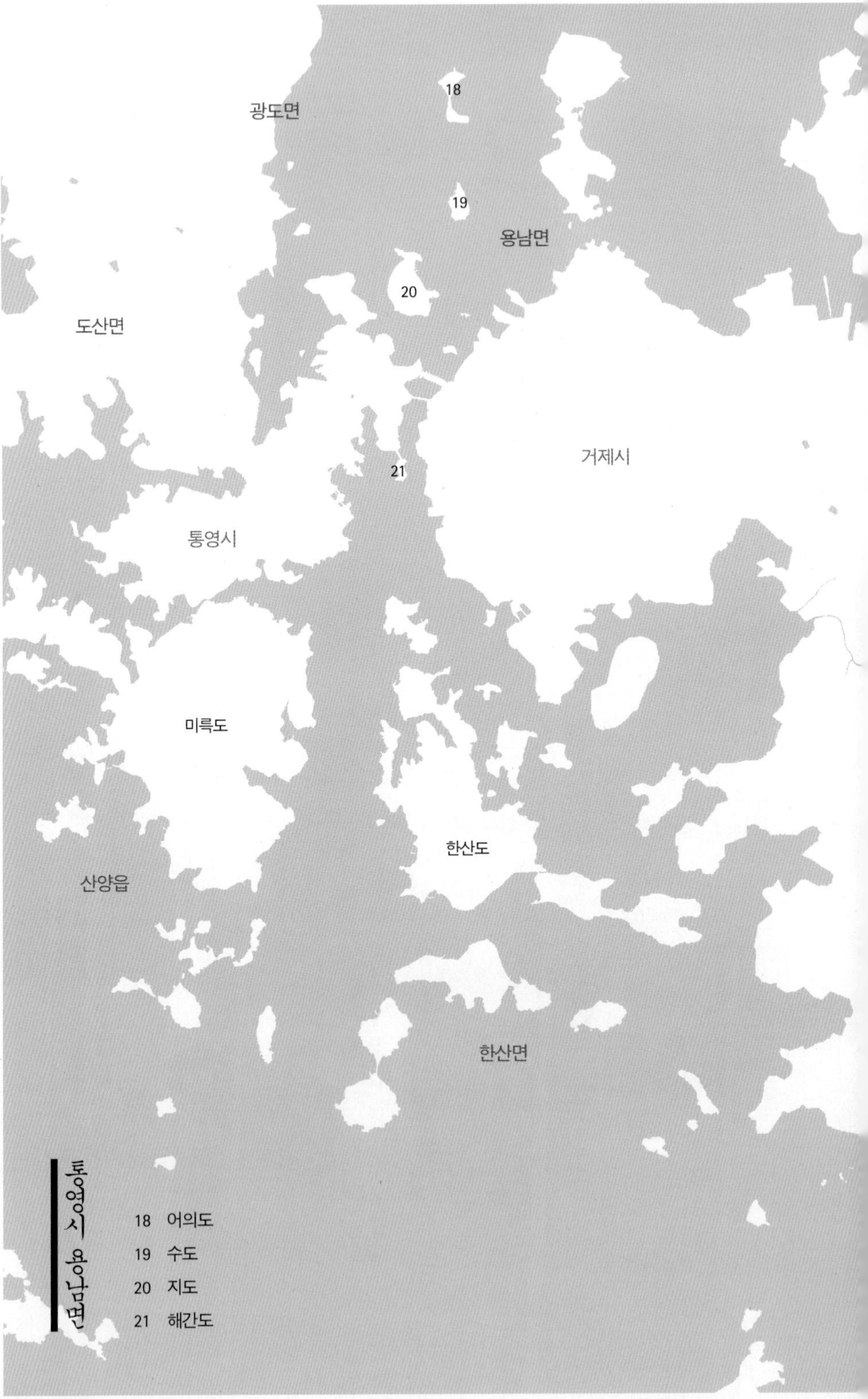

18

이 섬 3년이면
고양이도 멸치 맛을 안다
통영시 용남면 어의도

멸치 중에 죽방렴으로 잡은 멸치가 가장 비싸다. 그런데 어획량이 많지
않아서 정치망으로 잡은 멸치가 소비자에게 죽방렴 멸치라고 둔갑해
팔리기도 한다. 맛이 비슷하고 외형도 큰 차이가 없어 이력을 보고 판
단할 수밖에 없다. 그만큼 정치망 멸치 맛이 좋다는 결론이다. 늦가을
어의도 선창에서 해바라기를 하며 배를 기다리고 있었다. 섬에 도착했
을 때 어촌계장은 마을 앞 어장에서 정치망으로 잡은 멸치를 삶아서 섬
으로 가져왔다.

삶아서 가져온 멸치는 곧바로 건조기를 이용해 일차 건조를 한다. 그
리고 마무리는 햇볕에서 말린다. 왜 그럴까? 햇볕만 이용하여 자연 건
조하면 우선 시간이 많이 걸린다. 색깔도 맑은 은빛이 아니라 약간 노
란색을 띤다. 소비자들이 좋아하는 색은 은빛이다. 햇볕에 자연 건조한
것이 더 좋다는 사람도 있다. 하지만 대부분 색깔이 맑고 모양이 좋은
것을 찾는다. 고집스럽게 자연 건조할 시간도 없고, 이유도 없다.

새벽 첫 배로 타다 보니 섬에는 대부분 아침 먹을 시간에 도착하게
된다. 멸치를 말리던 어촌계장이 밥은 먹었느냐며 인사했다. 다행히 그
날은 새벽에 일어나 서호시장 시락국집에서 먹고 나선 길이었다. 어촌
계장이 멸치를 말리는 발이 대나무 발이다. 지도에서 본 적 있는 대나
무를 쪼개서 엮은 발이다. 플라스틱 발이 만들어지기 전에 사용했다.

멸치액젓을 내리고 남은 찌꺼기는 말려서 비료로 사용한다.

급할 것이 없다. 천천히 발길 닿는 대로 걸었다. 대여섯 명의 낚시꾼
도 첫 배로 빠져나갔으니 섬에 객은 오롯이 나뿐이다. 섬 동쪽으로 끝
까지 걸었다. 바닷가에 퍼걸러가 만들어져 있었다. 그 끝자락에 칡덩굴
이 칭칭 감긴 작은 건물이 있다. 그 앞에 손바닥만 한 텃밭인지 운동장
인지 구분이 안 되는 빈터가 있고 또 그 앞으로는 바람을 막기라도 하
듯 멸치액젓 통이 울타리처럼 놓여 있다. 폐교다. 동상이 보이지 않았
다면 그냥 지나쳤을 것이다. 1982년 8회와 10회 졸업생이 세운 세종대
왕 동상이다. 그런데 동상이 장군처럼 서 있다. 보통 학교 앞에 서 있는
동상을 보면 이순신 장군 동상은 서 있고, 세종대왕 동상은 앉아 있기
마련이다. 만들어진 시기도 이순신 동상은 1970년대 전후다. 이순신
동상은 어떤 모습을 하고 있을까. 궁금해 학교 안으로 들어가려고 칡덩
굴을 헤집고 안으로 들어갔는데 막혀 있다. 우거진 나무와 넝쿨이 안으
로 들어오는 것을 허락하지 않았다.

외로움과 자유와 좋음, 그 경계

지도에서 만난 선장이 근무했던 내연발전소로 올랐다. 마을을 한눈에
바라볼 수 있을 것 같았기 때문이다. 가조도와 성포를 한눈에 바라볼
수 있는 곳이다. 가파른 언덕에 쓰레기를 모아 태우는 할머니를 만났
다. 88세란다. 가조도 신전마을에서 시집을 와 평생 이 섬에서 살았다.
아들딸이 있지만 며느리와 사위가 불편해 섬을 나가서 이틀 밤을 자본
적이 없다. 섬이 편하단다. 섬이 좋으냐고 물으니 좋기는 뭐가 좋겠느
냐며 그냥 내 맘대로 할 수 있으니 편한 거란다. 좋은 것과 편한 것은 다
르다는 말이다. 편해서 좋지 않으냐고 다시 물으니 대답이 엉뚱하다.
외롭단다. 외로우니까 자식들 집에 가면 되지 않느냐는 말에 자유롭지

김이 모락모락 나는 따뜻한 멸치를 고양이가 좋아한다. 주인도 몇 차례 고양이를 쫓아내다 그냥 내버려 둔다. "먹으면 얼마나 먹겠어요, 그냥 놔두세요." 마음씨가 좋은 것인지 귀찮은 것인지 모르겠다.

않으니 하룻밤만 자고 온단다.

시간이 너무 안 가서 죽겠다고 했다. 잠이 없어서란다. 그리고 말끝마다 잠자는 것처럼 죽고 싶다고 한다. 자식들 고생시키지 않으려면 빨리 죽어야 한다고 했다. 바다에서 사용하는 갈고리로 쓰레기를 모았다. 가파른 석축 위로 날아든 비닐봉지와 마른 나무 넝쿨을 모으기 위해 고무신을 신고 내려갔다. 위험하니 내가 대신하겠다며 나섰지만 스스로 하겠다고 막무가내로 막아선다. 마을로 함께 내려오는 길에 할머니는 틀니를 맞춰놔서 내일 병원에 찾으러 가야 한다고 했다. 그 말에 "어머니, 빨리 돌아가셔야 한다면서 틀니는 왜 하세요?" 장난스레 물었다. 할머니는 자식들 고생 안 시키고 죽어야 하니 한다고 했다. 정말 그 깊이를 모를 말씀이다.

물길을 막아서 생긴 문제들

동쪽 끝에는 학교가 있고 서쪽 끝에는 교회가 있다. 교회 앞에는 멸치 액젓이 잔뜩 쌓여 있다. 어의도는 멸치잡이로 유명해 일제강점기에는

멸치는 신선도를 유지하는 것이 중요하다. 그래서 그물에서 건져내자마자 삶는다. 바다에 바지선을 띄우고 그곳에 가마를 설치해 막 잡은 멸치를 삶는다. 그 후 섬이나 뭍으로 가져와 건조한다. 통영 멸치가 맛이 좋은 이유다.

일본 사람들이 들어와 어장을 했다. 이웃한 가조도는 최초로 수협이 만들어졌던 곳이다. 고성, 통영, 거제가 하나로 묶였던 시절이었다. 그 중간에 가조도가 있고 어장도 중심이었다. 광복 후에는 멸치보다는 대구 어장이 더 활발했다. 진해만 사람들은 대구로 먹고살았다. 대구 역시 호망이라 부르는 정치망으로 잡았다. 진해만의 멸치잡이를 하는 곳은 대구 어장도 형성되는 곳이다.

1970년대에 들어서는 피조개사업이 활발했다. 이때 어의도가 돈섬이었다. 피조개로 많은 돈을 벌었다. 그렇게 돈을 번 사람들은 부산으로 마산으로 고성으로 나갔다. 다른 섬에 비해 자식 교육에도 투자를 많이 했다. 어촌계장은 말끝에 어느 대학 출신이 몇 명이며, 판사, 검사,

공무원 등등을 꼽으며 자랑했다. 옆에 큰 섬 가조도가 부럽지 않았고, 거제도 부럽지 않았다. 거제도는 모래섬이라 농사도 잘되지 않아 쳐다보지도 않았다. 돈을 벌면 농사지을 땅은 고성에서 사고, 자식 교육은 부산과 마산에서 시켰다.

지금은 16가구에 불과하지만 그땐 60여 가구에 달했다. 초등학교를 졸업하면 성포에 있는 중학교로 통학했다. 첫 배를 타고 나오면 1교시는 땡 치고, 막배를 타야 하니 하교 시간보다 한 시간 앞서 나와야 했다. 진해만에 어장이 고갈된 것은 낙동강을 막아서라고 단언했다. 강과 바다를 가로막은 방조제를 빨리 터야 진해만이 살아날 것이라고 했다. 어의도에 모두 8개의 멸치 어장이 있었다. 지금은 5개만 하고 있다. 멸치 어장을 끝내고 성포로 목욕을 하러 나오는 길이라며 배를 얻어 타고 나왔다.

지난해 추석을 앞두고 어촌계장 김영택은 배를 타고 성포에 나왔다가 깜짝 놀랐다. 도선장에 낚시객들이 가득 차 정작 고향을 찾은 자식들은 뒷전으로 밀려나 있는 것이다. 좀처럼 화를 내지 않던 김 씨가 소리를 버럭 질렀다고 한다. 해도 해도 너무한다 싶었기 때문이다. 화장실도 개방하고 최대한 편의를 제공하며 쓰레기를 버리지 말고 깨끗하게 사용해 달라고 부탁했었다. 섬이 작고 놀 거리가 없으니 자식들도 오면 갈 곳이 선창밖에 없다. 그곳에서 재미 삼아 낚시라도 해야 할 터인데. 낚시꾼들이 점령하면 정작 고향을 찾은 자식들이나 출향 인사는 어쩌란 말인가. 금년 추석에는 도선에 낚시객을 일절 태우지 않았다. 해경에 신고할 테면 하라고도 했다. 무시로 찾아와 온갖 쓰레기에 버리는 밑밥이 심각함을 넘어서고 있다. 국가에서 규제할 방법을 제시하지 않으니 주민들은 어찌할 방법이 없다. 그저 쓰레기나 버리지 말라고 부탁하는 것 말고는 방법이 없다. 어디 이런 문제가 어의도뿐이랴.

일반현황

위치 | 통영시 용남면 어의리
면적 | 0.56km²
가구수 | 28
인구(명) | 63
교통 | **배편** | 거제-성포항-어의도선착장에서 배편 이용(1일 3회 운항)
특산물 | 멸치

변화 자료

구분	1971	1985	1995
주소	통영군 용남면 어의리	통영군 용남면 어의리	통영시 용남면 어의리
면적(km²)	0.55	0.55	0.55
공공기관	–	–	–
인구(명)	244	293	144
	(남: 123 여: 121)	(남: 156 여: 137)	(남: 86 여: 58)
가구수	40	54	46
급수시설	공동우물 1개	사설 우물 16개	공동우물 1개소
전력시설	–	자가발전기 2대	자가발전기 2대
의료시설	–	–	–
어선(척, 동력선 +무동력선)	13(12+1)	44(28+16)	35(35+0)

19

어떤 길을
걷고 싶으세요
통영시 용남면 수도

가깝고도 먼 섬, 수도가 그랬다. 몇 번 도선을 타는 성포를 서성였을까.
통영에 속한 섬이지만 생활권도 오가는 나들목도 거제에 있다. 게다가
오가는 뱃길도 수월치 않다. 겨우 시간이 내서 갈 수 있는 날은 바람이
불어 배가 뜨지 않았다. 그렇게 호시탐탐 기회를 엿보다 배에 올랐다.
잠시면 갔다 올 수 있는 곳인데 섬이어서 가고 싶을 때 갈 수 없고 나오
고 싶을 때 나올 수 없다.

　수도는 귀목지마을, 새바지, 갈바지, 세 마을로 이루어져 있다. 많은
사람이 사는 귀목지마을은 11가구, 새바지는 5가구, 갈바지에는 1가구
가 있다. 거제시 사등면 성포항을 출발해 수도를 거쳐 어의도, 어의도
를 거쳐 수도로 오는 노선이기 때문에 드나들 때 시간과 위치를 확인해
야 한다. 도선은 수도만 오가는 것이 아니라 어의도까지 가야 하며 승
선 인원도 10여 명에 불과하기 때문에 주말이나 명절은 주민들도 오가
는 것이 불편할 수 있다. 더구나 세월호 이후 승선 인원을 엄격하게 단
속하고 있어 적당히 넘어갈 수 없다. 배는 차를 가지고 갈 수 없고 오직
사람만 오갈 수 있다.

　수도를 '물섬'이라 부른다. 물맛이 좋아서 붙여진 이름이라고 한다.
섬도 작고 산도 숲도 고만고만하지만 물이 펑펑 솟고 맛이 좋아 붙여진
이름이란다. 얼마나 물이 귀했으면 그리 불렀을까 싶다. 물이 없다면

물이 좋아 '물섬'이라 불렀던 섬이다. 한자 이름으로 수도라 했지만 물섬이 정겹다. 한때 피조개 종패로
흥청댔던 때도 있었다. 섬은 작지만 귀목지 큰 마을과 새바지, 한 가구가 사는 갈바지가 있다.

섬에 사람이 살 수 없었다. 옛날에는 산을 일구어 농사를 지었지만 지
금은 마을과 마을을 지나는 길도 풀과 잡목이 덮을 정도다.

귀목지마을에는 아름드리 귀목나무가 세 그루 있었다. 그중 한 그루
는 고사하고 한 그루는 태풍에 쓰러지고 한 그루만이 지금 마을 앞에
외롭게 버티고 있다. 새바지는 섬 동쪽에 위치한 마을이고 갈바지는 섬
남쪽에 있다. 동풍을 맞는 마을과 남풍을 맞는 마을이다. 귀목마을에서
새바지로 가는 길은 갈 만하지만 갈바지로 가는 길은 풀이 가로막고 나
무도 쓰러져 막고 있다. 어느 길이든 걸어서 넘어가는 사람은 없다.

수도를 많이 찾는 사람은 낚시꾼들이다. 이들은 곧바로 목적지에 내
려서 손맛을 보다가 다시 그곳에서 배를 타고 돌아온다. 마을과 마을을
오가야 할 이유가 없다. 지금은 낚시 가방과 잡은 물고기를 담을 것만

가지고 배에 타지만 차를 가지고 갈 수 있다면 사정이 다를 것이다. 작은 섬 수도를 찾는 사람들이 적잖음에도 그나마 지금 정도로 환경이 유지될 수 있는 것은 차를 가지고 갈 수 없다는 점 때문일 수도 있다.

귀목 선착장에 내려서 막 새바지로 넘어가려는데 한 주민이 불러세웠다. 어떻게 왔느냐, 어디서 왔느냐고 묻는다. 마을 책임을 맡고 있는 김재식(1965년생) 이장이었다. 창원에서 목회활동을 하다 귀향한 지 얼마 안 되지만 이장을 맡게 되었단다. 수도에서 태어나 자랐고 이제 고향에서 봉사해야겠다는 생각에 들어왔는데 현실이 녹록지 않다고 한다. 요즘 수도를 발전시키기 위해서 어떤 선택을 해야 할지 고민 중이라고 했다. 우선 섬을 오가는 도선을 개선하는 것이 급선무라 생각했다. 접근성을 개선하는 것은 지속 가능한 섬을 위해 반드시 필요한 조

큰 마을 귀목지에서 새바지로 넘어가는 길이다. 걷기 좋은 길이다. 많은 사람이 이용하지는 않지만 간간이 찾는 여행객이나 낚시꾼들이 다닌다. 작은 섬은 넓고 큰 길은 어울리지 않는다. 세 마을의 옛길이 잘 복원되길 바란다.

마을 어업은 국가로부터 면허를 받아야 하며, 이를 마을 공동 어장이라 한다. 지도에는 위치가 표시되지만 바다에 금을 그을 수 없으니 가까운 바위나 섬 기슭에 표식을 해둔다.

치다. 다만 그 선택을 다리로 할 것인가, 차도선으로 할 것인가, 도선을 개선할 것인가, 횟수를 늘릴 것인가는 신중하게 선택해야 한다.

수도 주변 바다가 피조개 종패사업으로 한때 황금 어장이었던 적이 있었다. 작은 콩만 한 종패 한 개가 2, 3원이었다. 그게 가마니로 담아 팔렸으니 그 돈이 얼마나 되었을까. 정말 가마니로 돈을 쓸어 담았다는 표현이 틀리지 않았다. 바다가 화수분이 아니라는 것을 수도에서도 확인했다. 바다 자원의 총량은 불변인 듯하다. 누군가가 어딘가에서 물 쓰듯 사용하면 다른 곳에서는 빈곤에 허덕이며 어려워진다. 지금도 주변 바다는 홍합(담치), 미더덕, 가리비 양식장이 많다. 해상콘도, 정치망, 양식장을 모두 갖고 있지만 주민들이 직접 하기보다는 임대해서 운영하고 있다. 주민들은 나이가 들어 직접 운영할 수 없다. 수도만의 문제가 아니라 많은 바다 마을이 비슷한 실정이다. 귀목지 옆 발전소 너머에 새 동네가 만들어지고 있다. 새로 조성한 택지에 몇몇 외지인들이 들어왔다. 이들에게 바다를 이용할 수 있는 권리는 없다. 기존의 어촌 계원들이 허락해야 가능하다. 귀어귀촌의 문제와 함께 풀어야 할 숙제이다.

새바지로 가는 길은 한적하고 걷기 좋다. 좋은 길과 나쁜 길이 별다르겠는가. 이제 길은 특정 장소로 이동하기 위해서만이 아니라 '생각' '힐링' 심지어 '걷는 것'이 목적이 되기도 한다. 후자를 위한 길로 섬 길만 한 곳이 없다. 그래서 섬에서 나무를 하거나 해초를 뜯거나 조개를 파기 위해 마을 어장으로 오가던 작은 섬의 길은 주민들이 아니라 여행객의 길이 되고 있다. 그런 길이 큰 사랑을 받는다. 그 결과 지자체가 관심을 갖고 중앙정부가 예산을 내려주면 이런저런 이름이 붙은 길로 바뀐다. 이야기도 만들어지고, 건물 주변 땅값도 오른다. 이쯤 되면 그 섬은 주민들의 섬이 아니다. 그렇다고 여행객이 좋아하는 섬과 길도 아니다. '섬테크'의 대상이 되고, 더는 가기 싫은 길이 되고 만다. 이것이 섬 발전 정책의 종착역이 될까 두렵다. 아직 개발이 되지 않는 물섬이 그리되지 않을까 걱정이다.

개황 | 수도

위치 | 통영시 용남면 지도리
면적 | 0.42km²
가구수 | 17
인구(명) | 29
교통 | **배편** | 거제-성포항-어의도선착장에서 배편 이용(1일 3회 운항)
특산물 | 홍합, 미더덕, 가리비

변화 자료

구분	1971	1985	1995
주소	통영군 용남면 지도리	통영군 용남면 지도리	통영시 용남면 지도리
면적(km²)	0.42	0.42	0.42
공공기관	-	-	-
인구(명)	154	127	75
	(남: 76 여: 78)	(남: 69 여: 58)	(남: 35 여: 40)
가구수	20	27	23
급수시설	공동우물 3개	공동우물 3개소,	공동우물 3개소
		개별우물 27개소	
초등학교	초등학교 분교 1개 32명	1개 27명	
전력시설	-	자가발전기 2대	자가발전기 2대
의료시설	-	-	-
어선(척, 동력선 +무동력선)	6(2+4)	21(8+13)	16(15+1)

20

진해만의
끝 섬
통영시 용남면 지도

"저 할머니 차비 내는 것 한 번도 못 봤는기라. 맨날 나갈 때 준다고 하고, 잔돈 없어 다음에 준다고 하고. 나가긴 뭘 나가노. 나갈 땐 들어올 때 준다고 하고."

차를 운전하는 노인이 핀잔을 주지만 할머니는 당당하다. 서부마을에서 버스를 탄 사람은 방금 거망에서 내린 할머니와 거망과 동부마을 사이에 있는 곳에서 내리는 할머니, 동부마을에 내린 필자까지 모두 세 명이다. 버스를 운전하는 노인이 "하루 운전해야 1만 원도 못 버는 날도 많아요."라며 한 시간 후에 나갈 것이라고 했다. 할머니는 집이 동부에 있는지 익숙하게 골목으로 사라졌다.

지도에 가는 배는 용남면 원평리 적촌 도선장에서 탈 수 있다. 지도는 원평리와 불과 500미터 떨어진 섬이다. 차 몇 대 실으면 가득 찰 만큼 작은 배다. 포클레인 중장비 한 대가 들어섰는지 가득하다. 배가 닿은 곳은 서부마을이다. 배가 도착하면 미니버스가 기다린다. 버스는 서부마을과 거망마을, 동부마을까지 오간다. 배 시간에 맞춰서 오가기 때문에 이용하면 편리하지만, 섬이 크지 않기 때문에 걸어도 좋다.

옛날 고성현 바다 끝 마을이라서 종해도라 했다고 한다. 진해만의 끝에 있는 섬이라는 의미다. 나중에 종이도라 불리다가 한자로 표기해 지도로 바뀌었다는 것이다. 민간에서는 마고할멈이 뭍에 오르려고 종이

진해만은 남해안을 찾는 바닷물고기에게 최고의 서식처이자 산란장이다. 부산 가덕도와 거제도 사이로 드나들며, 통영과 거제 사이 견내량으로 드나든다. 어머니의 자궁처럼 품고 키우는 바다다. 어민들은 그 바다에서 물고기를 잡고 조개를 채취하고 해초를 뜯었다.

를 펼쳤다는 설과 조기가 많이 잡혀 조기섬이 종이섬이 되고 지도가 되었다는 말도 전한다.

지도에는 세 개의 마을이 있다. 서부마을, 동부마을, 거망마을이 있다. 그런데 서부마을과 동부마을은 다른 이름도 있다. 갈바람 바지에 있는 마을이라 '갈바지', 샛바람 바지에 있는 마을이라 '새바지'라고 했다. 마을 이름만 봐도 섬사람들에게 바람이 얼마나 소중하고 두려운 존재인지 알 수 있다. 남서풍이나 서풍을 갈바람이라 한다. 그러니 서부마을이라는 이름보다 훨씬 정겹고 생태 환경을 읽을 수 있어서 좋다. 마찬가지로 동쪽에서 부는 바람을 샛바람이라 한다. 새바지라는 마을 이름만 들어도 그곳이 어떤 곳인지 알 수 있다. 거망은 걸맹이라고도 불렸다. 큰 어장이 있어서 거망이라고 불렀단다. 이렇게 좋은 이름을 두고 동부, 서부로 부르는 이유는 뭘까.

지도에 있는 세 마을 중 동부마을이 가장 크다. 동부마을은 굴 양식으로, 서부마을은 오만둥이 양식으로 생활한다. 섬에서 마을이 크고 작은 이유를 살필 때 고려할 것이 몇 가지 있다. 옛날 같으면 바람과 물과 농사지을 땅과 어장이 고려 대상이다.

지금은 어떨까. 어장, 교통, 바람, 물 순으로 매길 것 같다. 그만큼 소득이 중요하다. 어장으로 보면 동부가 서부보다 크고 조류도 잘 소통하고 이웃 마을과 어장 경계를 두고도 다툼이 적을 것 같다. 반대로 서부는 육지 용남면의 큰 마을과 어장을 접하고 있어 확장성이 제한된다. 다만 원평에서 출발하는 배가 닿는 선착장이 있다는 점이 장점이다. 거망마을은 세 마을 중 어장을 하는 사람이 가장 적고, 멸치를 잡는 정치망을 하는 사람은 없다. 가구 수도 20여 가구에 불과해 두 마을에 비해 반 정도다.

버스에서 출발 시각을 확인하고 골목으로 들어섰다. 마을의 상징인 느티나무 아래 텃밭에서 배추를 뽑고, 마을 밭 잡초를 뽑는 할머니가 낯선 사람이 왔는데도 경계하는 눈빛이 없다. 그만큼 낚시꾼들이 많이 들어왔다는 이야기다. 약을 하지 않았더니 금년에 김장이나 할 수 있을지 모르겠다며 할머니 한 분이 배추를 뽑고 있었다.

여느 섬이나 마찬가지로 섬 주인은 할머니들이다. 특히 골목과 양지바른 곳에서 만나 이야기를 들을 수 있는 사람은 할머니들이 대부분이다.

효자와 애물단지의 사이에서

이웃한 어의도가 일찍부터 어업에 눈을 떴지만 지도는 밭농사가 많았다. 그만큼 세상 돌아가는 것에 어두웠다.

지도는 진해만 가장 안쪽, 통영에서 가장 가까운 진해만에 위치한 섬

통영은 굴 양식을 많이 하는 곳이다. 용남면이 그 중심이다. 지도 주변의 바다도 온통 굴 양식장이다. 굴을 키우는 것보다 더 심각한 문제가 박신 작업을 하고 나서 버려지는 굴 껍데기다. 지도로 가는 배를 타러 가는 길 양쪽에는 굴 껍데기가 성처럼 쌓여 있다.

이다. 견내량 북쪽에는 지도가, 남쪽에는 화도가 있다. 통영과 거제 사이에 있다. 용남면에 위치한다. 섬 주변 바다는 굴 양식장으로, 온통 하얀 부표가 푸른 바다에 떠 있는 꽃처럼 보인다.

　동부마을 앞쪽에서 멸치 말리는 것을 구경하다 굴을 까는 굴막까지 들어갔다. 굴을 까는 어머니들은 만날 수 없었다. 굴이 아직 제대로 익지 않은 탓이다. 굴막 주인인 조 씨가 어제 굴 양식장에 가서 따 온 굴을 보여주었다. 작은 칼로 굴을 까서 주었다. 먹어보니 짭짤하다. 금년에는 굴이 예년에 비해 늦고 잘되지 않았다고 한다. 날씨와 수온의 영향이란다. 너무 무덥고 가뭄도 길었던 날씨에 굴도 편치 않았던 모양이다. 사람살이에 불편한 날씨나 환경은 바다에 있는 굴에도 불편하리라. 전라도의 겨울 바다가 김 양식으로 한창이라면 경상도의 바다는 굴로 성시를 이룬다. 진해만은 온통 굴 천지다.

특히 통영시 용남면과 광도면, 거제시 사등면, 고성의 동해면으로 둘러싸인 바다가 굴 양식을 많이 하는 곳이다. 그 안에 가조도와 수도, 지도가 있다. 이들 섬도 굴 양식으로 먹고사는 섬이다. 봄철 멍게와 겨울철 굴은 통영 경제를 좌우하는 효자 상품이다. 그런데 문제는 껍데기의 처리다. 지도 도선장 안쪽 원평리 마을로 들어서자 길 양쪽에 굴 껍데기가 즐비하다. 굴 포자를 붙이기 위해 준비해놓은 것들이다. 좀 더 들어가자 잘게 부순 굴 껍데기가 산처럼 쌓였다. 그리고 퀴퀴한 굴 썩는 냄새가 진동한다. 겨울로 가는 길목에서도 이렇게 냄새가 나는데 여름철에는 얼마나 심할까.

굴 양식을 많이 하는 동부마을도 굴 껍데기가 문제다. 조 씨는 굴을 까고 남은 껍데기를 잘게 부수어 바다에 매립했다. 알굴 1톤이면 굴 껍데기가 10톤에 이른다. 굴 껍데기는 산업폐기물로 지정되어 처리가 쉽지 않다. 여름철이면 굴 껍데기에서 나는 특유한 냄새 때문에 주민들도 고개를 흔들 정도다. 연간 30만 톤의 굴 껍데기가 배출되기 때문에 굴 양식이 생업인 통영의 어촌 마을은 굴 껍데기에 묻힐 지경이다. 굴 껍데기는 칼슘 성분이 풍부해 토양 산성화를 방지하는 석회질 비료로 사용하고 있다. 하지만 비료로 일 년에 소비되는 양은 6만~7만 톤 정도이고 나머지는 쌓아놓을 수밖에 없는 상황이다.

최근 통영시가 제안한 혁신 프로젝트를 시작하여 굴 껍데기와 흙을 3 대 7로 섞어 공유수면을 매립하는 성토재로 사용할 수 있게 되었다. 국가산업단지를 중심으로 공유수면을 매립할 때 우선 성토재로 사용해 연간 5만 톤 정도 소비할 것으로 예상하고 있다. 다행스럽게 통영시는 대학과 함께 추진한 연구에서 성토재로 인한 2차 환경오염 문제나 생태계 영향은 없다고 발표하였다. 굴 껍데기의 처리와 재활용은 통영의 어촌 경관을 좌우할 만큼 중요하다.

굴 양식 줄에 홍합이 곧잘 붙는다. 홍합이 많이 붙으면 굴이 자라지 않는다. 붙어 있는 굴도 크게 자라지 못한다. 굴과 홍합이 먹이 경쟁을 하기 때문이다. 그래서 굴 양식을 하는 줄을 들어 올려 적당하게 끓인 물로 적셔서 홍합이 자라는 것을 막기도 한다. 굴 껍데기는 홍합보다 두꺼워 굴은 남고 홍합만 죽는다. 그런데 굴이 잘되어 풍성하게 줄에 붙으면 파도에 쉽게 떨어져서 문제다. 이를 막아주는 것이 홍합이다. 홍합의 족사는 강한 부착력을 갖고 있다. 서로 엉기고 붙들기 때문이다. 그래서 굴이 자라는 양식 줄에 적당하게 홍합이 있으면 풍성하게 자라는 굴이 떨어지지 않고 잘 자라서 수확할 수 있다. 적당하게 공존하는 것이 필요하다.

양식이 늘고 새로운 기술이 개발되고 있지만 한 번 닫힌 학교는 문을

지도를 오가는 배는 작은 도선이다. 차를 많이 싣고 오갈 수 있는 배가 아니다. 차를 두고 들어오면 순환버스를 이용할 수 있다. 천 원만 내면 어디든지 갈 수 있다. 두 발로 뚜벅뚜벅 걸어도 반나절이면 충분하다.

열기 어렵다. 동부마을에서 거망으로 가는 길에 있는 학교는 아이들 소리가 멈춘 지 오래되었다. 육지에서 배로 불과 반 시간도 되지 않는 거리에 있는 섬인데도 아이들이 없다.

미더덕 마을

거망마을에서는 그물을 이용해 도다리를 잡는 사람이 몇 있다. 세 마을 중 가장 작은 마을이다. 서부와 동부 사이 고갯길에 위치하고, 진해만으로 들어오는 길에 있다. 이곳에 펜션을 비롯한 숙박 시설이 자리를 잡았다. 손을 들어 버스를 탔다. 손님은 혼자뿐이다. 갈바지마을에서 내렸다. 새바지와 다르게 미더덕 양식을 많이 하는 곳이다. 20여 호가 미더덕과 오만둥이 양식으로 먹고산다. 진해만에 미더덕 양식이 시작된 것은 오래된 일이 아니다. 일찍부터 굴·홍합·피조개 양식을 많이 했던 곳이다. 그런데 미더덕은 이들 양식을 방해하는 해적 생물이었다. 행정기관에서 미더덕 양식을 하는 사람에게 벌금을 부과할 정도였다. 그러니 양식 면허를 얻는 것도 쉽지 않았다. 미더덕은 제거해야 할 해적이지 양식 대상이 아니었다.

 미더덕은 식물로 이야기하면 잡초에 해당한다. 대량 생산에 맞는 종만 살리고 나머지는 모두 잡초로 취급하는 것처럼 사람은 바다 생물도 같은 방식으로 접근했다. 1999년이 되어서야 양식 품종으로 인정하였다. 다른 패류와 함께 양식해도 피해를 주지 않는다는 결과가 나오고서야 겨우 면허를 얻을 수 있었다. 미더덕은 마산 아귀찜이 전국으로 확산되면서 함께 소개되었다. 이젠 사정이 바뀌었다. 미더덕은 회, 찜, 덮밥 등 조연이 아니라 주연으로, 새로운 먹거리로 거듭났다. 찾는 사람이 많아지면서 양식도 확산되었다.

날씨가 추울수록 굴 값은 오른다. 굴 맛이 좋은 탓이다. 통영에는 약 6만 헥타르에
이르는 굴 양식장이 있다. 통영의 굴은 서해의 지주식 굴이나 석화와 다르다. 가장
큰 차이는 크기다. 우선 통영 굴은 크다. 굴밥과 굴튀김은 물론 생굴도 즐겨 먹는다.

용남면과 한산면, 도산면 일대에 굴 양식장이 집중해 있다. 특히 용남면 용달리
와 한산면 창좌리가 유명하다. 모두 수하식 굴 양식이다. 굴 양식은 김 양식과 함께
오래된 양식 어업이다. 투석식, 송지식, 걸대식, 지주식이 있다. 투석식은 갯벌에 큰
돌을 집어넣어 굴 유생을 붙여 양식하며, 송지식은 소나무 가지나 대나무 가지를
갯벌에 꽂아 양식한다. 조차가 큰 서해 어촌 마을에서 시행한 양식법이다. 걸대식
이나 지주식은 이보다 발전한 굴 양식법이다. 걸대식으로 대표적인 곳이 가덕도와
눌차도 사이의 굴 양식장이다. 나무 기둥을 박아서 줄을 걸고 그 줄에 굴 포자가 붙
은 굴을 매달아 양식하는 방법은 지주식과 유사하다. 다만 기둥이 길지 않다. 지주
식은 기둥이 길어 채취할 때 기둥 밑으로 오가면서 굴이 달린 줄을 베어다가 굴막
에서 각굴을 까서 판매한다. 충청도 태안과 서산 일대에서 많이 하는 양식법이다.

통영의 굴 양식은 수심이 깊은 곳에서 이루어지기 때문에 80~100개의 부자를
설치해 굴이 매달리는 줄을 지탱하고 양쪽에는 바다 저층 말목이나 닻을 놓아 고정
한다. 서해의 굴 양식은 바닷물이 빠지면 노출되고 바닷물이 들면 잠기는 것이 반
복되지만, 통영의 수하식 굴 양식은 24시간 잠겨 있다. 보통 5월에 시설해서 겨울
에 채취한다.

통영 굴 까는 칼

서해 굴 까는 조새

겨울에 양식장에서 굴을 채취해 가공공장으로 옮긴다. 가공공장에서 세척과 박신 작업을 통해 각굴을 알굴로 가공해서 개별 유통이나 수협 위판을 한다. 통영 수하식 굴은 전국 굴 생산량의 80퍼센트 정도를 차지하고 있다. 겨울철이면 통영에서는 굴 채취, 박신 작업 등으로 일손이 부족하다.

산달도나 용남면 일대에는 연안에 굴 양식을 위한 굴 채묘단련장이 있다. 이곳은 굴 종자를 단련하는 곳이다. 육지에서 멀지 않은 곳에서 겨우내 어린 굴을 해안에 매달아 우량 굴 종자만 선별한다. 조수 차이에 살아남은 것만 양식장으로 옮긴다. 통영과 거제 일대 굴 채묘단련장에서 생산되는 종패는 전국의 굴 양식장에 공급하고 있다.

굴 양식에서 해결해야 할 점이 굴 껍데기의 처리이다. 생산량이 어마어마하다 보니 비료나 성토용으로 모든 굴 폐각을 처리하지 못하고 있다. 용남리 일대에는 마을 입구, 해안가 곳곳에 산더미처럼 굴 폐기물이 쌓여 겨울철에도 냄새가 심각하다.

바다를 가득 메운 굴 양식장.

개황 | 지도

위치 | 통영시 용남면 지도리
면적 | 1.43km^2
가구수 | 113
인구(명) | 237
교통 | **배편** | 통영-용남면 원평리-적촌도선장에서 배편 이용
특산물 | 굴, 미더덕, 오만둥이

변화 자료

구분	1971	1985	1995
주소	통영군 용남면	통영군 용남면 지도리	통영시 용남면 지도리
면적(km²)	1.43	1.43	1.43
공공기관	-	-	-
인구(명)	914	763	573
	(남:455 여:459)	(남:391 여:372)	(남:315 여:258)
가구수	147	161	150
급수시설	간이상수도시설 1개소, 공동우물 4개 3개	간이상수도 161	간이상수도시설 5개소, 공동우물 3개소
초등학교	1개 182명	1개 104명	초등학교 분교 1개 27명
전력시설	-	한전 161가구	한전 150가구
의료시설	-	-	보건진료소 1개소
어선(척, 동력선 +무동력선)	45(21+24)	126(80+46)	93(76+17)

21

견내량을
지키는 섬

통영시 용남면 해간도

해간도는 통영시 용남면 장평리 연기마을에 위치한 작은 섬이다. 장평리는 견내량을 사이에 두고 거제시 사등면 덕호리와 마주 보고 있다. 장평리는 견유·신촌·연기 마을로 이루어져 있으며, 연기마을은 다시 연기·해간·분곡, 세 자연 마을로 구성되어 있다. 주민들은 해간도를 간섬 또는 딴간섬이라 하고, 큰 마을인 연기마을을 육간섬, 뭍간섬이라고도 했다. 바닷물이 많이 빠지면 해간도가 연기마을과 연결되기도 했다. 2009년 다리가 연결되면서 통영에서는 드물게 배를 타지 않고 차로 갈 수 있는 섬이 되었다. 주민들은 20여 가구에 50여 명이 살지만 낚시나 여행으로 오가는 사람들이 더 많다.

견내량은 길이가 약 3킬로미터, 폭은 약 180미터에서 400미터에 이른다. 한산대첩의 격전지이다. 1971년 거제대교가 만들어졌고, 1999년 신거제대교가 다시 놓였다. 진해만과 고성 바다를 연결하는 바닷길이다. 이 길을 따라 남해 바다의 많은 어패류들이 산란과 서식을 위해 오가며, 부산과 진해와 마산과 고성을 오가는 여객선과 고기잡이 배들이 빈번하게 오갔다. 한때는 부산에서 여수까지 오가는 배들도 견내량을 지났다.

고려시대 정중부의 난으로 의종이 통영에서 거제 폐왕성에 유배되어 건넜다 해서 '전하도'라고도 한다. 고성에서 거제부로 들어오기 위해서 꼭 건너야 하는 바다였다. 《여지도서》에 소개되어 있고, 《세종실록지리지》나 《신증동국여지승람》에도 '견내량진'이 표기되어 있다. 광복 후 이곳 견내량 도선장을 통해 포로들이 거제로 이송되기도 했다.

갯밭에 의지한 사람들

해간도 사람들은 양식보다는 채취 어업에 의지했다. 조류가 거칠고 수심이 깊지 않아 물때에 따라 변하는 바다 환경도 양식을 선택할 수 없었다. 다행히 물목이 좋아 멀리 가지 않고 돔, 장어, 학공치, 볼락 그리고 미역, 김, 청각, 톳 등 해조류와 개조개, 바지락, 전복 등 패류를 채취할 수 있었다. 양식 어업이 본격화되기 전에는 통영 어느 어촌보다 부촌이었다. 미역만으로도 생계를 이어갈 수 있었다. 통영 사람들치고 아이를 낳고 연기 미역을 찾지 않는 사람이 없을 정도로 유명한 덕이다.

자연이 준 최고의 서식처이자 산란장인 마산만과 진해만으로 드나드는 어류들이 견내량을 오가며 연기마을 주민들에게 생활 양식을 공급했다. 그래서 일찍부터 연기마을 사람들은 바다와 갯벌에 의지해 살았다. 욕심도 크게 내지 않았고 바다와 갯벌이 주는 만큼 평화롭게 갯살림을 해왔다.

굴 양식, 멍게 양식이 시작되면서 인근 마을에 부자가 되었다는 사람들이 생겨났지만 괘념치 않았다. 오히려 마을 지선을 이웃 거제 광리마을에 내주며 미역을 함께 채취하고 있다. 비록 자연산 가리비가 사라지고 문어와 전복도 거의 사라졌지만 바다는 욕심을 내서는 안 되는 것임을 잘 알기 때문이다. 그 많던 개불도 잘 보이질 않는다. 미역도 옛날처럼 줄기가 길고 실한 것들이 많지 않다. 장 씨가 미역 채취하는 모습을 찍은 옛날 사진을 보여주었다. 정말 지금 채취하는 것과 다르다.

견내량이 준 선물, 한산대첩과 미역

견내량은 좁고 긴 바닷길 양쪽으로 진해만과 한산 바다로 드나드는 바닷물이 거칠고 빠르다. 해간도 다리에서 기다리면 조류가 바뀌는 것을 확인할 수 있다. 한산대첩은 견내량의 특성을 잘 활용한 해전이었다. 조류가 급하고 좁으니 적은 배로 많은 배를 대응하기가 적절했다. 또 이곳에서 채취한 미역은 당시 수군들의 기운을 돋는 전투식량이 되었던 셈이다. 미역 역시 거친 조류에서 자라는 해조류다.

400여 년 전, 임진년 8월 어느 날. 같은 장소에 무장한 배와 수군들이 모여들었다. 이미 두 차례 출전과 일곱 차례 해전으로 조선 수군의 위력을 확인하고 전세를 만회하기 위해 전면전을 준비한 왜군과 이곳이 무너지면 조선은 짓밟힐 수밖에 없다는 것을 아는 이순신과 조선 수군. 양쪽은 각각 1만여 명의 병력과 70여 척의 배로 견내량을 사이에

한산대첩이 일어나던 때에도 이런 방식으로 미역을 채취했을 것이다. 지금도 크게 다르지 않다. 다만 군량과 식량이라는 차이만 있을 뿐이다. 시어머니와 며느리가 같이 임신을 하던 시절에 통영 사람치고 연기 미역 한 가닥 먹지 않은 사람이 있을까.

두고 마주했다.

좁고 거친 조류에 암초마저 많은 견내량은 한산대첩의 격전지다. 연기마을 앞에서 시작된 한산대첩은 적선 73여 척 중 59척을 격파했고, 1만여 명의 왜군은 1천여 명만 살아남았다. 양쪽 모두 물러설 수 없는 결전이었다. 바다와 조류와 지형을 활용한 학익진 전술로 해전사에 남을 대승을 거두었다. 날씨가 좋은 오월 어느 날, 그 바다에 60여 척의 배가 떴다. 견내량의 미역 채취는 일 년 중 이 무렵 보름 정도 이루어진다. 《난중일기》에도 등장하는 미역이다.

기운이 여전히 불쾌하다. 방답첨사(이순신), 흥양현감(배흥립), 조방장(어영담)이 왔다. 견내량에서 미역 쉰세 동을 캐어 왔다.

《난중일기》 갑오년(1594년 3월 23일) 기록이다. 몸이 불편한 충무공을 위해 연기 미역을 준비해 갔다. 연기마을 주민들이 '트리'라 하는 장대로 건져 올리는 미역을 당시 수군들도 같은 방법으로 채취했을까. 병사들이 먹고 병영 살림에도 보탰다. 조선 수군만 아니라 한산대첩에서 크게 패한 왜장은 간신히 섬으로 도망쳐 목숨만 건진 후 미역으로 연명했다고 한다.

마지막 남은 전통 미역 채취법, 트리
해간도와 큰 마을인 연기마을은 오뉴월이면 포구에 비릿한 미역 냄새가 가득하다. 조선시대부터 이어져온 독특한 방법으로 채취한 자연산 돌미역이다. 자연산 돌미역은 동해안·남해안·서해안 섬과 연안 어촌에서 지금도 많이 채취한다. 그런데 굳이 연기마을을 찾는 것은 독특한 채취 방법 때문이다. 조선총독부가 펴낸 《수산편람》(1919년)에는 미역

트리 미역을 채취하는 날이면 연기마을은 비릿한 바다 내음으로 가득하다. 바다를 뭍으로 올려놓고 갈무리해 인간의 몸에 담기 위해 준비하는 것이다. 그 과정을 지켜볼 수 있는 곳이 도심 한가운데 있다는 것이 신기할 뿐이다.

채취 기술로 나잠(裸潛), 간권(竿捲), 권(捲), 예채(刈採), 예취(刈取), 겸(鎌), 권(卷) 등을 소개했다. 나잠은 물질을 해서 채취하는 것이며, 간권은 장대를 이용해 바닷속에 있는 미역을 틀어서 채취하는 것으로 추정된다. 겸, 예채, 예취는 낫을 이용해 베는 것을 말한다.

오늘날 동해안에서 볼 수 있는 낫대로 물속에서 미역을 베어 건지는 것인지, 물이 빠진 미역바위나 얕은 곳에서 미역을 베는 것인지는 불분명하다. 명확하게 구분되지는 않지만 대체로 함경도와 강원도, 경상북도는 낫대로 베고 갈퀴로 건지고, 경상남도와 전라북도, 충청남도에서는 틀개(트리)로, 전라남도와 제주에서는 나잠으로 채취했다. 황해도 일대에서는 손으로 뜯기도 했다. 미역은 이처럼 전 해역에서 채취했다. 그만큼 미역은 당시 조선을 대표하는 해조류이자 수산물이었다.

연기마을의 미역 채취법 '틀잇대'(주민들은 '트리 또는 '트릿대'라고도 부른다)는 지금도 계속되고 있다. 틀잇대 도구는 '틀잇손' '틀잇대' '틀잇동' '틀잇살'로 이루어져 있다. 틀잇손은 나무나 쇠로, 틀잇대는 왕대나무로, 틀잇동과 틀잇살은 무겁고 단단한 아비동나무로 만든다. 틀잇손은 약 1미터, 틀잇대는 약 8미터, 틀잇동은 3미터, 틀잇살은 30센티미터에서 50센티미터 정도다. 틀잇동 밑에 엇갈리게 10~15센티미터 정도 간격을 두고 엇갈리게 구멍을 뚫어 끼운다.(212쪽 그림 참조) 이 채취법은 2020년 '통영·거제 견내량 돌미역 틀잇대 채취어업'이라는 명칭으로 국가중요어업유산에 등재되었다.

미역 채취 방법은 먼저 틀잇대를 조류 반대 방향으로 집어넣는다. 견내량은 수심이 5~6미터다. 바닥에 닿을 정도에서 틀잇대를 넣어 손잡이를 돌려 열십자를 이용해 미역을 감는다. 대여섯 바퀴 정도 돌리면 감긴 미역 양에 따라 묵직한 느낌이 손잡이를 통해 전달된다. 이때 반대 방향으로 이동해 물이 흐르는 방향으로 틀잇대를 들어 올린다. 먼저 뱃전에 대고 툭툭 쳐서 바닷물을 털고 열십자 맨 아래 나무를 뽑고 남은 한 개도 뽑은 다음 미역을 틀잇대에서 밀어 털어낸다.

강원도에서도 소나무 장대 밑에 물푸레나무를 열십자로 달아 미역을 감아 올렸다고 한다. 깊지 않은 곳에서는 낫대로 베어서 채취하고 깊은 곳은 틀개로 감아서 채취했다. 틀개는 견내량의 틀잇대와 생김새와 원리가 비슷하다. 틀개를 사용하는 바다는 나중에 잠수부들이 작업을 대신하면서 틀개도 사라졌다. 연기마을에서 틀잇대 채취 방법이 지속되는 것은 견내량에 미역이 자라고 있기 때문이다. 또 그 미역을 소중하게 여기며 소비해주는 사람들이 있기 때문이다.

옛날에도 미역을 지금과 같은 방법으로 채취했다. 달라진 것이라고는 배가 목선에서 FRP어선으로 바뀌었고, 채취하는 사람은 아버지에서 아들로, 아들에서 손자로 바뀌었을 뿐이다. 그 바다를 다음 세대의 아이들에게 물려주기 위해 '국가중요어업유산'으로 지정했다.

견내량을 지켜야 하는 이유

견내량 돌미역이 맛 좋은 이유는 뭘까. 어촌계장 장동주는 빠른 조류 흐름과 바닥이 암반으로 이루어진 점 그리고 수심이 적절하다는 점을 꼽는다. 그는 미역 자랑을 하다 말고 충무공이 한산대첩을 성공할 수 있었던 이유를 이렇게 설명했다.

이곳 조류는 매우 빠르다. 견내량에서 일전을 벌일 때도 '한시'라고 했다. 조류가 가장 거칠고 빠를 때다. 이때는 배가 거슬러 올라가는 것이 불가능하다. 해간도 뒤쪽에서는 한산도 방향과 거제 방향으로 조류의 방향이 나누어지면서 반대 방향으로 흐른다. 소용돌이치는 곳도 있다. 이러한 특징을 알지 못하면 전쟁에서 승리할 수 없다. 물이 빠지면 해간도와 거제도 사이 물목은 아주 좁아져 화살을 쏘아 적을 죽일 수

물이 빠진 마을 어장에서 미역과 다시마를 줍고, 갯벌을 파서 바지락과 개조개를 줍는다. 마을 주민들만
이 아니라 특별한 날은 통영 시민들에게도 개방했다. 지금은 나눌 수 없다. 바지락도 개조개도 옛날처럼
나오지 않는다. 씨앗을 뿌리며 가꾸어도 예전 같지 않다.

있을 거리다. 통영이건 거제건 한산대첩을 제대로 설명한 곳이 없단다.
제대로 설명하려면 바다를 알아야 하고 물때를 알아야 한다. 그리고 견
내량 지형과 물의 흐름을 파악해야 한다.

양식 어업이 발달한 곳은 쾌적함이 떨어지는 것이 우리 어촌의 현실
이다. 통영만 해도 굴 양식이 대규모로 이루어지면서 폐패각과 시설들
에서 발생하는 냄새가 문제가 되고 있다. 통영에서 해간도나 연기마을
만큼 쾌적한 어촌을 만나는 것도 쉽지 않다. 변두리에 위치해 있어 개
발도 더뎠다. 최근에서야 숙박 시설이 들어서고 있다. 해간도에는 큰
펜션이 자리를 잡았고 연기마을을 포함해 장평리 곳곳에 크고 작은 펜
션이 들어서고 있다. 일찍부터 양식 어업이 발달했지만 연기마을은 양
식보다는 견내량 바다가 주는 대로 적응하며 살아온 전형적인 어촌이

었다. 마을 이장과 어촌계장을 맡아온 마을 주민 장동주 씨는 연기마을을 이렇게 자랑한다.

"양식을 많이 하는 어촌은 경제적으로 부유할지 모르지만 환경은 우리보다 좋지 않습니다. 돈보다는 자연환경이 더 중요하지요. 우리 마을은 정말 좋지요. 장수 마을입니다. 바지락 파서 먹고, 미역 뜯어 먹고. 자기 밭이 있으니 움직여 일하고. 공기 좋고. 그래서 귀어귀촌하려는 사람들이 자주 찾습니다. 지금도 100여 가구 중 10퍼센트가 이주해온 주민입니다."

2009년 해간도와 연기마을을 잇는 다리가 놓이면서 여행객들이 많이 늘었다. 특히 해간도에 펜션이 지어지면서 여행객과 낚시꾼들에게 인기가 좋은 섬이 되었다. 직접 차를 가지고 갈 수도 있고, 시내버스가 들어오기도 한다. 갯벌이 좋아 바지락이 많이 서식한다. 일 년에 한두 차례 갯밭을 열어 통영 시민들이 바지락 채취를 하기도 한다. 배를 타고 오가는 불편함은 사라졌다. 시내버스가 하루에 네 차례나 드나들고 자동차는 무시로 오간다. 편리해졌지만 밤낮 없이 들어오는 자동차와 여행객과 낚시객이 버리고 간 쓰레기 그리고 주말이면 주차난으로 불편함이 많다.

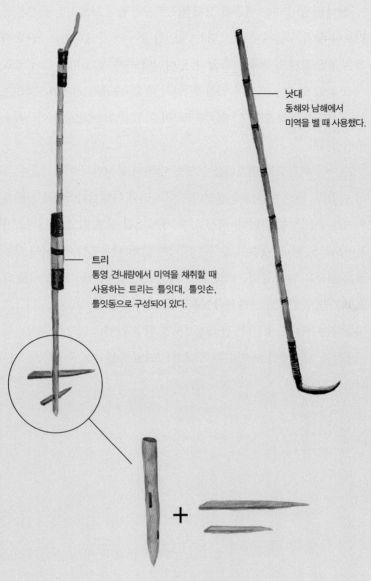

●─틀잇대와 틀잇살

낫대
동해와 남해에서
미역을 벨 때 사용했다.

트리
통영 견내량에서 미역을 채취할 때
사용하는 트리는 틀잇대, 틀잇손,
틀잇동으로 구성되어 있다.

틀잇동에 뚫은 구멍과 틀잇살

개황 | 해간도

위치 | 통영시 용남면 장평리
면적 | 0.08km^2
가구수 | 27
인구(명) | 50
교통 | 배편 | 통영-용남면 장평리-연기마을-해간교 이용
특산물 | 미역, 김, 톳 등 해조류와 개조개, 바지락, 전복 등 패류

변화 자료

구분	1971	1985	1995
주소	통영군 용남면 장평리	통영군 용남면 장평리	통영시 용남면 장평리
면적(km²)	1.08	0.18	0.18
공공기관	-	-	-
인구(명)	135	135	102
	(남:67 여:68)	(남:63 여:72)	(남:51 여:51)
가구수	22	24	23
급수시설	공동우물 3개	공동우물 3, 개별 우물 24	간이상수도시설 1개소, 공동우물 1개소
초등학교	초등학교 분교 1개 33명	1개 35명	초등학교 분교 1개 4명
전력시설	-	한전 24가구	한전 23가구
의료시설	-	-	-
어선(척, 동력선 +무동력선)	9(5+4)	26(7+19)	16(10+6)

통영시 한산면

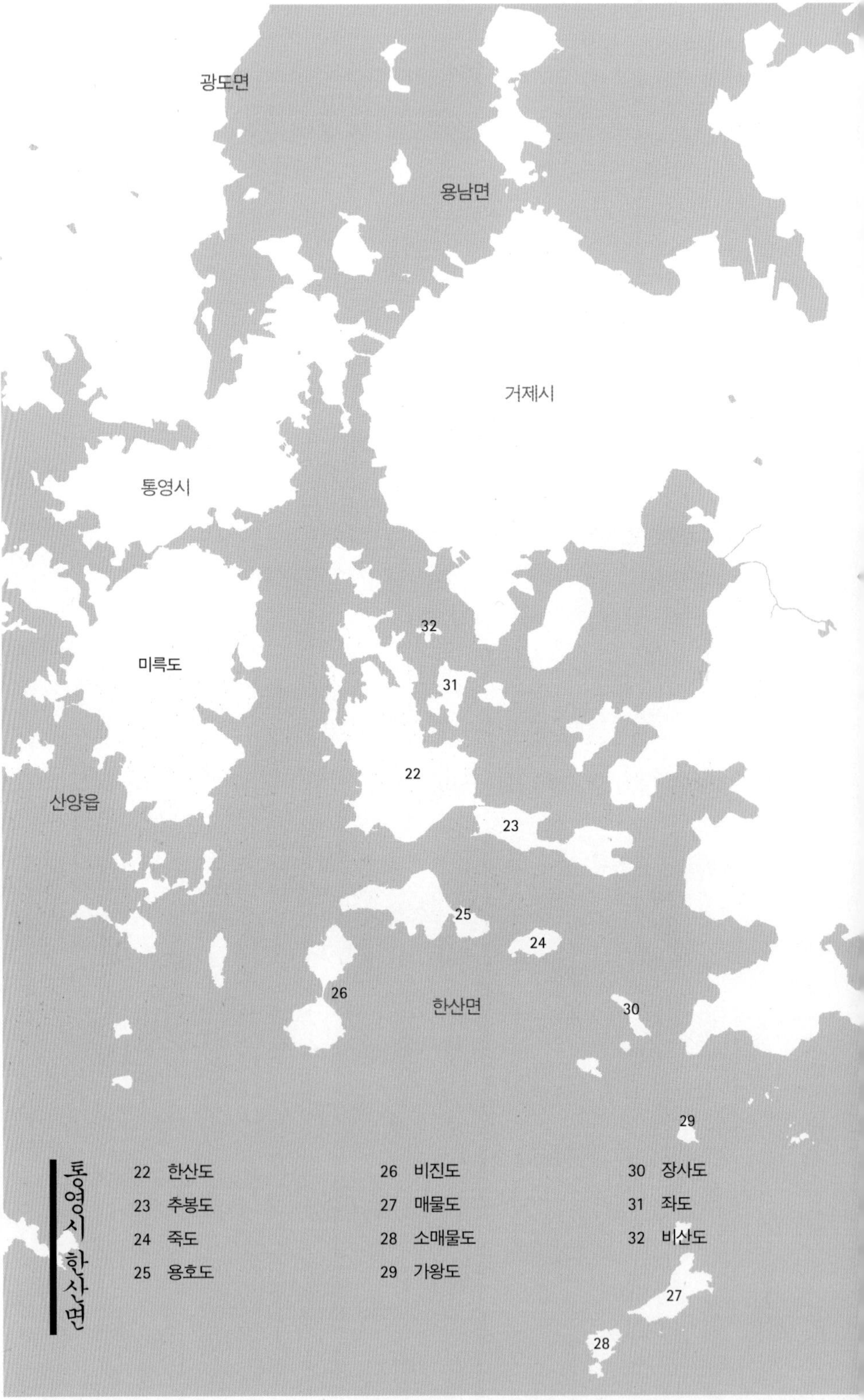

광도면
용남면
거제시
통영시
미륵도
산양읍
한산면
32
31
22
23
25
24
26
30
29
27
28

통영시 한산면

22 한산도
23 추봉도
24 죽도
25 용호도
26 비진도
27 매물도
28 소매물도
29 가왕도
30 장사도
31 좌도
32 비산도

22

한산도는
'큰 섬'이다

통영시 한산면 한산도

통영의 중심은 한산도다. 한산도가 만들어낸 도시가 통영이다. 작은 어촌이 어떻게 오늘날 통영이라는 문화와 예술의 도시로 바뀌었을까. 그 실마리를 찾기 위해 한산도를 찾았다. 네 번째다. 몇 번을 더 와야 가늠할 수 있을는지….

차 위에 눈이 쌓였다. 새벽부터 내렸는지 차창에 쌓인 눈이 얼지 않고 미끄러졌다. 고속도로도 평소 속도로 달리는 데 어려움이 없었다. 눈보라가 앞을 가렸다. 호남고속도로에서 남해고속도로로 접어들었다. 눈이 딱 그쳤다. 남해의 금산 자락이 붉게 물들었다. 해가 떠오르고 있었다. 눈도 쌓여 있지 않았다. '대한민국, 참 넓구나' 하는 생각이 들었다.

통영은 남해안의 작은 포구였다. 삼도수군통제영이 통영의 구룡포에 설치되면서 상황이 바뀌었다. 충무라고 불렸던 적도 있었다. 초대 삼도수군통제사 이순신의 호에서 따 온 도시 이름이다. 통영도 삼도수군통제영에서 가져온 이름이다. 그러니 통영은 우리나라 최초의 군사 도시라고 해도 과언이 아니다. 그런데 통영에 통제영이 있기 전부터 한산도에 진영이 있었다.

충무 김밥과 어묵을 사 들고 배에 올랐다. 한산도로 들어가는 길이다. 그곳에는 충무공이 있다.

한산섬 달 밝은 밤에 수루에 혼자 앉아

큰 칼 옆에 차고 깊은 시름 하는 차에

어디서 일성호가는 남의 애를 끊나니

충무공의 〈한산도가〉이다.

물이 들고 있었다. 카페리호가 드는 물을 거슬러 섬으로 향하자 주춤
주춤 너울이 밀려났다. 물 밀듯이 파죽지세로 북상하던 왜군을 물러서
게 한 섬도 한산도였다. 한산대첩이었다. 해상의 패전은 육상 전투에
큰 영향을 미쳤다. 병력과 식량을 제대로 공급받아야 하는데 통로가 막
혔으니 가던 길을 멈출 수밖에 없는 것이다. 아니, 되돌아와야 할 상황
이었다.

한산대첩은 사실상 9년 전쟁의 성패를 결정짓는 싸움이었다. 조선과
일본은 모든 전력을 총동원했다. 일본은 해전의 패전을 만회하기 위해
1진, 2진, 3진 연합함대 110여 척에 1만여 명의 병력을 동원했다. 조선
군도 90여 척에 1만여 명의 병력을 집결했다. 최대 규모의 해전이었다.

카페리호가 화도를 스치며 죽도로 접어들었다. 죽도는 상죽도와 하
죽도 두 개의 작은 섬으로 이루어져 있다. 한산도 북쪽 염호마을과 북
서쪽 문어포마을 사이 포구의 입구에 있다. 죽도 북쪽에는 화도와 방화
도, 해간도 등 작은 섬들이 통영과 거제 사이의 좁은 해협 견내량에 있
다. 부산에서 집결해 서남해로 진격해오는 왜군에 맞서 한산도로 진영
을 옮긴 조선 수군이 왜군을 맞이한 곳이 이곳이었다. 충무공의 전술이
었다.

판옥선 몇 척을 파견하여 해간도를 지나 물길이 좁은 견내량에서 배
를 돌려 한산도 앞바다로 유인했다. 한산도 서남쪽 통영만에 55척의
조선 수군이 기다리고 있었다. 왜선 73척이 화도 인근까지 추격해왔

한산도는 큰 섬이다. 물리적인 섬의 크기를 말하는 것이 아니다. 조선의 역사에서, 대한민국의 역사에서 한산도는 엄청나게 큰 섬이다. 섬과 섬사람과 바다 마을 사람들에게 바다를 지키는 것은 조선 유생들이 임금을 지키려는 것만큼이나 소중했다.

다. 바람은 남서풍이 불고 있었다. 학익진(鶴翼陳)을 펴고 거북선과 총통으로 47척의 왜선을 격파하고 12척을 포획했다. 왜장 와키사카 야스하루는 70척 중 14척만 이끌고 김해 쪽으로 도주했다. 또 전투 중 왜병 400여 명이 한산도로 도주했다.

충무공은 왜 한산도를 택했을까. 우선 배를 숨기기에 한산도만 한 곳이 없었다. 두 번째는 병사들이 먹고살 만한 곳이었다. 셋째는 망산에 오르면 남해 바다를 살필 수 있고 견내량으로 드는 왜구를 한눈에 꿰뚫어볼 수 있는 곳이었다. 조정의 승인을 받아 진을 한산도로 옮겼다. 1593년 7월 16일의 일이다. 당시 장군은 전라좌수사였다. 경상도 수역까지 출동하려면 자신은 물론 격군을 포함해 병사들을 힘들게 했을 것이다. 더구나 그곳에는 경상우수사 원균이 있었다. 한산도처럼 뭍에서 떨어진 곳에 진을 구축할 필요가 있었다. 그곳이 두을포다. 지금의 두억리이다. 이어서 장군은 삼도수군통제사로 임명되었다. 당시 장군은 왜군과 전쟁을 치르는 한편으로 조정에서 원하는 종이, 곡식, 단오절 진상물까지 많은 물품을 올려 보내야 했다. 병사들이 먹고 입을 것도 책임져야 하고 조정에서 필요하다고 원하는 물품까지 챙겨야 했다. 당장 병사들이 먹을 것을 마련하는 일도 버거웠다. 싸움이 없을 때는 소금을 굽고, 미역을 뜯고, 물고기를 잡고, 농사를 지어야 했다. 심지어 소금을 구워 팔았다. 이때 쇳물을 부어 가마를 만들었다는 기록이 자주 등장한다.

1593년 4월 한산도에서 독자적인 무과 과거시험을 실시했다. 이순신의 상소로 이루어진 것이다. 그 전해에 전주에서 광해군이 주관해 과거시험을 치렀지만, 수군만은 자신이 주관해 한산도에서 치를 수 있게 해달라고 한 장계가 받아들여진 것이다. 그 결과 진중의 병사들이 100여 명 합격했다. 지금의 '한산정'은 당시 과거시험의 활쏘기 시험장이었다.

제승당의 본래 이름은 운주당이다. 이순신 장군이 참모들과 작전계획을 세우던 집무실이자 주거공간이다. 원균이 첩을 들인 곳이기도 하다. 이순신 뒤를 이어 통제사가 되어 첫 전투에서 대패하자 배설은 운주당을 불태우고 남은 배를 가지고 도망쳤다. 12척이 배로 그 배다. 운주당은 1739년 제107대 통제사 조경이 복구해 제승당이라 당호를 바꾸었다. 제승당 옆으로 바다가 한눈에 조망되는 수루가 있다. '한산도가'에 나오는 그 수루다.

망산에 오르다
한산만은 통영의 미륵도와 한산도 사이의 내륙 쪽 바다를 말한다. 입구

망산에 오르면 거제에서 스멀스멀 들어오는 왜군도, 견내량에서 몰래 들어오는 적들도 볼 수 있었다. 지금은 한산도를 찾은 여행객들과 등산객들이 들러가는 곳이지만 그땐 백척간두 조선의 운명을 가늠했던 곳이었다.

가 좁고 안쪽이 넓다. 남서쪽에 제승당이 위치한 두억포가 있고 남동쪽에는 고포가 있다. 임진왜란 때 두억포에 삼도수군의 본영을 설치했다. 판옥선과 척후선 100여 척이 있었으며 조선 수군 740여 명이 주둔했다. 크고 작은 만과 섬들이 주변 곳곳에 있어 지형에 익숙하지 못하면 미로에 빠질 수 있는 지형이다. 한산대첩에서 대승을 거둘 수 있었던 것은 충무공의 전술과 한산만의 지형이 만들어낸 승리였다. 입구는 좁지만 수심이 깊어 지금도 여객선과 멸치잡이 선단을 비롯한 어선들이 많이 오가는 중심 수로다.

　한산도는 임진왜란을 전후해서 사람들이 살기 시작한 섬이다. 주변에 임진왜란과 관련된 지명 유래가 많다. 화살을 만들었던 대섬, 갑옷을 벗었던 해갑도, 왜적이 길을 물었다는 문어개, 일본 패잔병들이 개미처럼 올랐던 개미목, 왜적의 시체를 묻었던 매왜치, 교육 훈련을 하던 진터골, 소금을 굽던 염개, 군수품 창고가 있었던 창동, 진영이 있던 진두, 무기를 만들던 야소, 왜적이 동정을 살피던 망산 등 곳곳의 지명이 이순신이나 수군진과 관련되어 있다.

하지만 장작지는 긴 작지, 즉 긴 짝지가 있는 마을이다. 짝지는 몽돌이나 자갈 해변을 말한다. 그런데 이를 학익진 전술에 비롯된 것으로 풀었다. 진은 수군진의 진(陣) 그리고 작지(作支)로 해석했다. 학익진 등 각종 진법을 연습했던 진작지에서 진을 긴 장(長) 자로 옮겨 장작지라 불리게 되었다는 것이다. 그보다 앞서 하포마을은 군수물자의 조달과 보관을 담당한 보급창이 있었는데 그 물자를 어깨에 메고 싣거나 풀었다 해 하포(荷浦)라 했다고 한다. 그러니 한자 지명을 풀이할 때는 주의해야 한다. 글자의 뜻에 매달리면 본뜻을 놓치기 쉽다.

제승당은 오늘날 해군작전사령관실 같은 곳이다. 충무공이 선조의 명을 어겼다는 죄로 붙잡혀 가기 전까지 3년 8개월간 이곳에서 왜군을 물리치기 위한 작전을 짜고 신무기를 개발했다. 어쩌면 노량해전의 운명도 이곳에서 생각했을지도 모르겠다.

진두마을과 가까운 야소마을은 대장간이 있어 병장기를 제조하고 수리하던 곳이라 '야소'(冶所)라 했다고 한다. 진두는 삼도수군통제영(제승당)과 연락을 담당하는 곳이라 '진두'(陣頭)라 했다고 한다. 적선을 발견하고 공격을 위해 일시 정박한 곳이라 '입정포', 군량미를 비축했던 창고가 있어 '창동', 재를 젓는 노를 만들어 공급했다고 '뇌추리'('여차'의 옛 지명), 소금을 구웠다는 '염포'('대고포'의 옛 이름) 등도 새롭게 살펴볼 필요가 있다.

한산도의 등산길은 제승당 부근에서 시작하여 망산을 거쳐 진두마을로 하산하는 것이 일반적이다. 그 길은 한나절 정도 시간이 필요한 등산길이다. 야소마을 뒷길로 시작해서 망산을 거쳐 진두로 내려오는 길을 택했다. 주민의 이야기로는 두어 시간 걸릴 것이라고 귀띔해주었다. 넉넉잡아 세 시간이면 될 성싶었다. 망산까지는 오르막길이다. 국립공원이라 눈을 피로하게 만드는 안내판도 없고 길을 따라 걷기만 하면 되는 호젓한 산길이다. 망산까지 오르는 길은 해송 숲길이다. 수령을 가늠해보면 대부분 임진난 이후에 자란 나무로 보였다.

왜 그렇지 않겠는가. 한산대첩 이후 이순신은 수군진 본영을 한산도로 이전했다. 그리고 삼도수군통제사로 임명되었다. 4년 후 정유재란이 발발했다. 이순신은 무고로 파직되어 하옥되었고, 백의종군이 시작되었다. 충무공에 이어 통제사로 임명된 원균은 칠천량전투에서 참패했다. 이후 원균은 한산도를 불태웠다. 식량 같은 물자를 없애 왜군이 근거지로 삼을 수 없도록 하기 위해서였다. 이를 '청야작전'(淸野作戰)이라 부른다. 중국 한나라가 고구려를 침공했을 때 대군에 대항해 고구려가 펼친 방어 전술이다. 이때 한산도의 제승당은 물론 주변 나무들이 모두 불탔을 것이다.

망산에 오르니 남쪽으로는 가깝게는 학림도, 용호도, 연대도, 비진도,

멀리는 연화도와 욕지도가 눈에 들어왔다. 남쪽으로는 송도, 좌도, 비산도, 화도 사이로 굽이굽이 윤슬이 반짝였다. 그래, 왜군이 저렇게 복잡한 갯골을 어떻게 알 수 있었겠는가. 망산에 오르니 충무공의 학익진 전술을 제대로 이해할 것만 같았다. 섬과 섬 사이 미로에 빠지면 꼼짝없이 당할 수밖에 없었을 것이다.

소금을 굽고, 쌀농사를 짓다

지난해 돌아보지 못한 여차, 역졸, 관암으로 향했다. 진두와 관암의 갈림길은 대고포 삼거리에서 시작된다. 대고포와 소고포를 염포라 했다. 통제영 시절에 소금을 구웠던 곳이라고 알려져 있다. 그 흔적을 어디에서 찾을 것인가. 한산도 북쪽에 소금을 구웠던 흔적이 있다. 안으로 깊게 만입된 고포 앞바다는 갯벌이 발달했다. 지형으로 보면 소금 굽기에 딱 좋은 곳이다. 게다가 고동산, 망산을 비롯해 '큰 섬'이라 연료로 사용할 나무도 적지 않았을 터이다.

지금도 그렇지만 옛날에는 군 시설이 자리를 잡기 위해서는 무엇보다 쌀과 소금을 해결할 수 있어야 한다. 이 둘은 '큰 섬'이 아니면 공급하기 어렵다. 쌀은 농사지을 땅인 논이 있어야 하고, 소금은 구울 수 있는 나무와 사람과 염전이 있어야 한다.

우선 소금부터 살펴보자. 당시에는 오늘날의 천일염전이 없던 시절이다. 갯벌을 일궈 짠물을 만들어 가마솥에 넣고 끓여 물을 증발시켜 얻는 '자염'이다. 끓여 만든 소금이라는 의미다. 조선시대의 기록을 보면 자염은 경기와 태안, 나주, 부산에서 많이 생산했다. 모두 통영, 한산도와 멀리에 있는 곳이다. 개중에 부산이 가깝지만 그곳은 임진왜란 당시 왜군이 주둔한 본거지였으니 가져올 수 있는 곳이 아니었다. 《난중일기》 1597년 10월 기록에 의하면, 충무공이 셋째 아들 면이 아산에서 전사했다는 소식을 듣고 염간 강막지의 소금창고에서 눈물을 흘렸다고 한다. 이때는 충무공이 전라우수영에 머물 때이며, 강막지는 당시 수군진이 있었던 고금도에서 소금을 만드는 장인이다.

이보다 앞선 1595년 5월 17일에는 "오늘 쇳물을 부어 소금 굽는 가마솥 하나를 만들었다."라고 기록했다. 《난중일기》 곳곳에 소금, 미역, 청어 등 바다와 관련된 이야기는 물론이고 벼, 콩, 그릇 굽기 등 섬의 일상들이 나온다. 물론 병영을 운영하고 전쟁을 준비하기 위해서 꼭 필요한 것들이다.

하지만 한산도에 통제영이 있을 때 소금을 구웠다는 기록은 찾지 못했다. 일제강점기 지형지도(1917년)에 염전이 표시되어 있는데 그곳에도 기록이 없다. 이젠 주민들의 구술 등 2차 자료를 찾을 수밖에 없다.

버스가 멈추고 노인이 내려 고포로 향한다. 쫓아가 옛날 이야기를 물었지만 소금 이야기는 소문으로만 들었다고 한다. 기록에 나타나지 않으면 현재 생존하는 노인에게도 확인할 길이 없다.

●— 난중일기

충무공은 '난중일기'라는 제목을 붙이지 않았다. 임진년에 쓴 일기는 '임진일기' '계사일기'라는 식으로 표제를 달리 구분할 뿐이었다. 전쟁이 끝난 후 200년이 지난 정조 때, 장군을 영의정으로 위계를 높이면서(이를 가증이라 함) 《이충무공전서》를 편찬토록 했다. 이때 장군의 일기를 묶어 난중일기라는 제목을 붙였다. 《난중일기》는 2013년 역사적 기록과 학술연구의 자료로 가치를 인정받아 유네스코 기록유산으로 등재되었다. 전쟁 중에 지휘관이 직접 상황을 일기로 기록한 사례는 없다.

넓은 벌판이 있다

공도정책으로 비어 있는 섬이었다. 목장지기 몇 명이 남아 있을지도 모른다. 그곳에 삼도수군통제영이 설치되었으니 그 부산함을 어찌 말로 다할까. 지금의 통영은 당시 작은 포구였을 것이다. 수군진이 들어설 수 있었던 것은 지리적으로 요충지이고 배를 정박하고 은폐하기에 좋은 점도 있었겠지만 이미 이야기한 것처럼 농사지을 땅이 충분했기 때문일 것이다. 소금과 함께 꼭 필요한 것이 군량미였다. 진두에서 해안도로를 따라 하포와 장작지를 지나 신거마을에 이르면 눈앞에 큰 들판이 펼쳐진다. 그 중심 마을이 대촌이다. 망산에서 내려온 골짜기라 물길도 좋고 앞으로 터진 바다는 양쪽을 문어포와 고포마을이 감싸고 있어 천연 항을 만든다. 게다가 수심도 괜찮아 지금도 여객선이 닿는 중요한 뱃길이다.

한산도에 진두마을에서 추봉도로 이어지는 다리가 연결되면서 통영에서 한산도, 추봉도에서 거제로 잇는 다리를 놓자는 이야기가 회자되고 있다. 정치인들에게는 능력을 과시해 표를 얻는 절호의 기회이고, 개발업자에게는 최고의 사업이다. 주민들에게는 무슨 득이 될까.

이런 곳에 큰 벌판이 있다. 그 옆에는 소금을 구웠다고 알려진 갯벌이 발달한 염포다. 지난 한산대첩에서 눈여겨보아둔 곳이라고 전한다. 이보다 좋은 곳이 또 있으랴. 대촌마을로 내려와 느티나무 아래 자리를 잡았다. 수령과 수세로 보아 몇백 년은 족히 되었을 것 같다. 마을 앞 논에는 벼들이 자라고 있었다. 당시에는 병사들이 농사를 지었을지도 모르겠다. 왜구의 수탈과 탐관오리들의 등쌀에 이순신을 찾아왔다는 기록으로 보아 백성들이 들어와 농사를 지었을지도 모를 일이다. 망곡, 신거 그리고 대촌으로 이어지는 벌판은 30만 평이 훨씬 넘는다. 미륵도를 제외하고 통영의 섬에서 이렇게 넓은 경지 면적이 있을까. 전라도의 섬과 달리 갯벌이 발달하지 않아 간척과 매립을 하기 어렵고, 산이 완만하지 않고 뾰족뾰족해서 개간을 해서 밭이 아닌 논으로 만드는 일은 더욱 어렵다. 게다가 물길도 좋다.

약무호남시무국가

망산에서 남쪽으로는 신거, 대촌, 의항리에 이르는 산골이다. 골이 깊어 물도 좋고 두억리와 창좌리 사이 두억천을 사이에 두고 제법 넓은 들이 형성되어 있었다. 이름도 대촌이다. 큰 벌판이라는 의미다. 주민들은 이곳을 누렁이 들이라 했다. 한산도에서 가장 넓은 들판이다. 들판과 바다가 만나는 곳에 개미목마을인 의항리가 위치한다. 그 맞은편은 문어포마을로 한산대첩비가 있는 곳이다. 한산대첩비에서 내려다보면 제승당이 한눈에 들어온다.

충무공은 여수에서 한산도로 수영을 옮기면서 먼 인척인 현덕승에게 편지를 보냈다.

가만히 생각해보니, 호남은 나라의 울타리이므로

만약 호남이 없다면 나라도 없을 것입니다.

그래서 어제 한산도로 진을 옮겨서 치고 바닷길을 가로막을 계획을 하였습니다.

호남은 예나 지금이나 곡창지대다. 조선 수군의 식량을 확보하기 위해서 지켜야 할 요충지였다. 왜군의 식량 공급을 차단하기 위해서라도 꼭 지켜야 했다. 수영을 여수에서 한산도로 옮긴 이유였다. 한산대첩비는 우람했다. 박정희 대통령 서거 일 년 전에 세워졌다. 막배 시각에 맞춰 제승당으로 걸음을 옮겼다.

오는 길에 잠깐 염개갯벌을 훔쳐봤다. 소금을 구웠던 곳이다. 대고포와 소고포 지선이다. 지금은 갯벌 체험을 하고 있는 곳이다. 제승당은 한산도 여행의 정점이다. 아마도 자동차에 문제가 생겼던 것도 제승당을 마지막으로 보라는 계시였던 것 같다. 그렇지 않았으면 망산에 오르지도 못했을 것이다. 또 야소마을과 진두를 그렇게 자세하게 보지 못했을 것이다. 수루에 올랐다. 긴 칼은 아니지만 카메라를 들고 견내량을 뚫어져라 살폈다. 적들은 없었고 북서풍만 몰아쳤다.

● ― 군사도시에서 수산도시로, 통제영에서 충무로 통영으로

통영은 삼도수군통제영이 설치되면서 만들어지기 시작한 군사 도시이다. 갑오개혁으로 통제영이 폐지된 1895년 후에는 수산업의 도시로 성장하였다. 삼도수군통제영은 조선 후기 경상도, 전라도, 충청도 등 3도 수군을 통솔하는 해상방위총사령부가 자리한 곳을 말한다. 통제영은 1593년(선조 26년) 삼도수군통제사 직제를 만들고 전라좌수사에게 이를 겸임하게 하면서 시작되었다. 삼도수군통제영의 준말이 '통영'이다. 임진왜란 당시 초대 통제사로 제수된 전라좌수사 이순신의 한산 진영이 최초의 통제영이다. 전라좌수사 이순신의 수군을 중심으로 다른 지역 수군들과 함께 전쟁을 치른 이유이기도 하다.

정유재란 이후 한산 진영이 폐허가 되면서 통제영은 거제도 오아포, 고성현 춘원포 등으로 옮겨졌다. 지금의 자리에 위치한 것은 1603년(선조 36년) 제6대 통제사 이경준이 두룡포(현 통영시 문화동)에 통제영을 두면서다. 이후 객사인 세병관, 백화당(통제사 집무실), 정해정 등을 세우고, 성을 쌓고 4대문과 3포루를 만들었다. 세병관 외에 100여 개의 관아가 있었다. 일제강점기에 모두 헐리고 그 자리에 학교, 법원, 검찰 등 건물이 들어섰다. 세병관은 유일하게 남아 있는 통제영 건물이다. 국보 제305호로 정면 9칸 112자, 측면 5칸 65자이다. 1603년 충무공 이순신의 전공을 기념하기 위해 세웠다. 완공 후 삼도수군통제사영의 건물로 사용되었다. 목조 고건축 중에 경복궁 경회루나 여수 진남관처럼 평면 면적이 큰 건물이다.

그동안 산양읍과 통영 지역은 군영으로 통제영을 지휘·감독하는 곳이었다. 1894년 갑오개혁 이후 통영은 진주부가 관할하는 고성군에 속하였고, 1895년 통제영은 폐지되었다. 통영은 이후 조선 초 고성현에 속했다가 1900년에는 진남군에, 1909년에는 용남군에, 1914년에는 통영군에 편입되었다. 그리고 1931년 통영면을 통영읍으로 승격하고, 1936년 통영읍이 확장될 때 산양면에 속하던 당동, 인평, 평림, 미수, 봉평, 도남 등 6개 리를 통영읍으로 분할했다. 현재 풍화리(동부, 서부, 중부, 장촌, 해란), 남평리(남전, 죽전, 금평, 세포), 삼덕리(당포, 원항, 궁항), 연화리(연명, 중화), 미남리(마동, 달아), 영운리(일운, 이운, 수륙), 신전리(신봉, 봉전)와 섬으로 곤리, 추도리, 저림리, 연곡리 등 11개 법정 마을이 있다. 이후 통영읍은 충무시가 되었다. 산양읍을 포함한 다른 지역은 통영군이 되었다. 1995년 충무시와 통영군이 통합되면서 통영시에 소속되어 오늘에 이르고 있다.

일반현황

위치 | 통영시 한산면
면적 | 14.72km²
가구수 | 615
인구(명) | 1,079
교통 | 배편 | 통영–통영여객선터미널에서 여객선 매물도페리호 또는 차량운송선(카페리) 파라다이스호 이용
특산물 | 멸치, 쑥, 시금치

변화 자료

구분	1971	1985	1995
주소	통영군 한산면	통영군 한산면	통영시 한산면
면적(km²)	15.55	15.55	13.4
공공기관	경찰서 1개소, 농협 1개소, 우체국 1개소	면사무소 1개, 지파출소 1개, 우체국 1개, 보건지소 2개, 단위농협 1, 어촌계 4개, 수리계 2개, 산림계 4개	읍사무소 1개소, 지파출소 1개소, 우체국 1개소, 농촌지도소 1개소
인구(명)	5,644	4,404 (남: 2.191 여: 2.213)	2,458 (남: 1,250 여: 1,208)
가구수	938	938	734
급수시설	간이상수도 1개소, 공동우물 50개소	간이상수도시설 18개소	간이상수도시설 17개소
초등학교	중학교 1개 611명, 초등학교 6개 1,506명	중학교 1개 785명, 초등학교 5개 692명	중학교 1개 214명, 초등학교 3개 162명, 초등학교 분교 2개 18명
전력시설	–	한전 938가구	한전 734가구
의료시설	약국 1개소	약국 2개	보건지소 1개소, 보건진료소 2개소, 약국 1개소
어선(척, 동력선 +무동력선)	94(56+38)	299(166+133)	111(74+37)

기둥은
말이 없네
통영시 한산면 추봉도

1952년 5월, 보리 베기가 한창인 어느 날이었다. 갑자기 밀어닥친 미군이 이곳을 군사 시설로 사용할 것이라며 주민들에게 집을 모두 비우라고 통보했다. 마른 하늘에 날벼락이었다. 하루아침에 주민들은 고향 집에서 쫓겨나 피난민이 되었다. 한산도에 마련한 천막과 임시 건물에서 솥을 걸고, 이웃 섬마을로 뿔뿔이 흩어졌다. 추원과 예곡 마을에 남은 세간과 집들은 불도저의 굉음과 함께 묻혔다. 예곡마을은 제1구역, 추원마을은 제2구역으로 나누어 모두 16개의 수용동을 건설하였다. 이렇게 한국전쟁으로 인한 민간인 억류자를 수용하는 시설이 만들어진 것이다. 그리고 1952년 7월 2,015명을 시작으로, 최대 9,198명이 수용되었다. 이들은 1953년 4월과 9월 두 차례에 걸쳐 북한으로 송환되었다. 그리고 1953년 10월, 고향에서 쫓겨났던 주민들이 돌아왔다. 그곳이 통영시 한산면 추봉도다.

'거제만' 자연 방파제, 추봉도

추봉도 대봉산(238미터)과 망산(216미터)이 동서로 위치해 있으며, 남쪽은 큰 바다와 이어져 조류가 거친 절벽바위 해안이다. 북쪽은 거제도와 한산도 사이를 동서로 가로막고 '거제만'을 이루는 자연방파제 역할을 하고 있다. 섬마을은 몽돌해수욕장이 아름다운 봉암마을, 갯벌이 발

섬이 때로는 적을 막는 성이 되기도 하고 파도를 막는 방파제가 되기도 한다. 그 섬에 의지해 안 섬에서 사람들이 살고 마을을 이룰 수 있었다. 바다에 굴 양식을 하고 그물을 놓을 수 있었다. 추봉도가 거제만을 지키는 성이고 방파제다.

달한 추원마을과 예곡마을 그리고 곡룡포까지 네 개로 이루어져 있다.

거제만은 한산도와 추봉도로 둘러싸인 내만이다. 안으로 산달도, 좌도, 비산도, 송도 등이 있다. 추봉도는 거제만의 자연방파제 역할을 하고 있다. 덕분에 내만에는 훌륭한 자연 양식장이 만들어졌다. 그곳에 우리나라 최대의 굴 양식장이 형성되었다. 굴 양식을 위한 포자들이 이곳에서 만들어지며 양식이 이루어진다. 뿐만 아니라 바지락 어장으로 섬마을 노인들의 생계에 큰 도움을 주고 있다. 이를 개발이라고 한다. 거제만은 1970년대 수산청 시절부터 굴·홍합·멍게 양식을 해왔으며, 초기 수출용 패류 생산지역이었다.

추원과 예곡 마을은 바람과 파도를 피할 수 있고, 바지락을 비롯한 낙지 등 어패류를 채취하기 좋고 구릉을 일구어 밭을 만들기에 좋다. 특히 추원마을과 예곡마을 사이 갯벌은 바지락이 잘 자라는 혼합 갯벌이다. 예곡마을은 어촌 체험 마을로 '개발'이라 부르는 바지락 채취만 아니라 체험 어장으로도 이용하고 있다.

전쟁의 흔적들

한산도 진두와 추봉도를 잇는 다리를 건넜다. 2007년에 놓인 다리다. 오가는 사람이 별로 없는 해안도로를 따라 추원마을로 향했다. 한재를 넘으니 평온한 바다와 섬마을이 펼쳐진다. 물 빠진 해안은 남해안, 특히 통영에서 귀한 갯벌이다. 망산 아래 있는 예곡마을이 건너편에 자리하고 있다. 추원마을 입구에 안내판만 없다면 과거에 수용 시설이 있었다는 흔적은 찾을 길이 없다. 민간인 억류자들이 북한으로 송환된 뒤 주민들이 들어와 수용 시설을 헐고 집을 짓고 밭을 일구었기 때문이다. 예곡마을 가운데 제1구역 수용 시설의 정문으로 추정되는 기둥과 수용자들이 작업했던 영선 시설의 흔적만 안내판과 함께 남아 있을 뿐이다. 이들이 수용되어 있었던 기간은 1952년 6월 19일부터 이듬해 10월 21일까지이다.

초등학교는 폐교되어 운동장은 아이들이 뛰노는 왁자지껄한 소리 대신 개망초 꽃으로 가득하고 이따금 휘파람새와 비둘기 소리만 들렸다. '푸른 꿈을 갖고, 나래를 펴는 어린이' 그들은 지금 어디에서 무엇을 하고 있을까.

한산도 땅끝 마을, 곡룡포

마을을 배회하다 면사무소로 가는 버스를 기다리던 두 노인을 만났다. 버스가 자주 오지 않는다고 투덜대지만 다리가 연결되기 전에는 진두와 추봉도를 잇는 도선이 하루에 두 번밖에 안 다녔다. 불과 10년 전이지만 노인들의 기억에는 옛날이다. 그들은 어렴풋이 수용 시설의 흔적을 기억해냈다. 마을과 뒤 산자락 아래까지 전부 수용 시설이 만들어졌다고 했다. 먹고살기 위해 그 흔적을 모두 지워야 했다.

지금은 수용 시설 건물 기둥이 하나 남아 있다. 민가의 건물 기둥으로 사용하는 통에 사라지지 않았다. 마을 뒤로 옛날 수용 시설이 있었던 곳은 다시 일구어 들깨와 고추를 심었다. 밭으로 가는 길은 수용 시설 벽을 헐어 만들었다. 가끔 그 흔적을 찾는 사람이 생겨나면서 안내판이 붙었다. 하지만 보여줄 것도 볼 것도 없다.

폐교를 지나 고개를 넘기 직전, 수용소의 흔적이라며 주민이 안내한 곳은 자동차 수리를 했을 것으로 추정하는 작업장이다. 이렇게 수용소 시설을 수리하거나 새로 만드는 일을 '영선'이라고 하는데, 재소자들의 일터인 셈이다. 폐교 바로 뒤에 있다. 시멘트로 수로를 만든 것처럼 생겼다. 그 위에 자동차를 놓고 밑으로 들어가 수리하는 것이다. 리프트

아이들이 뛰놀던 교정은 한때 전쟁 포로들이 일을 하던 곳이었다. 지금은 개망초 꽃만 무성하게 피어 바람에 하늘거리지만 아이들의 웃음소리와 포로의 신음이 가득했던 곳이다. 파도 소리에 묻혀버렸지만 그 상처는 아물지 않고 있다.

시설이 없었던 옛날에는 오일을 갈거나 하체를 수리할 때 이용했다. 그 위에 자동차 대신에 낚시를 온 사람이나 여행객을 위한 화장실이 올려졌다. 그 밑으로 절벽이다. 산과 절벽이 성이고 바다가 해자가 되어 천혜의 요새, 수용소가 자리했다. 그 사이로 차가 겨우 한 대 지날 만큼 좁은 길을 따라 고불고불 내려가면 곡룡포에 이른다. 지명도 '고부랑개'라고 했다. 인적은 드물고 '한산도 땅끝 마을'이라는 벽화가 반긴다. 이름만큼이나 골짜기가 깊고 포구가 안으로 깊게 들어와 있다. 지금은 거제도 가배와 추봉도를 잇는 유람선이 오간다. 최근 수용 시설을 찾는 사람이 하나둘 생겨나고 있다. 바다 건너 마주 보이는 섬이 포로수용소가 있었다는 용호도와 별신굿으로 유명한 죽도마을이다. 그 너머로 매물도와 소매물도, 대한해협이 이어진다.

쓰시마섬 정벌의 전초기지, 주원방포는 어딜까

쓰시마섬과는 70여 킬로미터로 지척이다. 여말 선초 남해안의 약탈을 일삼던 왜구의 근거지가 쓰시마섬이었다. 특히 쓰시마섬은 흉년이 들자 조선은 물론 명나라 해안까지 진출해 약탈을 일삼았다. 마침내 기해년인 세종 1년(1419년) 6월에 전라, 충청, 경상의 229척 병선과 1만 7천여 명의 병사로 무장하고 동쪽 쓰시마섬 정벌에 나섰다. '기해동정'이라고 한다. 이종무 장군은 쓰시마섬을 점령하고 항복을 받아냈다. 이때 병선들이 모여서 바람을 피하고 출정 시기를 가늠했던 곳을 추봉도 추원마을로 정하고 있다. 추봉도 밖으로 용호도, 매물도 등 크고 작은 섬이 있지만 많은 병선과 병사들이 머물 수 있는 포구가 없다.

마침《세종실록》에 '거제도 남쪽 주원방포에서 쓰시마섬으로 출발'했다는 기록이 있다. 여기서 말하는 '주원방포'는 추봉도 '추원개', 즉 추원마을과 예곡마을의 해안으로 추정된다. 추봉도 안쪽은 한산도와 거제만으로 이루어져 너른 호수와 같다. 많은 병선이 머무르기 적절하다. 더구나 갯벌과 농사를 지을 땅이 있어 식량을 구하기 쉽고, 소금을 구울 수 있는 지형이다.

자연이 빚은 비경, 섬살이의 근원

추봉도에서 가장 많은 사람이 찾는 마을은 봉암이다. 특히 여름철에는 피서객들이 몰려와 민박집을 구하는 것이 하늘의 별 따기만큼이나 어렵다. 이곳은 몽돌해변 외에 마을 안쪽 개안(포구)에는 바지락이 많이 자라는 혼합 갯벌이 발달한 어촌이다. 지난 6월 이곳에서는 한산도 바다 체험 축제로 바지락 채취와 맨손 고기잡이 그리고 후리그물과 통발 체험 등이 펼쳐졌다. 진두마을에서는 축제 전야제로 콘서트가 개최되었다. 해수욕장과 갯밭을 한꺼번에 가지고 있는 축복받은 어촌이다.

세월이 지나면 아픔도 아름다운 추억이 된다고 하지만 전쟁만큼은 다르다. 상처가 오래가지만 아물지 않고 덧나서 상처가 새로운 상처를 만들기도 한다. 한국전쟁 시기에 포로수용소로 이용했던 건물이 그중에 하나다.

까만 몽돌은 물이 들면 별처럼 반짝인다. 주민들은 이 몽돌을 '모오리돌'이라고 한다. 제주에서는 '알짝지'라고 한다. 모가 나지 않은 둥근 돌이란 의미란다. 오래전 이곳을 찾았을 때 주민들이 빨래를 널어 말리고 있었다. 몽돌해변은 마을과 접해 1킬로미터 남짓 펼쳐져 있다. 마을과 몽돌 사이에 해안에 아름드리 소나무 숲이 조성되어 있다. 남쪽에서 부는 태풍과 파도는 몽돌이 막고 소나무가 걸러내며 그 배후로 인간들이 머물 수 있는 환경을 만들어주었다. 사실 둥근 몽돌의 노력이 없었다면 그곳에 봉암마을도 형성될 수 없었을 것이다. 지금도 몇 그루의 아름드리 소나무가 남아 있다. 여행객들이 드나들며 몽돌이 사라지자 나들목에 '몽돌을 가져가지 말라'는 경고문을 붙였다. 몽돌이 시나브로 하나둘 줄어들면 마을도 사라질지 모른다.

통영에서 아름다운 해변을 하나 꼽는다면 추봉도 봉암해변이다. 몽돌로 이루어진 이곳에 앉아 몽돌이 파도에 구르는 소리를 듣는 것만으로도 아픔이 치유된다. 여름철에는 해수욕장이지만 때로는 생선을 말리는 건조장이 되고, 빨래를 말리는 건조대가 되기도 한다.

개황 | 추봉도

위치 | 통영시 한산면 추봉리
면적 | 3.9km^2
가구수 | 188
인구(명) | 351
교통 | **배편** | 통영−통영여객선터미널에서 새마을17호 이용(1일 2회 운항)
특산물 | 바지락, 굴, 홍합, 멍게 등

변화 자료

구분	1971	1985	1995
주소	통영군 한산면 추봉리	통영군 한산면 추봉리	통영시 한산면 추봉리
면적(km²)	4.4	4.4	3.84
공공기관	농협 1개소	어촌계 3개, 산림계 1개	읍사무소 1개소, 지파출소 1개소, 우체국 1개소, 농촌지도소 1개소
인구(명)	1,590	1,258	831
	(남: 832 여: 758)	(남: 626 여: 632)	(남: 429 여: 402)
가구수	247	260	234
급수시설	공동우물 8개소	간이상수도시설 4개소, 공동우물 6개, 사설우물 1개	간이상수도시설 6개소
초등학교	1개 270명	1개 215명	초등학교 분교 1개 30명
전력시설	−	한전 260가구	한전 234가구
의료시설	−	−	보건진료소 1개소
어선(척, 동력선 +무동력선)	58(22+36)	167(65+102)	140(117+23)

24

굿 보고
떡 얻어먹는다

통영시 한산면 죽도

함지박을 머리에 인 어머니들이 종종걸음으로 골목길을 나선다. 손수레를 끌고 나오시는 어머니도 있다. 정사각형 나무 상에 함지박과 제기가 실려 있다. 두 손에 제물을 가득 담은 보자기를 들고 오는 어머니가 뒤따른다. 30여 명의 주민들 사진이 걸린 현수막 아래에 상이 펼쳐지고 제물이 각각 놓인다. 장승 아래 '거리지신'을 모시고 날라리와 꽹과리 소리가 요란하다. 죽도 별신굿에서 마을신, 서낭신, 장승, 손님 등은 물론이고 온갖 잡귀잡신을 초청하는 소리다. 선창에는 오색기가 펄렁인다. 이런 잔치가, 이런 축제가 또 어디 있을까.

굿으로 기록한 마을 역사

마을회관 마당에 임시로 마련한 굿청이 분주하다. 윗자리에 오래된 궤짝이 떡하니 자리를 잡았다. 한 주민이 조심스럽게 궤짝을 열고 안에 있는 문서를 꺼냈다. 펼치자 '일금 3천환 1월 7일 상의용사 의연금'이라 적혀 있다. 마을기금 지출 장부다. 매년 지출한 내력이 꼼꼼하게 적혀 있다. 그것만이 아니다. '죽호좌목'이라 적힌 문서도 보인다. 마을 임원 명단으로 생각된다. 유친계 문서는 기본이다.

이 외에도 여러 개의 마을 문서들이 궤에서 나온다. 이 궤짝이 마을 살림을 책임지는 '지동궤'라는 것이다. 남해안 별신굿은 바로 이 궤짝

마을 축제는 이런 것을 말한다. 그래서 '벨신굿'이라 했나 보다. 남해안에서 유일하게 정기적으로 별신굿을 하는 섬마을이다. 옛날에는 파시가 형성될 만큼 풍성했지만 지금은 뱃길로 오가는 사람도 적은 섬이다.

을 모시고 이루어진다. 그 궤짝 뒤로 마을 어르신들이 회관을 마주 보고 앉았다. 그 앞 작은 상 위에 향과 굿을 이끄는 지모의 도구들이 놓여 있다. 왼쪽 선창 방향으로 제물도 차려졌다. 모든 준비가 끝났다. 지모가 지동궤와 마을 어르신에게 인사를 올리는 것으로 굿이 시작되었다.

마을을 반듯하게 이끄는 것은 사람이 아니다. 바로 지동궤 안에 있는 문서들이다. 회의를 통해서 결정한 것들은 문서에 기록되고, 그 기록은 쌓여서 마을의 역사가 되고 규칙이 된다. 무려 300여 년이나 되었다. 그사이 대대손손 마을 구성원은 바뀌었지만 규칙은 더해지고 덜어지며 전승되고 있다. 그러니 신체(神體)나 다름없다. 그 뒤로 마을을 지켜온 어르신을 모셨다. 남해안 별신굿이 동해안 별신굿이나 서해안 풍어제와 다른 점이다.

다음 굿을 보러 갈 때 저 사진 속 주인공들이 굿청에 상을 차려낼 수 있을까 생각하니 가슴이 먹먹하다. 지금 힘겨워도 도시에서 일하는 자식들에게 누가 될까 걱정되어 온갖 정성을 다해 음식을 차리고 두 손을 모아 기도한다.

남해안 별신굿은 통영, 거제, 고성, 심지어 부산에서도 했던 마을굿이다. 하지만 길게는 일주일 이상 짧게는 이틀 하는 굿으로 마을굿의 전통이 지금까지 이어지는 곳은 이곳 죽도뿐이다. 마을이 어장으로 번성했을 때는 젊은 사람도 많았고 비용을 마련하는 것도 어렵지 않았고, 기능을 가지고 있는 무당인 악사가 많았다. 지금은 지켜가고 보전하는 데 급급하다. 다행히 죽도처럼 그 역사와 가치를 공감하는 마을이 있고, 남해안별신굿보전회가 함께 나서서 명맥을 잇고 있다. 다행이라면 중요무형문화재로 지정되고 난 후 문화재청과 통영시에서 약간의 지원을 하고 있다는 것이다.

다른 마을굿과 마찬가지로 마을 주민의 건강과 안녕 그리고 풍어를 기원한다. 굿을 신에게 알리는 위만제를 시작으로 들맞이 당산굿, 부정굿, 제석굿, 선왕굿, 가망굿, 용왕굿, 고금역대, 열두축문, 마을 동태부 신령을 위무하는 큰 굿으로 진행된다. 보통 홀수 해에는 굿 원형에 충실하고, 짝수 해에는 제수굿과 탈놀이를 겸한 축제로 진행한다.

"우쨌거나 자식들 건강하고 우쨌거나 차 조심하고…."

이제 손수레가 아니면 제물을 가지고 나올 힘도 없는 어머니들이 통영 중앙시장에서 장을 봐서 차려놓고 하시는 말씀이다.

남해안 별신굿은 죽도 외에 거제에서도 행해지고 있다.

특히 다대마을의 지동궤 안에 보관된 문서에는 마을의 안녕과 풍어를 기원하는 글과 물품이나 금전을 기부한 사람의 이름이 표기된 기록물이 남아 있다. 굿이 끝난 후 수고비로 받은 오늘날 수표와 같은 기록물도 있다. 거제 다대·양화·망치·가배·수산 마을에서 열렸던 별신굿 가운데 가장 큰 굿이 지동굿이다. 지금도 전해 내려오고 있다.

추도 물메기, 욕지 고등어라면 죽도는 삼치다

알섬에서 올라오기 시작한 삼치가 은빛 물보라를 일으키며 매물도와 장사도를 지나 죽도로 몰려온다. 마치 풍랑으로 바다가 허옇게 뒤집어지는 것 같다. 죽도 별신굿 뒷자리에서 노인이 들려준 무용담이다. 실제로 죽도 앞바다는 용호도, 추봉도, 장사도, 매물도 일대 삼치 어장 중에서도 으뜸이었다. 마을에 30~40척의 배가 삼치가 올라오는 늦가을이면 채비를 하고 새벽 조업에 나섰다. 채비라고 해야 수십 개의 은빛 비늘과 낚시를 매단 공갈낚시 연승 어업이다. 삼치가 좋아하는 멸치로 오인해 덥석 물게 된다. 큰 것은 1미터 이상에 5~6킬로그램은 족히 나가는 대형 삼치다. 오늘날 볼 수 있는 삼치와는 크기와 모양이 다르다. 그런데 이렇게 잡힌 삼치는 모두 일본으로 가져갔다. 삼치를 워낙 좋아하기도 했지만 죽도 바다에서 잡은 삼치를 그만큼 알아주었다.

죽도 별신굿은 지동궤를 모시고 지낸다. 궤 안에는 수백 년 된 마을 기록부터 최근 마을 일까지 기록한 문서가 들어 있다. 마을 주민이라면 누구도 거역할 수 없는 법전이다. 이보다 귀하고 이보다 엄격한 마을신이 있을까.

 광복 후 1960년대에는 삼치 한두 마리와 쌀 한 가마니를 바꿀 정도로 값도 좋았다. 그래서 죽도를 두고 '돈섬'이라고 했다. 실제로 죽도에 마을금고가 있었다. 조업에 필요한 어구는 부산에서 직접 사서 주민들에게 공급했다. 비용은 모두 마을금고에서 우선 지불했고, 중간유통이 없으니 도매값이었다. 당시 죽도마을금고가 전국 2위까지 실적을 올리기도 했다. 지동궤 문서가 그냥 만들어지고 보전된 것이 아니다.

 삼치는 귀한 생선이었다. 비쌀 때는 산 사람은 못 먹어도 죽은 사람 제사에는 꼭 올리는 귀한 대접을 받았다. 제일 큰 삼치로 제사의 수만큼 삼치를 냉장고에 넣어두었다가 올렸다.

 죽도의 또 다른 자랑은 둠벙(웅덩이)이다. 작은 섬의 섬살이에서 가장 소중한 것이 물이다. 식수는 말할 것도 없지만 농사지을 물도 마련해야 한다. 별신굿을 제대로 할 때면 샘굿이 빠지지 않는다. 지금도 그

물이 귀한 섬에서 둠벙은 뭍의 어떤 댐보다 소중하다. 당 할매가 눈 오줌이 고여 만들어졌다는 것은 누구도 함부로 훼손하거나 없애지 말라는 마을 규칙이다. 때로는 식수로 목숨을 유지하고, 때로는 농업용수로 곡식을 키웠다.

샘은 제 기능을 하고 있다. 다른 곳은 가물면 바닥을 드러내는데 이곳만큼은 마른 적이 없었다. 마을 위 할매당의 영험함 때문이란다. 할매의 오줌이 둠벙을 만들었다고 믿는 주민은 이곳을 당산만큼이나 애지중지한다. 지금도 농사를 짓는 데 이 둠벙의 물이 요긴하게 사용되고 있다.

통영에서 가장 불편한 뱃길을 가지고 있는 곳이 죽도다. 하루에 두 편의 뱃길이 있지만 나갈 때는 여러 섬마을을 거쳐야 하기에 무려 두어 시간이나 걸리기도 한다. 성질 급한 사람들은 한산도에 내려서 빠른 배로 갈아타고 나가기도 한다. 그나마 별신굿이 알려지면서 찾는 사람도 늘고 행정에서도 관심을 갖기 시작했다. 지동궤 문서를 문화유산으로 지정하기 위한 노력도 이어지고 있다.

개황 | 죽도

위치 | 통영시 한산면 매죽리
면적 | 0.67km²
가구수 | 45
인구(명) | 59
교통 | 배편 | 통영–통영여객선터미널에서 배편 이용(1일 3회 운항)
특산물 | 삼치

변화 자료

구분	1971	1985	1995
주소	통영군 한산면 매죽리	통영군 한산면 매죽리	통영시 한산면 매죽리
면적(km²)	1.9	1.9	0.7
공공기관	–	어촌계 1개, 산림계 1개	–
인구(명)	516 (남: 248 여: 268)	304 (남: 155 여: 149)	140 (남: 67 여: 73)
가구수	86	76	57
급수시설	간이상수도 1개소	간이상수도시설 1개소	간이상수도시설 1개소
초등학교	1개 128명	1개 55명	–
전력시설	–	한전 76가구	한전 57가구
의료시설	–	–	–
어선(척, 동력선 +무동력선)	35(32+3)	40(35+5)	20(11+9)

25

현대사의 아픔을
삼킨 섬

통영시 한산면 용호도

김 씨는 봄바람에 흔들리는 연초록 보리이삭만 보면 열네 살 때 기억이 떠오른다. 갱문에 미역을 뜯어 말려두고, 보리가 익기만 기다리던 때였다. 갑자기 밀고 들어와 섬에서 나가라는 군인들 강압에 항변도 못하고 고향을 떠나야 했다. 3년 만에 고향으로 돌아와 다시 섬집을 짓고 논밭을 일구던 어느 날 모친이 물었다.

"아범아, 오늘이 무신 날인 줄 아나? 미군들이 들어와 섬에서 쫓겨난 날인기라. 보리농사 거두지 못하고 나가서 얼마나 서러웠는지 아나? 세이레는 무신, 아 낳고 사흘 만에 나가야 한 사람도 있는기라."

그날이 1952년 음력 5월 23일이다.

보리타작만 하고 갔어도

세이레는 고사하고 사흘도 되지 않던 갓난아이도 엄마 품에 안겨 집에서 쫓겨났다. 그 아이가 회갑을 지나 예순여섯이 되었다. 도대체 섬에서 무슨 일이 일어난 것일까. 그 내막을 제대로 아는 사람도 이제 몇 명 남지 않았다. 그중 한 사람이 용호리 작은 마을에 사는 김하수 씨(1939년생)다. 작은 마을 가운데 우물가에서 소일하던 그가 필자를 보자마자 묻지도 않았는데 육중한 수용소 벽 흔적이 오롯이 남아 있는 곳으로 안내했다. 벽 위쪽으로는 논밭이 있고 아래쪽으로는 작은 마을 집들이 들

용호도로 가는 길은 멀다. 먼바다에 있는 육지도로 가는 길보다 몇 배나 더 멀다. 배도 자주 없고 여러 곳을 거쳐야 하기 때문에 더 멀다. 그런데 뱃길보다 더 먼 것은 용호도의 아픔을 함께 나누려는 사람이 적다는 것이다.

어앉았다. 그 사이에 마을 공동 우물이 있다.

그해 군인 몇 명이 섬으로 들어와 찾았던 그 우물이다. 우물 검사를 하러 왔다며 섬의 물 사정을 물었다. 당시 용호리에 120여 가구, 호두 마을에도 150여 가구가 살았다. 용호리는 큰 마을과 작은 마을로 나뉘어 있었고, 호두리는 용호리에서 고개를 몇 개 넘어 동쪽 끝 죽도와 마주한 개미목처럼 잘록한 곳에 위치해 있었다. 저수지는 없었지만 물 사정은 먹고 농사짓는 데 부족함이 없었다. 며칠 후 거제 쪽에서 시꺼먼 큰 배가 들어왔다. 처음 보는 배였다. 섬으로 다가와 입을 벌리자 불도저 세 대가 요란한 소리를 내며 선착장을 밀고 길을 넓혔다. 그리고 큰 돌을 깨서 바닥에 자갈을 깔고 시멘트 포장도로를 만들었다. 논밭은 말할 것도 없고 집도 모두 밀어붙였다. 주민들에게는 다짜고짜 짐을 싸라

고 했다. 김 씨도 가재도구를 지고 부모를 따라 바다 건너 한산도 하소
리로 건너갔다. 보릿고개라 너 나 할 것 없이 먹을 것이 없었다. 톳에 보
리 몇 알 넣어서 끼니를 해결했다. 수확을 앞둔 실한 보리이삭이 눈에
밟힐 수밖에 없었다.

휘파람새만 울고
통영시 한산면에 속하는 용호도는 통영 여객선 터미널에서 40분 거리
에 있다. 동서로 길게 누워 연화도와 매물도를 돌아 한산도로 들어오는
거친 바람과 파도를 온몸으로 막아내고 있다. 용과 호랑이가 싸우는 용
호상박이라는 지명 유래가 있지만 얼른 보면 아기 공룡이 죽도로 향하
는 모습이다.

한국전쟁 시기에 시꺼먼 배가 들어와 아가리를 벌리더니 불도저 몇 대가 스멀스멀 기어 나와서는 해안에
길을 만들고 도로를 만들었다. 얼마 후 주민들은 영문도 모르고 짐을 싸야 했고 고향을 떠났다. 그리고 그
곳에 포로수용소가 만들어졌다.

섬으로 가는 첫 배를 놓치고 나니 느긋해졌다. 통영 여객선 터미널은 오랜만에 맞는 화창한 봄날을 즐기려는 사람들로 북새통이다. 대부분 매물도나 사량도로 향하는 사람들이다. 배에 오른 사람은 달랑 네 사람이다. 두 사람은 캠핑하는 연인이고, 두 사람은 낚시꾼이다. 섬을 찾는 사람은 등산객이거나 낚시꾼이 절대다수다.

연인은 선착장에 세워진 '포로수용소 유적 안내도'를 살펴보더니 서쪽 길로 향했다. 사람이 다니지 않는 호젓한 길이다. 동쪽 길은 작은 마을을 거쳐 호두까지 이어진 해안길이다. 낚시꾼은 배가 떠난 선창가에 자리를 잡고 낚시 채비를 서둘렀다. 잠깐 소란스럽던 섬은 언제 그랬냐는 듯이 정적에 휩싸였고 휘파람새만 요란스럽게 울어댔다. 통영 김밥에 산양 막걸리까지 한 병 챙겼으니 오늘 하루는 걱정할 일이 없다.

큰 마을 안으로 들어섰다. 마늘밭에서 풀을 매는 어머니에게 점심을 먹자고 보채는 덩치 큰 어른의 투정도 휘파람새 소리에 묻혔다. 갱문에서 뜯어온 풀등가사리를 말리는 어머니는 손이 곱다. 김제에서 부산으로 피난 왔다가 그곳에서 남편을 만나 섬으로 들어왔다. 전쟁이 맺어준 인연이라 해야 할까.

돌에 새겨진 역사

작은 마을로 가는 길에 '용호포로수용소'를 안내하는 간판을 보았다. 시멘트 포장길이다. 저 길이 김 노인이 말한 돌을 깨서 바닥에 깔고 시멘트 포장을 했던 그 길일까. 큰 마을과 작은 마을 사이 재 너머로 이어지는 길이다.

용호도 포로수용소는 거제도 포로수용소의 인원이 증가하자 포로 집중관리를 위해 계획되었다. 주민들은 거제도에 수용된 포로 중에서 '악질'만 옮겨왔다고 했다. 포로수용소는 모두 세 구역으로 나누어 제

1구역 작은 마을은 4개동, 제2구역 큰 마을도 4개 동, 비진도가 바라보이는 수동산 서쪽 사면에 8개 동으로, 모두 16개의 수용 동이 만들어졌다. 그리고 수용소 외곽 경비는 한국군이, 행정 및 관리 책임은 미군이 담당했다. 이곳에 거제도에서 이송된 북한 인민군 장교 및 사병 8,040명이 수용되었다. 북한군 전쟁 포로는 1953년 4월과 9월 두 차례에 걸쳐 북한으로 송환되었다. 그리고 북한 포로수용소에 있던 국군 포로들이 송환되고 수용되어 사상 교육 및 군사 훈련을 받고 재입대하거나 귀향했다. 용호도 포로수용소는 1952년 6월 설치해 1954년 4월까지 유지되었다. 그사이 주민들은 섬에 얼씬도 할 수 없었다. 호두마을 사람들은 스스로 높은 담을 쌓아 수용소에는 절대 얼씬하지 않을 것이라는 의지를 보이며 숨을 죽이고 마을에 머물렀다.

아물지 않을 상처처럼 남아 있는 포로수용소 옹벽에 기대어 마늘을 심고 구차한 섬살이를 수십 년째 이어가고 있다. 김 씨가 한 손으로는 안내판을 붙잡고 한 손으로는 지팡이를 짚은 채 어렸을 때 기억을 끄집어냈다. 듣는 내내 불편하고 미안하고 죄송스러웠다.

포장된 시멘트 길을 따라 산길을 오르면 가장 먼저 발견되는 것이 급수장이다. 재 너머에 이르면 비진도가 보이는 남쪽 경사면에 커다란 둥근 저수용 탱크가 반긴다. 포로는 물론 국군들이 주둔하면서 식수로 사용하기 위해 만든 물탱크다. 직경 18.5미터, 깊이 2.7미터에 이르는 제법 큰 급수장이다. 길 맞은편에 한산도 하소마을과 용호도 작은 마을이 내려다보이는 경사면에 포로수용소 배급 저장소도 잘 남아 있다. 안내판도 없고 숲속에 있어 지나치기 쉽다. 숲길로 접어들면 국군이 주둔했던 흔적과 저수지도 있다.

수용소 머릿돌이 있다는 밭으로 내려가려 했지만 야생동물 피해를 막기 위해 높게 쳐놓은 철조망이 앞을 막았다. 간신히 철조망을 넘어 밭으로 들어갔지만 풀이 무성해 논틀 밭틀에 묻힌 돌을 찾는 일이 쉽

포로수용소의 배급품을 저장하던 곳이다. 지금은 배급품 대신에 염소들이 머물고 있다. 주변에 수용소의 흔적과 기록들이 편린처럼 돌에 새겨지고 땅에 새겨져 남아 있다.

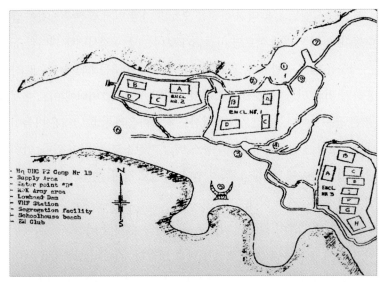

용호도 포로수용소 배치도

지 않았다. 그 돌을 처음 발견한 것은 김 노인네 염소였다. 감나무에 묶어 놓은 염소가 풀을 뜯다 돌이 모습을 드러냈다. 돌에는 수용소가 1952년 설치했다는 기록이 새겨져 있었다. 용호도 수용 시설을 근대 유산으로 지정해야 한다는 목소리가 높다.

성벽을 쌓다

시간은 다가오고 호두마을로 가는 걸음이 빨라졌다. 아무리 바빠도 바닷가에 있는 예쁜 분교에 들러야 한다. 한산초등학교 용호분교장은 용호리와 호두리 딱 중간 지점쯤 되는 바닷가에 있다. 1943년 4월 개교해 졸업생 1,452명을 배출하고 2012년 3월 폐교되었다. 파도가 밀려오면 운동장까지 바닷물이 들이닥칠 것 같다. 실제로 2003년 가을 태풍 매미로 운동장은 말할 것도 없고 교실까지 바닷물이 침수되는 피해를 입었다. 분교에서 2003년 개봉된 장진영·박해일 주연의 멜로 영화〈국화

꽃 향기〉가 촬영되었다. 여자 주인공은 위암으로 죽음을 앞두고 마지막 여행지로 섬마을을 찾는다. 새벽에 오는 통증을 이겨내며 그네를 타면서 하얗게 웃는다. 영화 속에 나오는 학교 건물은 태풍 매미가 삼키고 신축 건물이 들어섰다. 학교 옆에는 용호리와 호두리 바다 밭을 나누는 경계석이 세워져 있다. 학교를 어느 마을로도 치우치지 않고 중간 지점 외딴 해변에 세워야 했던 것은 섬에서 볼 수 있는 마을 간 자존심의 결과일 것이다.

용호리가 소개된 1년 후 호두리마을 주민들도 섬을 떠나야 한다는 '통보'를 받았다. 고향을 떠나지 않기 위해서 주민들은 두 마을 사이 잘록한 목을 파서 운하를 만들기로 결의했다. 포로들과 내통하지 않겠다는 결연한 의지를 보이기 위한 특단의 조치였다. 하지만 100여 미터에

삶이 힘들고 귀찮던 어느 날, 도산 막걸리 한 병에 통영 김밥 한 줄 사 들고 찾았던 해변이다. 섬도 큰 아픔을 겪었지만 아픔이 아픈 사람을 치유해줄 수 있듯이 용호도는 마음을 다스리는 데 소중한 섬이다.

이르는 섬을 폭 20미터로 잘라내는 일은 어려웠다. 결국 차선책으로 운하 대신에 성벽을 쌓는 것을 선택했다. 결국 고향에서 떠나지 않기 위해서 폭 3미터, 높이 3미터, 길이 90여 미터의 성벽을 쌓았다. 그렇게 호두리는 소개되지 않았고 주민들이 섬에 머물렀던 것이다.

요즘은 벼락부잔기라

3년 만에 부모님과 함께 섬에 돌아온 김 노인은 집을 찾을 수 없었다. 정부가 주는 밀가루 배급은 허기도 면키 어려웠고, 제때 받기는 더욱 힘들었다. 국가로부터 3천여 원을 보상금으로 받은 것으로 기억했다. 당시 쌀 한 가마가 6천 원 정도 했다. 김 노인은 가족들과 눈만 뜨면 곡괭이를 들고 돌을 제거하며 논밭을 일궜다. 그렇게 애지중지 개답한 논밭은 마늘밭 일부를 제외하면 대부분 묵답으로 변했다.

"땅을 밀어서 니 것 내 것이 없는기라. 요즘은 벼락부자제. 톳하고 보리 한 개씩 섞어 먹은기라. 고생 고생 말을 못하는기라. 보상이라고 한 집에 3천 몇백 원씩 줬어. 쌀 한 가마에 6천 원 할 때이니. 보리 한 가마니 값이라. 지금은 부자라."

호두마을이 고향인 할머니가 커피를 끓여 권하며 몇 번이고 '부자'라는 말을 되풀이했다. 지긋지긋했던 지난 세월을 떨치려는 것일까. 역설적으로 노인의 주름진 얼굴은 한없이 밝았다.

개황 | 용호도

위치 | 통영시 한산면 용호리
면적 | 3.4km^2
가구수 | 141
인구(명) | 264
교통 | 배편 | 통영–통영여객선터미널에서 배편 이용
특산물 | 미역

변화 자료

구분	1971	1985	1995
주소	통영군 한산면 용호리	통영군 한산면 용호리	통영시 한산면 용호리
면적(km²)	4.5	4.5	4.9
공공기관	–	어촌계 1개, 산림계 1개	–
인구(명)	1,632	1,016	556
	(남: 857 여: 775)	(남: 501 여: 515)	(남: 270 여: 286)
가구수	266	228	182
급수시설	공동우물 5개소	간이상수도시설 3개소, 공동우물 4개	간이상수도시설 2개소
초등학교	1개 589명	1개 143명	1개 58명
전력시설	–	한전 228가구	한전 182가구
의료시설	–	–	보건진료소 1개소
어선(척, 동력선 +무동력선)	44(32+12)	119(75+44)	116(67+49)

26

섬 길,
해를 품다
통영시 한산면 비진도

머리맡을 더듬거렸지만 있어야 할 물컵이 없다. 몸은 누워 있고 싶어
하지만 갈증 때문에 일어났다. 어둠이 걷히려면 두 시간은 기다려야 할
시각이다. 추석을 며칠 앞둔 터라 달이 밝았다. 달빛이 새어 들어와 훤
했다. 물을 벌컥벌컥 마시고 다시 잠을 청했다. 누군가 문을 두드렸다.
깔끔하게 지어진 도시형 주택이다.

"김 박사, 일어났소? 갑시다."

연대도 이상동 형님이 꿀잠을 깨웠다. 지난밤 그가 잡아온 잿방어를
안주로 주민들과 함께 소주를 마셨다. 고기를 잡으러 가는 길에 비진도
에 내려주기로 했던 게 생각났다.

고기잡이 나간 남편, 언제 돌아올까

통영에서는 바다에서 툭 튀어나온 곳을 '비진곳'이라고 한다. 그래서
'비진도'인가, 아니면 해산물이 많이 나와 보배로운 섬이라 붙여진 이
름인가. 섬에서 만난 할머니는 비진도 모래톱 해변이 은빛 보석처럼 빛
나서 비진도라 했다고 말했다. 여객선 터미널에서 얻은 자료에는 비진
도를 '미인도'라고도 하며, 조선시대 이순신 장군이 왜적에 맞선 싸움에
서 승리를 한 보배로운 곳이라는 의미로 비진도라고 이름을 붙였다'고
소개했다.

비진도는 통영 섬에서 보기 드물게 양식장이 귀하다. 섬이 바깥 바다와 접해 있기도 하지만 파도와 바람을 막아줄 섬이 없다. 산을 일구어 농사를 짓거나 그물을 놓아 물고기를 잡아야 했다. 배가 자주 없어 여행객들도 많지 않다.

비진도는 안 섬과 바깥 섬으로 이루어져 있다. 그리고 안 섬에는 외항와 내항이라는 두 마을이 있다. 두 마을 모두 사람이 많이 살 때는 500여 명이 넘었다. 옛날에는 바깥 섬에도 사람이 살았다. 수포마을, 일명 '물개'라는 곳에 10여 가구가 살았다. 지금은 안 섬과 바깥 섬 모두 합해도 100가구에 이르지 못하며, 인구도 100여 명에 불과하다.

검푸른 바다는 여명에 반짝거렸다. 섬은 시커멓고 하늘은 붉게 타올랐다. 안 섬과 바깥 섬 사이 고개 너머로 붉은 빛 줄기가 새어 나왔다. 그 사이를 비집고 어촌계장의 고기잡이 배 '어부지리'호가 자리 잡았다.

그냥 헤어지기가 섭섭했을까. 커피 한 잔을 불쑥 내밀었다. 아침 커피가 아침 식사가 될 수 있다는 생각이 들었다. 아쉬운 작별을 뒤로하고 곧바로 선유봉(312미터)으로 향했다. 고개를 들어보니 바로 산 정상

비진도는 안 섬과 바깥 섬, 두 개의 섬이 모래등으로 연결되어 있다. 안 섬 내항과 외항 두 마을에 500여 명이 살았지만 지금은 100명에도 이르지 못한다. 바깥 섬 물개마을에도 10여 가구가 살았지만 지금은 집터만 남아 있다.

이다. 급경사다. 나이가 들기 시작하면서 급경사는 피하는 편이지만 어쩔 수 없을 때는 시간을 충분히 잡는다. 태풍에 쓰러진 소나무와 바위에 자리를 잡은 콩난에 눈길을 주었다. 게으른 산행을 하는 동안 어느새 탁 트인 망부석 전망대에 이르렀다. 여인바위라 부르는 망부석에 전해 오는 이야기가 있다.

옛날 비진도에 홀어머니를 지극정성으로 모시는 총각이 살았다. 비진도가 아름답다는 소문을 듣고 선녀가 무지개를 타고 비진도로 내려왔다. 그런데 그만 한눈에 총각한테 반한 선녀는 하늘나라로 올라가는 것을 포기하고 총각과 결혼을 하고 말았다. 어느 날 고기잡이를 나간 남편이 돌아오지 않자 선녀는 해가 뜨면 남편이 고기잡이 나간 바다가 보이는 곳으로 올라갔다. 그리고 하염없이 기다리다 망부석이 되었다.

섬사람들은 제삿날이 같은 사람들이 많다. 고기잡이를 하다 풍랑을 만나 함께 변을 당한 것이다. 특히 바람에 의지하거나 노를 저어 뱃길을 찾아야 했던 옛날에는 그런 일이 더욱 잦았다. 비진도도 마찬가지였다. 망부석은 전해 오는 이야기가 아니라 실제 섬사람들의 여인상인지도 모른다.

마을을 비우다

한숨을 돌리고 올라서면 미인전망대에 이른다. 안 섬과 바깥 섬을 연결하는 모래톱(해수욕장)과 산호색 바다를 한눈에 볼 수 있는 곳이다. 그곳으로부터 멀지 않은 곳에 선유봉 전망대가 있다. 정상에서 바라보면 '가고 싶은 섬' 매물도가 한가운데 아련하게 자리를 잡고 있다. 그리고 왼쪽부터 거제도 가리산과 망산, 오른쪽에는 '여기는 대한민국의 무인도 소지도'라는 음료회사 광고로 유명해진 소지도가 한눈에 들어왔다. 맨 뒤에 몇 척의 고기잡이 배들이 조업을 하는 곳이 국도 주변 어장이다. 어촌계장이 외줄낚시를 하러 간 곳이다.

내리막길에 펼쳐지는 섬 길과 바다는 절벽을 사이에 두고 한 폭의 그림을 연출하고 있었다. 밤새 멸치를 잡고 귀항하는 배들이 꼬리를 물고 통영으로 들어가고 있었다. 그사이 태공이 낚시를 드리웠다. 절벽에 부딪혀 솟구쳐 오르는 하얀 파도가 금방이라도 삼킬 듯했다. 마을 사람들은 이곳을 갈치바위(슬핑이치)라고 부른다. 태풍이 불 때 파도가 넘나들면서 만들어내는 하얀 포말이 마치 소나무에 갈치를 걸쳐놓은 것 같은 모습이기 때문에 붙여진 이름이다. 이제 수포마을만 지나면 출발했던 외항 선창에 도착한다.

수포리는 마을 이름은 남아 있지만 사람들은 모두 섬을 떠났다. 비진도 마을 사람들은 이곳을 '물개'라고 부른다. 1970년대 정부의 대간첩

통영에서 유일하게 모래해수욕장이 있었던 곳이 비진도다. 여름 해수욕 철이면 문전성시를 이루었던 곳이다. 해수욕장이 있는 외항마을은 집집마다 성수기에 방을 내주고 주인은 밖에서 생활할 정도였다.

작전의 하나로 소개되었던 마을이다. 비진도 인근 부소도의 어부가 고기잡이를 하다 납북되기도 했다. 이후 다섯 가구 이하인 외딴 마을에는 소개령이 내려졌다. 그 후 결혼에 실패한 외항마을 출신의 여인이 비구니가 되어 이곳에 자리를 잡았다. 이도 얼마 가지 않고 주인이 바뀌었지만 요사채와 대웅전에는 자물쇠가 굳게 잠겨 있었다. 고향에서 살 수 없는 것은 휴전선 부근에만 해당되는 것이 아니다. 작은 섬마을에 살던 사람들도 이렇게 실향민이 되어 고향을 등져야 했다.

제주 해녀, 비진도에 머물다

모래톱 위에 놓인 다리를 건너 안 섬 외항마을로 들어왔다. 해변이 아름다운 곳이다. 통영은 해류나 지형·지질로 볼 때 모래 해변이 귀한 곳이다. 비진도 해변이 통영 사람들의 사랑을 받는 것은 단지 귀하기 때

외항마을에서 만난 해녀는 물질 대신 집 옥상에 소금을 펼쳐놓고 허우적거린다. 힘들지만 물질이 가장 쉽단다. 김장을 위해 바람 좋고 햇볕 있는 날 김장소금을 갈무리하는 중이다.

문은 아니다. 남국에서나 볼 수 있는 산호빛 바다와 비경들이 더해졌기 때문이다. 한때 여름 한 철 벌어 일 년 먹고살 정도로 피서객들이 많았다. 최근에는 큰 펜션이 들어섰다. 작은 민박집은 몇 년째 성수기 때만 반짝 손님이 있을 뿐 파리를 날렸다.

비진도는 바다가 거칠어 양식을 할 수 없다. 기르는 어업 대신에 잡는 어업이 발달했다. 횃불을 켜고 들망이나 챗배로 멸치를 잡기도 했고, 잠수기 어업(머구리배)을 하기도 했다. 동력선이 발달하기 전이라 직접 노를 저어야 했기 때문에 농사지을 땅도 양식할 어장도 없는 섬사람들은 너도나도 배를 탔다. 머구리배는 선장, 기계 돌리는 사람, 잠수 장비 씌워주는 사람, 밥해주는 사람, 펌프로 공기를 넣어주는 사람 등 많을 때는 일곱 명이 함께 일을 했다. 멸치잡이 배도 직접 사람이 그물을 당겨야 했기 때문에 많은 사람이 필요했다. 하지만 이것도 오래가지 않았다.

다행히 마을 어장은 고등(소라)과 전복, 그리고 자연산 돌미역과 천초가 많았다. 고등과 전복은 물질을 해야 얻을 수 있는 것들이다. 비진도 출신 중 해녀는 없다. 지금 물질을 하는 사람들은 모두 제주 출신 해녀들이다. 비진도로 왔다가 결혼을 해서 눌러앉은 사람들이다. 외항리에만 30여 명의 제주 해녀들이 들어왔다. 이 중 절반은 섬사람들과 결혼을 했다. 해녀들은 생활력이 강하고 교육열이 높았다. 대부분 돈을 벌어 통영으로 나갔다. 지금도 마을 어장에서 작업할 때는 이들이 와서 일을 한다. 내항리도 상황은 마찬가지였다.

작년까지 마을 이장을 지낸 박장명(66세) 씨 어머니는 제주에서 들어온 1세대 해녀다. 같은 시기에 세 사람이 들어왔다. 그 후 젊은 제주 해녀 60여 명이 물질을 하러 오기도 했다. 마을에서 나잠업을 하는 선주가 직접 배를 가지고 가서 해녀를 모집했다. 간혹 제주 배가 해녀와 식량(조)을 싣고 외항리로 들어오기도 했다. 이들 중 열댓 명은 마을 사람들과 결혼해 정착했다. 이 중 10여 명은 통영에 나가서 살며, 몇 명만이 섬에 남아 있다. 외항리와 마찬가지로 마을 어장에서 전복과 소라를 채취할 때는 이들 해녀들이 작업을 한다. 지금까지 이어지고 있는 어업으로는 외줄낚시가 유일하다. 가을철에는 삼치와 방어, 겨울에는 열기, 봄에는 볼락과 참돔, 여름에는 참돔 등이 많이 올라온다. 갯바위 낚시를 하는 사람들이 즐겨 찾는 섬이다. 바깥 섬에 있는 상투바위, 지네강정, 아랫물선치, 윗물선치, 노루여, 거미끝치, 안 섬에 있는 소당여와 등너머가 낚시꾼들이 즐겨 찾는 포인트다.

내항리까지 쉬엄쉬엄 걷다 보니 한 시간이 걸렸다. 작은 밭에는 김장배추를 심어놓고 바람이 걱정되었는지 컵라면 용기로 앙증맞게 덮어놓았다. 비진도에는 이렇다 할 농사가 없다. 다만 산비탈에 시금치와

땅두릅을 심어 관광객들에게 팔고 있다. 내항리는 산골짜기에 자리를 잡아 물길도 좋았다. 한때 마을 뒤 논에서 벼농사를 짓기도 했다. 그리고 매년 당산제와 거리제를 지냈다. 최근에는 3년에 한 번씩 섣달그믐에 스님을 모셔 당산제를 지내고 정월 초하루에 거리제를 지내고 있다. 특히 거리제를 지낼 때는 마을 주민들이 상을 차려 회관 '거리신' 앞에 차려놓고 풍어와 마을의 안녕을 기원한다. 이 마을에 비진분교가 있다. 한때 학생이 200여 명에 달했다. 교실도 여러 칸이고 운동장도 넓었다. 학생들이 떠난 넓은 운동장에는 온갖 풀들이 자리를 잡았다. 학교가 문을 닫기 전 마지막 남은 학생이 남긴 그림이 게시판에 간신히 붙어 있었다.

해저에 잠수하여 패류나 수산 동식물을 채취할 수 있는 어업은 나잠 어업과 잠수기 어업뿐이다. 해녀들이 하는 나잠 어업과 달리 잠수기 어업은 어선에서 다이버에게 산소를 공급해준다. 즉 잠수부가 잠수복을 입고 바닷속에 들어가 해저에 있는 패류, 정착성 수산 동식물을 잡거나 채취하는 것을 말한다. 잠수 장비로는 잠수복, 잠수경, 투구, 납, 신발, 공기압축기, 공기 공급용 호스, 사다리 통신기 등이 있다. 채취용 도구로는 갈퀴와 칼, 작살, 망태가 있다.

잠수선의 색깔은 좌우 선수 쪽으로 배 길이의 2분의 1만큼 노란색을 칠해야 한다. 선장 1명, 잠수부 1명, 선원 1명이 승선한다. 잠수부는 투구식 또는 마스크식 중

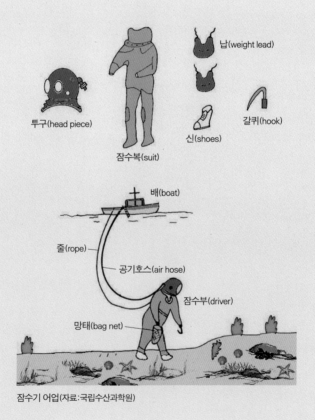

투구(head piece)
납(weight lead)
갈퀴(hook)
신(shoes)
잠수복(suit)

배(boat)
줄(rope)
공기호스(air hose)
잠수부(driver)
망태(bag net)

잠수기 어업(자료:국립수산과학원)

하나를 택하여 호스를 통해 공기를 공급받으면서 갈퀴(호미)나 분사기를 사용해서 해저에 서식하는 매몰성 수산 동식물을 포획, 채취한다.

우리나라 잠수기 어업의 구역은 5구로 나뉘어 있는데, 제1, 2 잠수기 수협에서 1구(강원), 2구(경북), 3구(부산, 울산, 경남)를 관할하고, 제3, 4 잠수기 수협에서 4구(전남), 5구(인천, 경기, 충남, 전북)를 관할하고 있다.

잠수기 어업은 1911년 8월 5일 조선총독부 고시 246호에 따라 55척으로 출발했다. 1931년 조선어업령 시행 제17조에 의거해 조선잠수기어업수산조합이 설립되었다. 1945년 8월 광복 당시 조합원 170명 중 한국인은 28척이었다. 그리고 광복 후 1945년 8월 135척으로 늘었다. 1962년 수산업협동조합법(법률 제1013조)에 의해 '잠수기어업협동조합'을, 1981년에 잠수기수산협동조합으로 명칭을 변경했다.

잠수기 어업은 연안의 얕은 수심에서 조업이 이루어지나 지역 간의 경계가 불분명하여 농림축산식품부 장관으로부터 근해 어업 허가를 받아야 조업이 가능했다. 반면에 연안 어업은 8톤 미만의 어선 또는 무동력선이 시·도지사의 허가를 받아 어업을 수행할 수 있다.

조업 어장은 우리나라 동·서·남해안 연안이고 주요 대상 어종은 개조개, 키조개, 해삼, 멍게, 바지락, 우렁쉥이, 해삼, 성게, 전복, 문어, 미역, 홍합, 굴, 소라 등이다. 해삼, 전복, 멍게는 잠수기 어업인에게 호황을 주었던 품목이지만 지금은 잡지 못하고 양식 품목이 아닌 키조개, 개조개, 왕우럭조개, 바지락 등을 어획한다. 수산업에서 기르는 어업의 비중이 커지고 마을 어장, 양식장, 수산 자원관리보호구역에서 잠수기 어업인이 행사하기 어려워지면서 공유수면에서 이루어지고 있다. 또 어획 자원을 발견해 조업하던 중이라도 양식 면허가 떨어지면 나가야 한다. 잠수기 어업은 해양수산부 장관의 허가를 받아야 한다.

일반현황

위치 | 통영시 한산면 비진리
면적 | 2.8km²
가구수 | 97
인구(명) | 115
교통 | 배편 | 통영-통영여객선터미널에서 고려호 이용(1일 2회 운항)
특산물 | 전복, 소라 등 패류와 삼치, 방어, 열기, 볼락, 참돔 등

변화 자료

구분	1971	1985	1995
주소	통영군 한산면 비진리	통영군 한산면 비진리	통영시 한산면 비진리
면적(km²)	4.1	4.1	2.11
공공기관	–	어촌계 1개, 산림계 1개	–
인구(명)	1,024	709	381
	(남: 531 여: 493)	(남: 366 여: 343)	(남: 181 여: 200)
가구수	182	157	125
급수시설	간이상수도 2개소	간이상수도시설 2개소, 공동우물 2개, 사설우물 2개	간이상수도시설 2개소
초등학교	1개 235명	1개 107명	초등학교 분교 1개 14명
전력시설	–	한전 157가구	한전 125가구
의료시설	약국 1개소	–	보건진료소 1개소
어선(척, 동력선 +무동력선)	29(19+10)	60(44+16)	64(47+17)

27

하늘길을
걷다

통영시 한산면 매물도

"저 밑에 배가 돌아오죠. 그 섬이 동섬이에요. '똥섬치'라고 불러예. 저 섬이 엄청 중요한기라. 대항리와 당금리 미역밭을 나누는 경계기라."

당금마을 미역밭은 모두 16개로 구분되어 있다. 미역밭을 채취할 수 있는 권리를 가지고 있는 집은 모두 14가구다. 한 집에 미역밭 한 개를 가질 권리가 있다. 그런데 왜 16개일까. 사연은 이렇다. 자연산 돌미역을 채취한 미역밭은 풍흉을 고려해 같은 양을 채취할 수 있도록 위치와 면적을 나눈다. 그리고 미역밭 자리가 적힌 제비를 뽑아 주인을 결정한다. 그런데 어디 자연이 사람 뜻대로 움직이던가. 한 번 잘못 뽑아 낭패를 보면, 다음 해에 잘 뽑으면 된다. 매년 추첨을 하는 이유다. 그런데 손재수가 없는 사람이 있다.

메밀을 많이 심어 '매물섬'이라 했다는 설과 섬의 모양이 말을 닮아 '마미도'라 했다는 설이 전해 온다. 조선시대에 '매매도' '매미도' '매물도'로 표기하기도 했다. '매' '미'가 옛말 '물'이었던 탓에 육지에서 멀리 떨어진 섬에서 비롯된 것이라는 해석도 있다. 마을은 대항마을과 당금마을 있으며, 모두 서쪽 해안 남풍을 피해 자리를 잡았다. 대신에 북서쪽에서 오는 계절풍은 동백 등 나무를 심어 바람을 막았다.

통영의 섬들은 아름답다. 그중에서도 손에 꼽는 섬이 매물도. 일년이면 한두 차례는 가는 섬이지만 매번 좋다. 특히 산허리를 따라 걷

매물도는 해녀들이 물질을 해서 미역을 뜯는 섬이다. 그나마 물질을 할 수 있는 해녀들이 몇 명 남지 않았다. 제주에서 건너와 평생 물질을 하면 물선 곳에서 남자를 만나 비릿한 미역을 품에 안고 살았다.

는 길이 으뜸이다. 통영에서 멀리 떨어져 있고 물길도 험하다. 통영보다는 거제에서 오는 뱃길도 가까워 뱃길이 이어진다. 바다 환경으로 보아 미역이 자라기 딱 좋은 곳이다.

미역밭에서 배운다

달콤하고 비릿한 미역국 냄새에 눈을 떴다. 창으로 들어오는 빛을 보니 바다로 떠오르는 아침 해는 보기 어려울 것 같다. 조모(祖母. 할머니)가 미역국을 끓여냈다. 어젯밤 만찬의 감동이 채 가시기도 전인데 국물 맛을 본 사람들이 입을 다물지 못한다. 나름 음식에 할 말이 많은 사람들인데. 어떻게 미역국을 끓였기에 이렇게 담백하고 깊은 맛이 나느냐고 야단이다. "아무것도 넣지 않았어요, 소금 간만 해서 끓였어요." 대답은 의외로 싱겁다. 그 말을 믿는 이가 없다. 하지만 필자는 믿는다. 비법이 따로 있겠는가. 해녀들이 물질해 뜯어낸 초각 미역이 아니던가. 옆집에도 주지 않고 팔지도 않고 가족들을 위해서 뜯는다는 첫물 미역이다. 상품으로 내놓는 미역은 이후 중각이나 '망각'이다. 늦게 채취한 미역이라 '만각'이냐고 물었지만 한사코 망각이라 한다. 이유는 모르겠다. 이 맛은 절대 뭍에서 낼 수도 맛볼 수도 없다.

옛날엔 미역을 팔아 돈을 샀다. 그 돈으로 학비도 대고, 쌀도 사고, 옷도 샀으니 미역밭이 자식보다 중했다. 그러니 손재수가 없어 두 해 연속 미역 흉년이면 굶어 죽어야 할 판이다. 여기서 그친다면 섬살이를 견디며 살아남을 사람이 많지 않다. 그래서 두 짓을 남겨놓은 것이다. 최소한 생활을 위한 사회보장이다. 연속 '꽝'은 막겠다는 의미다. 이렇게 현명한 사람들이 있을까. 이보다 훌륭한 제도가 있을까. 그들이 섬사람이다. 그들이 진정한 어민이요 자연과 더불어 사는 사람이다.

하늬바람에 맞서 섬집은 납작 엎드리고 섬사람들은 사철 견디는 동백 숲을 조성했다. 섬에서 무서운 것이 바람이다. 바람을 막기는 어려우므로 바람과 공생하는 법을 찾은 것이다. 그 아름드리 동백나무가 꽃을 피울 때면 미역 뜯는 해녀들도 몸을 푼다. 당금과 대항 두 마을에는 열댓 명 해녀들이 물질을 하고 있다. 모두 제주 출신으로 출가해 물질을 하다 섬 주민과 결혼하고 정착했다. 제주 해녀들이 통통배로 하루 낮 하루 밤 걸리는 먼 길을 매년 거르지 않고 찾았던 것은 '바당'에서 건져 올린 미역 때문이었다.

꼬돌개, 그 아픈 이야기

통영에서는 해안이나 갯바위를 '갱문'이라 한다. 매물도에서는 '바당'이라 부른다. 매물도와 가왕도를 제외하면 이런 말을 사용하는 섬은 없다. '바당'은 제주 말이다. 눈치 빠른 사람은 금방 알아차렸을 것이다.

고구마를 심어 식량을 얻었던 섬밭은 방풍밭으로 바뀌었다. 식량은 해결되었으니 시장에 팔리는 작물을 심어야 했다. 섬에서 잘 자라는 방풍이 몸에 좋다고 소문이 나면서다. 이것마저 섬 경관이 되고 있다.

매물도에서 미역을 뜯는 조모들은 제주에서 출가한 해녀들이다.

통영에서는 할머니를 조모라고 부른다. 이곳에 물질을 하러 왔다가 눌러앉은 것이다. 그게 어디 매물도만 그렇던가. 서해와 남해 그리고 동해와 울릉도, 물질하기 좋은 섬과 연안에는 대부분 제주 해녀가 있다. 그런데도 매물도에서만 그 말이 통용되는 것은 조모의 영향력이 그만큼 중요하다는 이야기이리라. 아이를 낳거나 귀한 손님이 오면 성게 미역국을 내놓는 것도 제주 음식의 영향이다. 농사보다는 바다에, 그것도 해녀의 물질에 의지해 살아왔다는 의미이다.

매물도에 사람이 살기 시작한 것은 선사시대부터라지만 왜구 등쌀에 섬을 비웠다가 다시 섬살이를 시작한 것은 1810년대로 알려져 있다. 고성에서 들어온 첫 이주민이 정착한 곳은 꼬돌개라는 곳이다. 대항마을에서 남서쪽으로 해안길을 따라 걷다 보면 소매물도 등대가 보일락 말락 할 즈음 다랑논의 흔적이 보인다. 유일하게 산비탈을 일구어 쌀농사를 지을 수 있는 곳이다. 하지만 꼬돌개에 정착한 주민들은 10여 년 뒤 흉년과 괴질로 모두 죽고 말았다. 한꺼번에 '꼬돌아졌다'고 해서 붙은 아픈 지명이다. 그 후 50~60년이 지난 뒤 고성과 사천 사람들이 작은 꼬돌개로 들어와 오늘에 이르렀다. 옛날 섬에서는 먹고사는 것만 아니라 입고 자는 것도 문제였다. 슬레이트가 보급되기 전이라 매물도처럼 벼농사가 어려운 섬에서는 짚을 마련하는 것도 큰 문제였다. 제주 마라도나 가파도가 그랬다. 모슬포에 며느리 친정이라도 있으면 짚을 변통하기가 수월했다. 매물도도 사정이 마찬가지였다. 거제에서 시집온 며느리가 있는 집은 한숨 돌릴 수 있었다. 그래도 버틸 수 있었던 것은 좋은 미역밭이 있었기 때문이다.

상군 해녀, 퇴직하다

대항마을에서 당금마을로 가는 언덕에서 조모 두 분이 봄 햇살을 맞으며 배에서 빠져나오는 울긋불긋 차림새의 여행객들을 내려다보고 있었다. 한 분은 허리에 보호대를 찼고, 다른 한 분은 앉은 채로 지팡이를 짚고 있었다. 옛날에는 찾는 사람이 거의 없던 섬이었다. 두 할머니 모두 제주도 출신 해녀다. 지금은 은퇴했다.

일제강점기 매물도 바다에서 물질을 하던 몇몇 제주 해녀들의 소문을 듣고 아예 제주에서 해녀를 모집해 매물도를 찾기 시작했다. 주민들은 겨우 물이 빠진 갯바위에서 해초를 뜯는 정도였지 바닷속까지 들여다볼 생각은 못했다. 해녀들이 물질한 미역, 가사리, 전복, 홍합 등은 마을과 반반으로 나누었다. 명절에 고향으로 돌아가는 제주 해녀들은 목돈을 챙겼고, 주민들 섬살이도 나아졌다. 특히 매물도 미역은 가왕도와 함께 통영, 마산의 상인들이 탐내는 보물이었다. 통통배로도 하루 밤 하루 낮이 걸리는 먼 길이지만 목돈을 만질 수 있다는 생각으로 해마다

매물도에 처음 정착한 사람들이 머물렀다는 꼬돌개. 그 사연을 듣고 정말 꼬돌아졌다.

어려운 길을 마다하지 않고 매물도를 찾았다. 이렇게 경제력 있고 생활력 강한 해녀들을 매물도 총각들이 그냥 두었을 리 없다. 오랫동안 고향을 떠나야 했기에 외롭고, 매년 바닷길을 오가는 것도 쉽지 않고, 그사이 눈이 맞고 정분이 났다.

그렇게 하나둘 매물도에 정착했다. 지금도 당금과 대항 두 마을에 열댓 명의 해녀가 물질을 하고 있다. 그렇게 40~50년, 매물도 바다를 지켜온 상군 해녀는 이제 지팡이가 없으면 가파른 골목길을 내려서기 어렵고 허리에 보호대를 차야 버티는 상할머니로 바뀌었다. 그리고 미역을 가득 담은 테왁을 지고 오르던 가파른 골목길은 울긋불긋 배낭을 멘등산객들 차지가 되었다.

하늘길을 걷다

골목을 빠져나온 이들의 목적은 하나다. 다음 배가 오기 전에 장군봉을 거쳐 대항마을까지 가는 것이다. 중간에 목 좋은 곳에서 잠깐 쉬면서 싸 온 도시락을 까먹는 것이 일이다. 미역이고, 성게고, 해녀고, 섬에는 별 관심이 없다. 아름다운 섬마을과 하늘로 열릴 것 같은 섬 길을 조곤조곤 걸으면서 섬 속살을 보면 좋으련만.

수십 년 섬 길을 걸었지만 이보다 아름다운 길을 본 적이 있나 싶다. 매물도에 가면 반드시 걸어야 할 길이 해품길이다. 동백 숲을 지나면 하늘로 이어지는 천상길이 나올 것 같고, 좁은 오솔길을 지나면 바다로 가는 용궁길로 이어질 것 같다. 섬에서 하룻밤 머물며 당금마을에서 뜨는 해를 보고, 대항마을에서 지는 해를 보면 안성맞춤이다. 보는 위치에 따라 섬이 한 개, 세 개, 다섯 개, 여섯 개로 보인다는 바위섬 가익도를 배경으로 노을이 진다. 조물조물 무친 방풍나물 반찬과 미역국에 밥 한 그릇 한다면 섬과 바다를 모두 취하는 것이다.

산비탈을 일궈 농사를 짓던 골골에는 바람을 막던 동백 숲이 봄볕에 윤슬처럼 반짝인다. 그 사이로 때로는 바다로 이어지고 때로는 하늘로 이어진다. 그래서 해품길을 나는 '하늘길'이라 부른다. 하늘길은 이정표를 볼 필요도 없다. 쉬엄쉬엄 두어 시간 걷다 보면 당금마을에서 대항마을로 이어진다. 북서풍에 맞서 언덕에 자리를 잡은 대항마을을 포근하게 감싸는 것도 동백 숲이다. 아름드리 동백나무에 매달린 꽃이 더욱 붉다.

뱃고동이 울리자 여행객이 달음질을 친다. 돌아갈 때 '해녀가 건져 올린 돌미역' 한 가닥이라도 사 가면 좋으련만. 모두 입맛이 양식 미역에 길들여져 자연산의 깊은 맛을 외면한다. 물질하는 해녀가 없는 매물도, 성게미역국 대신에 상에 올라오는 오뎅국이 뭐가 좋겠는가. 섬살이를 이해하는 발걸음이 섬을 지키는 일이다.

개황 | 매물도

일반현황

위치 | 통영시 한산면 매죽리
면적 | 1.4km^2
가구수 | 68
인구(명) | 120
교통 | 배편 | 통영–통영여객선터미널에서 매물도페리호 이용
특산물 | 미역

변화 자료

구분	1971	1985	1995
주소	통영군 한산면 매죽리	통영군 한산면 매죽리	통영시 한산면 매죽리
면적(km²)	2.4	2.4	1.81
공공기관	–	어촌계 1개	–
인구(명)	690	288	226
	(남: 335 여: 355)	(남: 147 여: 141)	(남: 120 여: 106)
가구수	121	30	78
급수시설	공동우물 1개	간이상수도시설 2개소,	간이상수도시설 2개소
		공동우물 2개	
초등학교	1개 152명	1개 58명	초등학교 분교 1개 12명
전력시설	–	자가발전기 2대	한전 78가구
의료시설	–	–	보건진료소 1개소
어선(척, 동력선 +무동력선)	36(4+32)	32(12+20)	28(17+11)

28
섬도
쉬고 싶다
통영시 한산면 소매물도

몇 년 전 일이다. '가고 싶은 섬'을 찾아 순회하던 때였다. 당시 문화관광부에서 야심차게 내놓은 사업이 섬 개발 시범사업이었다. 전남의 청산도와 홍도, 충남의 외연도, 경남의 매물도(소매물도 포함)가 선정되었다. 네 섬 중 제일 관심이 갔던 섬이 소매물도였다. 사람이 많이 살지 않고 육지의 상흔을 덜 받아 섬 문화가 오롯이 남아 있는 섬이었다. 바람을 피하기 위한 높은 돌담, 가파른 언덕에 아슬아슬 걸려 있는 작은 집들, 미역바위에 기대어 사는 사람들, 게다가 등대가 있는 작은 섬이 딸려 있어 내가 찾고 있던 조건을 모두 갖춘 섬이었다.

날 받아놓은 새신랑처럼 마냥 설레어 통영으로 향했다. 하지만 가는 날이 장날이었다. 폭풍주의보로 배가 뜨지 않는다는 것이었다. 부리나케 거제도 저구항으로 향했다. 소매물도 대신 매물도라도 보자 싶었다. 그날은 매물도 장군봉에서 바라보는 것으로 만족했다. 그래도 좋았던 것은 매물도가 소매물도의 아쉬움을 달래줄 만큼 아늑하고 좋았기 때문이다. 공모사업에 선정되어 섬에 많은 예산들이 들어오고 외부에서 주목하면서 두 섬은 큰 변화를 겪고 있다. 여느 섬과 마찬가지로 기분 나쁘게 변하고 있다. 외부자본이 섬의 핵심 공간을 개발이라는 미명으로 차지하고, 섬 주민들은 개발이라는 유혹 앞에 갈등하면서 공동체가 망가지고 있다.

통영 여객선 터미널에 도착하자마자 표를 구했다. 첫 배라지만 11시에 출발하는 배였다. 방문객들이 많아 통영에서 세 차례, 거제에서 네 차례 소매물도를 오간다. 또 성수기에는 무시로 배들이 운항한다. 포구를 출발한 지 5분도 안 되어 배는 안개 속으로 빨려 들어갔다. 통영에서 가장 큰 한산도 모습도 볼 수 없었다. 소매물도에 도착할 때까지 자욱한 안개와 뱃길을 따라오는 하얀 물보라만 볼 수 있었다. 선장조차 섬에서 소리치는 것을 듣고 배를 접안할 방향을 가늠할 정도였다. 섬에 도착했다는 안내 방송이 들렸지만 선창에 거의 접안하고서야 섬의 모습을 볼 수 있었다. 실제로 옛날에는 안개가 자욱하면 선창에서 징을 쳐 배 접안을 유도했다. 등대에 올라보면 불빛 외에 무쇠로 만든 종이 달려 있고, 최근에는 큰 스피커가 있는 것을 볼 수 있다. 과학으로도 어찌할 수 없는 것이 안개이며 파도다. 파도야 큰 배라면 극복할 수 있을

매물도에서 본 소매물도와 소매물도 등대.

지 모르지만 안개는 속수무책이다.

　대매물도 대항마을과 당금마을에서 메밀을 많이 심어 매물도라 이름을 붙였다고 한다. 소매물도는 대매물도 옆에 있는 작은 섬이다. 1934년 간행된《통영군지》에는 '매미도'로 기록되어 있다. 또 섬이 '매물'(메밀)을 닮아서 매물도라는 이름을 붙였다는 설도 있다. 1904년경 김해 김 씨가 섬에 가면 굶어 죽지 않는다는 말을 듣고 육지에서 이곳으로 이주하여 정착했다고 한다. 통영항에서 남동쪽으로 26킬로미터 거리에 있다.

안개 속에 몽돌길을 걷다

안개 속을 뚫고 도착하니 점심시간이다. 김밥을 싸 온 사람들은 나무 그늘에 자리를 잡았다. 간단하게 요기하고 섬을 둘러보려는 알뜰 당일치기 여행객이다. 배낭을 맡기려고 주민이 운영하는 펜션을 찾았다. 입

등대섬으로 가는 길이 열렸지만 안개가 앞을 가렸다. 주섬주섬 몽돌을 밟고 걷는 길은 물길이 아니라 안개 위를 걷는 기분이다. 신비의 섬으로 들어가는 길이다.

소매물도의 아름다움은 어느 섬과 견줄 수 없을 만큼 빼어나다. 그래서 섬 개발을 둘러싸고 주민들 간에, 주민과 이주민 간에 갈등이 끊이지 않았다. 아픈 상처는 섬에서 새로운 일이 생길 때마다 덧나고 곪아 터진다. 그래서 더 아프다.

구에 관광객들이 남긴 즉석 기념사진과 메모가 가득했다. 집 주인은 내일 날씨가 좋지 않다며 확인하고 숙박을 하라고 알려주었다. 지난달 신안의 먼 섬에서 폭풍주의보로 며칠 나오지 못했던 기억이 떠올랐다. 급해졌다. 다음 배는 3시간 후에 있다. 꼬르륵거렸지만 한가롭게 점심을 먹고 앉아 있을 수 없었다. 단숨에 마을을 지나 등대섬으로 향했다.

등산객들 틈에 한껏 차려입은 아가씨가 신발을 벗고 맨발로 조심스럽게 건너고 있었다. 연인으로 보이는 젊은이가 신발을 신은 채 돌을 징검다리처럼 밟고 건너다 물에 빠졌다. 미끄럽지는 않지만 둥글둥글 몽돌이라 쉽게 흔들리고 중심을 잡기가 어려웠다. 삼십여 명의 여행객들이 모여 물이 빠지기를 기다리고 있었다. 5분이나 지났을까. 소매물도와 등대섬 사이에 폭 20미터, 길이 70미터 길이에 이르는 몽돌밭이 열렸다. 이곳을 열목개라고 한다. 물길이 열리는 좁은 바닷길이다. 등대섬과 소매물도를 이어주는 길이다. 그곳에 등대가 있어 여행객들이 더욱 가고 싶어 한다.

소매물도 등대는 1917년 8월 점등했지만 한국전쟁 때 폭격으로 파괴되었다. 그 후 유엔한국재건단(United Nations Korean Reconstruction Agency, UNKRA)의 지원으로 1954년 3월에 다시 불을 밝혔다. 소매물도 등대는 일본이 군수물자를 나르고 수산물을 수탈하기 위해 만든 것이었다. 열목개를 건너자 풀밭이 초원처럼 이어졌다. 이곳에 등대지기(항로표지원) 집들이 자리를 잡았다. 무인 등대일 거라고 생각했는데 빨랫줄에 양말과 옷이 널려 있었다. 짙은 안개 사이로 등대가 살짝 얼굴을 내밀었다. 등대섬 동쪽은 깎아지른 절벽이다. 그 위에 등대가 세워졌다. 100미터에 이르는 직벽 해안 위에 자리하여 등대가 더 높아 보였다. 절벽 주변에 '글씽이굴'이라는 해식 동굴이 있다. 진시황제가 불로초를 구하러 보낸 사신이 지나가면서 글씨를 써놓고 갔다고 전한다. 지난 매물도 여행에서 보았던 등대섬 주변 멋진 해식애가 발아래 펼쳐졌다. 장군바위, 형제바위, 용바위, 촛대바위 등 다양한 이야기를 가지고 있다.

지금은 배들이 자동항법장치를 가지고 있어 등대에 의존하는 일이 드물다. 예전에 등대는 뱃사람들에게 길을 알려주는 등불이었다. 등대섬을 지나던 배들이 잡은 고기를 곧잘 선착장에 두고 갔던 것도 이런 고마움 때문이었을 것이다. 이렇게 아름답고 예쁜 섬이 대기업의 과자 브랜드 이름을 별칭으로 쓰고 있다. 섬에서 광고를 찍은 것이 인연이라지만 뭍의 이기가 섬을 삼키는 꼴이 아닌가.

소매물도의 진경은 바닷속에 있다. 매물도는 다도해권 중에서 백도, 홍도, 가거도와 함께 세계 수중 명소로 꼽힌다. 소매물도와 등대섬 사이 바다에는 기암괴석으로 이어지는 암초지대가 펼쳐져 있다. 바닷물

안개가 많아 여객선이 배를 대야 할 포구를 찾지 못하던 때도 있었다. 종을 울리고 소리를 질러 겨우 배를 정박하기도 했다. 그렇게 뱃길을 찾기 어려웠던 탓에 등대가 만들어졌을지도 모른다. 소매물도는 안개섬이다.

이 맑아 수십 미터까지 볼 수 있고 동굴로 빛이 들어오면 어디서도 볼수 없는 풍경이 연출된다고 한다. 아쉽게 물속에 들어갈 수 없었다. 언젠가 바닷속 여행도 시도할 생각이다.

천불어치 밀수하면 만불 수출 허사된다

이쪽저쪽에서 카메라와 휴대폰으로 사진을 찍는 여행객을 뒤로하고 열목개로 향했다. 돌아가는 길은 올 때보다 힘들었다. 배도 고프고 다리도 아팠다. 열목개에서 가파른 계단을 오르는 길이 가장 힘든 코스였다. 땀이 쏟아졌다. 등대섬으로 가기 위해 내려가는 사람들이 유일한 위안이었다.

  "등대섬까지 가는 길 힘들어요."

  "후회할걸요. 볼 것 없어요. 가지 마세요."

앞서가던 제주에서 왔다는 남자가 거친 숨을 몰아쉬며 대꾸했다.

"안 가면 더 후회할걸요."

내가 거들었다. 관세박물관이 있는 망태봉으로 올랐다. 등대섬을 조망하기에 가장 좋은 곳이다. 그런데 안개 때문에 등대도 잠깐 얼굴을 내밀다 숨어버렸다. 망태봉 정상에는 1987년 7월 15일 해상 밀수를 하는 선박을 감시하는 마산세관 매물도 감시서가 설치되었다. 소매물도 인근 해역은 활어와 선어 선박과 냉동운반선의 주요 출입통로였다. 당시 해상 밀수는 어선이나 운반선으로 위장해서 들어왔다. 특히 한국전쟁 이후 사회가 혼란한 틈을 타서 일본과 해상 밀수가 많았다. 쓰시마섬에 거점을 둔 특공대밀수가 조직적으로 이루어지자 남해안특별감시선단이 장승포세관(현 거제세관)에 본부를 두고 활동을 전개했다. 주야 2교대로 4명이 근무하였다.

소매물도는 밀수품을 싣고 활어선으로 위장한 배들이 최종 종착지인 여수와 통영으로 들어오는 길목이었다. 주로 밤에 들어오기 때문에 겨울밤에는 칼바람에 맞서고, 여름에는 식수난과 싸워야 했다. 절해고도에 전기와 상수도가 있을 리 없었다. 작은 섬 사람들이 큰 섬(매물도)보다 일찍 전기(자가발전)와 수도(빗물을 받아 공급함)를 구경할 수 있었던 것도 감시서 덕분이었다. 당시 최고의 밀수품은 카메라였다. 올림푸스카메라, 일본에서 판매가 8만 원짜리가 국내에서는 두 배 가격이었다. 외딴섬의 총각 선생이나 공무원들이 섬 처녀들의 동경 대상이듯 감시서 사람들은 마을 처녀들의 가슴을 설레게 했다. 마을 이장 딸과 감시원이 결혼하는 일도 있었다. 1987년 4월 1일 감시서가 폐쇄되어 방치되던 것을 관세청 개청 40주년을 맞아 복원 계획을 수립해 2011년 10월 관세역사관으로 개관하였다.

할머니 두 분은 여전히 등산로에서 섬 특산품을 팔고 계셨다. 미역,

톳, 가사리, 파래, 방풍 등이었다. 두 분도 물질을 하는 할머니였다. 특히 내 눈길을 잡는 품목은 미역이었다. 소매물도에는 쌀농사를 지을 논이 없다. 고구마를 심을 밭도 손바닥만 하다. 지금도 통영에서 매물도까지 오가려면 한 시간이 더 걸린다. 옛날에는 어땠을까. 편도로 직접 배를 젓거나 바람을 이용할 경우 이틀이나 걸렸다. 논과 밭도 없는 먼 섬에 사람이 살 수 있었던 것은 무엇 때문일까. '미역'이다. 섬을 빙 둘러 해안가 바위에 붙어 자라는 돌미역이 소매물도 섬사람들을 먹여 살렸다. 정월이면 미역바위를 닦는 갯닦기를 했다. 미역이 많이 붙도록 하는 것이다. 미역바위를 마을 가구별로 나누었다. 주변에 고등어, 전갱이, 방어, 멸치 등이 많이 회유하지만 식량은 되지 못했다. 마을 어장에서는 해녀들이 전복, 소라 등을 채취하고 있다.

섬에 있는 빈집은 빈집이 아니다. 팔려고도 하지 않고 살 수도 없다. 더구나 소매물도처럼 아름답고 작은 섬은 섬살이를 하고 싶어도 뜻대로 살 수 없다. 이런 집을 고쳐서 한 달 살이나 반 년 살이를 하면 좋으련만 그것도 쉽지 않다. 섬집 은행이라도 있으면 좋겠다.

가고 싶은 섬 사업도 마무리되었다. 매물도를 포함해 소매물도에도 이런저런 시설들이 들어왔다. 그 덕분만은 아니지만 지난해 60여만 명이 찾아왔다. 외지 관광객들이 많이 찾고 있어 주민들의 삶은 더 나아졌을까. 섬사람들은 떠나고 외지인들이 들어와 펜션도 짓고 장사를 하고 있다. 사람이 많이 살 때도 40여 가구를 넘지 않았던 작은 섬의 좁은 길은 관광객들로 몸살을 앓고 있다. 주말에 많이 올 때는 수천 명이 찾고 있다. 조용히 섬을 찾아 휴식을 취하던 호사도 이젠 누릴 수 없을 것 같다. 생태 관광이라고 포장했지만 이젠 사람 치유가 아니라 섬 치유가 필요하다.

일반현황

위치 | 통영시 한산면 매죽리
면적 | 0.51km²
가구수 | 32
인구(명) | 49
교통 | 배편 | 통영−통영여객선터미널에서 매물도페리호 이용
특산물 | 미역

변화 자료

구분	1971	1985	1995
주소	통영군 한산면 매죽리	통영군 한산면 매죽리	통영시 한산면 매죽리
면적(km²)	0.2	0.2	0.33
공공기관	−	−	−
인구(명)	193	98	56
	(남:93 여:100)	(남:47 여:51)	(남:31 여:25)
가구수	36	26	18
급수시설	공동우물 3개	간이상수도시설 1개소	간이상수도시설 1개소
초등학교	1개 43명	1개 27명	초등학교 분교 1개 2명
전력시설	−	자가발전기 1대	자가발전기 1대
의료시설	−	−	−
어선(척, 동력선 +무동력선)	26(1+25)	8(2+6)	6(4+2)

29

그곳엔 이젠
사람이 살지 않는다

한산면 가왕도

통영보다 거제에 가까운 섬이다. 가왕도만이 아니라 옆에 위치한 장사
도, 대매물도와 소매물도도 마찬가지다. 장사도는 외도처럼 관광지로
개발을 해서 배가 오가고, 매물도는 통영에서 여객선이 오가지만 가왕
도는 오가는 배가 없다. 가왕도를 경계로 안바다와 바깥 바다가 구분된
다. 가왕도를 기준으로 뭍 쪽과 바다 쪽의 물길, 파도, 바람의 세기와 강
도가 다르다.

　마지막으로 외로운 섬을 지키던 할머니가 돌아가셨다는 소문에 무
인도라고 생각했었다. 명절을 앞두고 성묘를 하러 가는 사람이나 벌초
를 하러 가는 사람이 가끔 오간다는 이야기도 들었다. 그래서 갈 생각
도 하지 않았던 섬이다. 그런데 유인도의 숫자를 아무리 헤아려봐도 한
섬이 부족했다. 다시 지도에서 40여 개 섬을 손가락을 짚으며 동그라
미를 치고 나니 남은 섬이 구석에 있는 가오리섬, 가왕도였다. 어쩌다
막내 섬이 되었는지, 미안하다. 주섬주섬 뱃길을 찾았더니 오가는 배가
없다.

　이곳저곳 수소문을 하다 낚싯배의 도움을 받았다. 거제 저구리 명사
마을에서 출발해 장사도를 지나자 배가 출렁거렸다. 파도가 다르다. 아
직 바깥 바다로 나가지 않았는지 배가 낌새를 알려준다. 여름 장마가
시작되고 잠깐 바다가 열렸으니 갈 수 있다는 말을 듣고 배에 올랐다.

가왕도 해안은 모두 절벽이라 파도가 높으면 배를 접안할 수 없다. 그나마 마을로 오를 수 있는 곳에 계단을 만들었지만 경사가 심하다. 마지막으로 섬을 지키는 노인도 섬을 떠난 지 오래되었다. 이젠 무인도 아닌 무인도다.

안개로 가까운 장사도도 모습을 보여주지 않고 있다. "뱀도 많이 나오니 조심하고, 길도 없을 터니 왼쪽 길 말고 오른쪽 길로 오르세요." 통영 토박이 김상현 기자의 전화까지 받으며 길을 나섰다.

가왕도는 통영시 한산면 매죽리에 속하는 섬이다. 섬의 모양이 가오리를 닮아 가오리라 했다가 가옥도가 가왕도로 바뀌었다. 《통영군사》에 1820년 추 씨가 들어와 살기 시작했다고 한다. 장사도, 대덕도, 소덕도가 남쪽에 위치해 있다. 더 남쪽으로는 매물도와 소매물도가 있다. 남쪽 끝자락에는 통영의 끝섬, 갈매기의 천국이라는 홍도가 있다. 매죽리는 죽도, 매물도, 소매물도, 가왕도를 아우르는 행정리이다. 섬은 작고 집도 드문드문 있지만 어장만큼은 통영 최고다. 죽도의 남해안 별신굿도 이곳 어장에서 비롯되었다고 해도 과언이 아니다. 삼치와 최고의

286

돌미역이 나오는 바다다. 무인도인 대덕도, 소덕도, 어유도 등도 옛날에는 한두 가구라도 사람이 살았던 섬이다. 1975년 무장간첩 출몰 등으로 소개령에 의해 무인도가 되었다.

대한해협으로 가는 길목에서 관문 역할을 하는 섬이 가왕도다. 멸치를 삶아 운반하는 큰 배가 장사도 앞을 지나간다. 멀리서 보면 배 위에 지붕을 씌워 놓은 것 같아 거북선처럼 보인다. 저 바다만 건너면 쓰시마섬이다. 고려 말 조선 초 남해안의 많은 섬을 약탈하고 섬사람을 괴롭혔던 왜적들의 거점이었다. 토지가 적어 식량을 외지에서 가져와야 해서 가까운 우리나라에 조공을 바치고 식량을 얻어갔다. 그러다 쓰시마섬에 기근이 들거나 사정이 좋지 않으면 해적이 되었다. 고려 말에 한 차례, 조선 초 두 차례, 쓰시마섬 정벌에 나서기도 했다. 그때 저 바다를 건넜으리라.

1970년대 양식 미역이 나오기 전에는 가왕도 돌미역이 통영 미역 중 으뜸이었다. 진도, 조도의 맹골군도나 독거도군도처럼 조류가 거친 곳이다. 하지만 양식 미역이 등장하면서 돌미역은 부드러운 미역에 길들여진 새댁들로부터 외면을 당했다. 논도 없고 밭을 일구어 먹고살기 힘들었던 가왕도 섬사람들은 미역밭에서 건진 미역이 유일한 생계였다. 배를 정박할 곳도 없어 고기잡이는 언감생심 생각하지도 못했다. 한 집 두 집 뭍으로 나가면서 무인도 아닌 무인도가 되었다.

거제도와 마주 보는 가왕도 동서쪽은 섬이 막아주어서인지 파도가 크지 않다. 갯바위에는 낚시객들이 자리를 잡았다. 갯바위를 깎아 계단을 만들어놓았다. 마을 앞에 배를 접안하지 못할 때는 저곳에 내려 산을 넘어 마을로 갔다고 알려주었다. 가왕도 남쪽을 지나니 등대가 보였다. 그런데 마을이 있다는데 아무리 살펴도 마을이 보이지 않는다. 잠시 후 선장이 밖을 살피며 고개를 저었다. "저 숲속에 몇 집 있어요. 다

가왕도에 주민들이 제법 머물 때 섬집은 생기가 있었다. 지금은 섬집을 찾아갈 수 없다. 마을로 들어가는 길도 찾을 수 없고 집도 구분할 수 없을 정도로 숲이 되어버렸다.(사진·이상희)

무너졌을걸요."라며 손으로 가리켰다. 자세히 보니 마을로 올라가는 계단이 있다. 옆으로는 어제 내린 비가 물줄기가 되어 폭포처럼 쏟아진다. 가왕도에서 보기 드문 모습이란다. 너울성 파도가 높아서 배를 접안하지 못할 것 같다며 낚시를 하다가 잦아들면 다시 오자며 배를 돌렸다. 그리고 오전 내내 파도가 잔잔한 가왕도 마을 뒤쪽에서 섬을 보며 낚싯대만 드리웠다. 용치놀래기 네 마리, 자리돔 세 마리, 쥐치 한 마리를 잡았다. 쥐치는 금어기라 놓아주고 용치놀래기는 맛이 없다는 선장의 말에 놓아주었다. 자리돔만 남겨서 옆 사람에게 주었다.

2015년부터 낚싯배를 했다는 선장은 최근에 자리가 가왕도 주변에서 잡히기 시작하며, 정말 예쁜 열대성 고기도 잡힌다고 했다. 30센티미터 이상의 참돔도 곧잘 몰렸는데 지금은 손바닥만 한 것이 가끔 잡히는 정도라고 했다. 그 후 일주일 만에 다시 가왕도를 찾았다. 이날은 다

마지막까지 섬을 지키던 할머니도 섬이 되었다. 이제 섬에 머무는 사람은 없다. 간혹 손맛을 즐기려 찾는 낚시꾼이 유일한 섬 벗이다. 주인이 없는 염소는 오히려 더 자유롭다. 겨울에도 날씨가 따뜻하니 먹을거리 걱정할 일이 없다.

행스럽게 뱃길이 열려 섬에 올랐다. 이를 두고 쑥대밭이라고 하는 모양이다. 마을이 대나무 숲에 묻혔다. 마을 뒤 당산으로 오르는 길은 올라갈 수 없다.

마을 뒤 당산으로 오르는 길을 찾았다. 토박이의 안내를 받고 출발했던 터라 잠깐 헤맸지만 곧 더듬어 갈 수 있었다. 하지만 몇 걸음 걷다 되돌아서야 했다. 마을로 가는 길도 막혔는데 산속에 있는 당산으로 가는 길이야 오죽하랴. 그 길을 자유롭게 오가는 이는 염소와 새들이다. 어쩌면 이들이 진정한 섬의 주인일지 모른다. 그들의 권리를 빼앗고 사람 편의대로 섬을 이용한 것은 아닐까. 사람 사는 섬에서 사람이 살지 않는 섬으로 바뀌는 것이 문제가 아니라 비로소 섬이 제자리를 찾을 수 있을 것인가가 문제이다.

일반현황

위치 | 통영시 한산면 매죽리
면적 | 0.24km²
가구수 | -
인구(명) | -
교통 | 배편 | 통영-통영여객선터미널에서 매물도페리호 이용
특산물 | 삼치, 돌미역

변화 자료

구분	1971	1985	1995
주소	통영군 한산면 매죽리	통영군 한산면 매죽리	통영시 한산면 매죽리
면적(km²)	0.19	0.19	0.19
공공기관	-	-	-
인구(명)	110 (남:56 여:54)	37 (남:20 여:17)	19 (남:14 여:5)
가구수	19	16	5
급수시설	공동우물 1개	간이상수도시설 1개소, 공동우물 1개	공동우물 1개
초등학교	1개 26명	-	-
전력시설	-	자가발전기 1대	자가발전기 1대
의료시설	-	-	-
어선(척, 동력선 +무동력선)	10(0+10)	9(1+8)	1(1+0)

30
관광 말고는
방법이 없을까
통영시 한산면 장사도

외도가 거제에 있는 해상공원이라면 장사도는 통영에 있는 해상공원
이다. 외도가 아열대 식물공원을 그렸다면 장사도는 자생식물공원을
꿈꿨다. 외도가 40년 동안 만들어졌다면 장사도는 4년 계획으로 개발
되었다. 그만큼 짧은 고민의 시간이었다. 차이는 또 있다. 외도는 민간
이 주도했다면, 장사도는 행정이 주도하고 민간이 참여한 형식이다. 장
사도는 해발 100미터 높이에 만들어진 마을이었다. 그 마을을 공원으
로 바꾸었다. 그런데 요즘 섬이 힘들다. 사람들이 섬을 황금알을 낳는
거위처럼 대한다.

황금알을 낳는 섬?
거위가 건강해야 알을 낳을 텐데, 자꾸 가두어두고 알을 잘 낳는 거위
로 기른다. 단기간에 알을 많이 낳을지 모르지만 오래가지 않는다. 거
위는 제명대로 살지 못하고 알도 더 이상 얻지 못하게 된다. 섬도 권리
가 있다. '섬의 권리'를 존중해야 한다. 섬에 사는 사람만이 아니라 섬의
생태계와 섬의 수용력을 고려해야 한다.

　행정은 기다리지 않는다. 외도와 다른 점이다. 4~5년 만에 완공하면
외형은 정원 모습을 갖출지 모르지만 나무가 뿌리를 내리고 섬이 자리
를 잡는 데 시간이 모자란다. 다행이라면 자생꽃을 갖추어서 적응이 빠

잘 가꾸어진 섬을 보면 슬프다. 섬을 집 안 정원이나 화단처럼 만들고 싶어하는 사람의 탐욕을 엿보는 것 같아서. 장사도를 여행하는 사람들은 어떻게 생각할지 모르지만 내내 불편했다.

르다. 특히 동백꽃이 필 때면 섬이 온통 붉은색이다. 자생꽃섬이다. 동백나무, 후박나무, 구실잣밤나무가 울창한 섬이다. 여기에 팔색조와 풍란이 더한다.

장사도는 누에섬이었다. 섬 모양새가 마치 누에처럼 생겼다. 일제강점기에는 누에가 뱀으로 바뀌었다. 잠사도가 장사도가 되었단다. 누에처럼 생긴 모양이 뱀처럼 길게 누워 있는 형국이다. 경상도에서는 누에를 '늬비'라고 한다. 장사도 캐릭터가 '늬비'이다.

통영시에 속하지만 거제도 남부면 대포와 불과 850미터 떨어져 있어 거제 생활권이다. 1960년대 20여 가구가 살았고, 1990년도 초 잠깐 무인도가 되기도 했다. 통영에서는 여객선이, 거제의 구조라에서는 유람선이 오간다. 섬은 통영에 속하지만 가깝기는 구조라가 훨씬 가깝다.

아이들이 마음껏 뛰어놀았던 운동장에 분재를 가져다 놓았다. 산과 들에서 마음껏 자라야 할 나무들이다. 아이들은 도시로 내쫓고, 그 자리에 인간의 욕심을 한껏 뽐내며 잘 가꾼 나무들을 가져다 놓고 볼거리라고 내놓았다.

섬의 80퍼센트가 동백나무로 이루어져 있으며 해안은 온통 해식애로 이루어져 있다. 배를 정박하기도 어려워 주변에 좋은 어장을 두고 손바닥만 한 밭에 의지해 고구마와 보리 농사를 지어 살아야 했다. 장사도뿐만 아니라 인근 가왕도, 소매물도, 매물도, 죽도 등도 사정이 비슷하다. 그중 가왕도는 상시 거주하는 사람이 없어 무인도가 되어가고 있다.

장사도는 통영시에서 향토수종과 자생식물을 친환경적으로 개발하겠다는 목표로 '장사도 자생꽃섬'을 추진해오다 '장사도 해상공원'으로 바뀌었다. 민간자본을 유치해 개발을 추진해 야외갤러리, 조형물, 생태전시관, 온실, 편의 시설, 야외무대 등을 조성했다. 그리고 2012년 1월 개장했다. 거제에서 출발하는 유람선으로 10분이면 닿는다. 탐방안내

인위적으로 만든 길도 세월이 흐르고 주민들 발길이 닿으면 자연이 된다. 이 길을 걸었던 아이들은 청년이 되고 어른이 되어 고향을 떠났다. 이젠 그 길은 여행객이 걷는다. 동백꽃이 필 때 특히 아름답다.

도에 따라 두 시간 정도 돌아보고 나오는 배를 타면 된다.

교정에 '충효', 교실에 '정직, 우애, 자조'

장사도의 이야기가 영화로 만들어졌다. 1973년 유현목 감독이 염소 선생님 이야기를 소재로 '낙도의 메아리'라는 제목으로 상영되었다. '낙도에 부임한 부부 교사의 끈질긴 노력으로 무지한 어민들을 설득해 술과 도박으로 황폐한 낙도를 저축과 생산에 눈을 뜨게 하여 자립 마을로 이끌어 올린 새마을운동 지도 수기를 기록한 영화'이다. 당시 학생 23명의 작은 분교, 주민들은 미역을 뜯어 파는 것 외에는 소득이 없었다.

1972년 3월 옥미조 선생님이 섬에 부임한다. 주민들이 소나 돼지 등 가축을 기르지 않는 것을 이해하지 못했다. 주민들은 돼지와 뱀은 상

극이라 장사도는 뱀섬이라 돼지를 키우면 재앙이 온다는 유감주술을
믿고 있었다. 선생은 직접 돼지를 사다 키웠다. 또 야산을 개간해 밭을
만들었다. 밭에는 고구마, 감자, 보리를 심어 식량을 해결하고 환금작
물로 양파를 심고, 양식장을 만들어 소득을 올렸다. 부임한 이듬해에
는 주민들과 함께 선착장을 만들었다. 이 이야기가 〈낙도의 메아리〉라
는 영화로 만들어졌다. 그 학교와 교회당은 관광객의 볼거리로 남겨져
있다.

그 학교에 들어섰다. 비록 복원한 폐교이지만 좋다. 담백해서 좋다.
교실에는 나무 의자와 스크린이 전부다. 널찍하고 정갈해서 작업실로
쓰면 좋겠다는 생각이 들었다. '정직, 우애, 자조'라고 쓴 교훈이 태극기
와 함께 붙어 있다. 교정에 충효가 새겨진 돌을 통영 지역 학교에서는
흔히 볼 수 있다. 1991년 폐교된 장사분교다. 입구에 '죽도초등학교 장
사도분교'라는 표지석이 있다. 하지만 죽도국민학교에 장사도분교는
없다. 〈통폐합 학교 현황〉 자료에 '하소초교장사도분교장'으로 소개되
어 있다. 표지석에 다음의 글이 새겨져 있다. 그 옆에 교적비라도 세워
두면 좋겠다. 마지막까지 섬을 지켰던 주민들 이름이 더해지면 더욱 좋
겠다.

충효

나라가 있고
우리가 있다
조국과 민족에 봉사하여
부모님을 공경하는 길이
곧 우리가 사는 길이다

장사도 레스토랑에서 먹을 수 있는 음식은 통영의 과거와 현재 그리고 미래를 엿볼 수 있는 음식이다. 과거는 고구마, 현재는 충무 김밥 그리고 미래는 멍게비빔밥이다. 고구마는 통영 섬만이 아니라 여수에서도 남해에서도 중요한 식량이었다. 보릿고개에서 밥상에 올랐던 것이 고구마였다. 고구마도 넉넉하지 못해 죽을 쒔다. 여럿이 나눠 먹기 위해 고구마를 말려 가루를 내서 밀가루와 섞어서 죽을 쒔다. 여기에 비하면 멍게비빔밥은 지금 통영 여행객이 가장 많이 찾는 통영 밥상이다. 멍게는 통영을 대표하는 양식 수산물이다. 통영 바다에서 양식된 멍게가 우리나라 멍게 공급량의 70퍼센트 이상이다. 여행객에게는 통영 밥상을 선사하는 일이며, 생산자에게는 멍게의 브랜드 가치를 높이는 것이다. 바다 밥상은 현재의 밥상이자 미래의 통영 먹거리가 될 수 있다.

　여행객들은 영악했다. 100만이 찾는 외도, 새로운 관광객 100만이 찾는 장사도를 원했지만 섬 여행객은 그렇게 늘지 않았다. 외도를 찾는 여행객이 분산만 되었을 뿐이다. 마치 새로운 여행지를 만들면 여행객이 새로 만들어질 것 같아도 실은 그렇지 않다. 안개가 자욱한 봄, 그 섬을 찾았다. 가장 먼저 반기는 것은 바위에 걸터앉은 인어상이다.

　장사도 해상공원, 카멜리아라고 한다. 동백이다. 섬을 찾는 사람들은 나이가 지긋한 어머니들이다. 간혹 연인들이 손을 잡고 찾기도 한다. 통영사자탈과 선녀탈이 없다면 통영의 섬이라는 것을 잊을 뻔했다.

개황 | 장사도

일반현황

위치 | 통영시 한산면 매죽리
면적 | 0.15km^2
가구수 | -
인구(명) | -
교통 | 배편 | 통영-통영여객선터미널에서 배편 이용 또는 거제-매물도여객선터미널에서 배편 이용
특산물 | -

변화 자료

구분	1971	1985	1995
주소	통영군 한산면 매죽리	통영군 한산면 매죽리	통영시 한산면 매죽리
면적(km²)	0.2	0.2	0.16
공공기관	-	-	-
인구(명)	73	53	13
	(남:34 여:39)	(남:30 여:23)	(남:8 여:5)
가구수	14	15	4
급수시설	공동우물 3개소	간이상수도시설 1개소, 공동우물 2개	공동우물 1개
초등학교	1개 36명	1개 6명	-
전력시설	-	자가발전기 1대	자가발전기 1대
의료시설	-	-	-
어선(척, 동력선+무동력선)	12(0+12)	10(1+9)	1(1+0)

31

올봄에도
매화꽃이 피었을까
통영시 한산면 좌도

이번에는 좀 특별한 배를 타고 간다. 요트다. 통영 미륵도 도선장에서
출발해 통영 바다를 가로질러 한산도를 돌아 좌도까지 간다. 여럿이 함
께 가는 길이니 여객선 비용이면 조금씩 추렴해도 요트 타기가 가능하
다고 지인이 추천했다. 결과는 대만족이다. 통영이니 가능한 일이다.

　좌도는 통제영이 있었던 한산도를 돕는 섬이라 좌도라 했다는데, 한
산도 좌측에 있어 그리 불렀다고도 한다. 그런데 우도는 없다. 한산면
창좌리에 속하는 마을로 고개를 사이에 두고 동좌마을과 서좌마을로
나누어져 있다. 서좌마을은 20여 가구에 50여 명이 살고, 동좌마을도
비슷한 규모이다.

　좌도로 가는 뱃길이 있지만 많은 사람들이 곧잘 낚싯배를 이용한다.
정기 여객선은 여러 섬을 거쳐 좌도에 도착하기 때문이다. 어구리에서
낚싯배를 타면, 뱃삯이 2만 원으로 비싸지만 10분이면 족해 많이 이용
한다. 돈보다는 시간을 선택하는 것이다.

　선창에 도착하니 역시 낯선 이를 반기는 것은 컹컹 짖는 개뿐이다.
합창하듯 짖는 동네 개 소리에 어머니 몇 분이 담 위로 고개를 내밀고
사람 구경을 한다. 그만큼 찾는 사람이 없다는 뜻일 게다. 게다가 타고
온 배가 낚싯배도 아니고 일반 어선도 아니다. 이상스럽게 생긴 배가
선창에 접안하니 호기심 많은 노인 한두 명이 나와서 어디서 왔느냐고

도다리를 잡는 통발은 바닥에 납작 엎드려야 한다. 매화꽃이 필 무렵 도다리쑥국을 찾는 사람들이 많아지면서 어민들도 바쁘다. 사람의 식탐 때문에 어린 도다리가 제명대로 살지 못한다.

묻는다. 서울, 부산, 광주, 충청…. "뭔 볼 것이 있다고 여까지 왔는교?" 이해가 되지 않는다는 눈치다. 매화나무가 많은 곳을 문자 알려주면서 길이 없을 거라며 말린다. 옛날에는 길이 반질반질할 정도로 사람들이 오가는 길이었다. 학교가 동좌에 있었으니 서좌에 있는 학생들은 매일 하루에 두 번은 오고 갔다.

통영 여객선 터미널에서 좌도로 오는 길은 수월치 않다. 배편도 넉넉지 않으니 주민들은 한결같이 한산도와 좌도를 잇는 다리를 원했다. 한산도 소고포마을과 좌도 서좌마을과의 거리는 불과 300미터 떨어져 있으니 그럴 만도 하다. 한산도와 통영을 오가는 배는 자주 있으며 섬 안에 마을을 오가는 버스도 있다. 좌도 주민들 중에는 사선으로 한산도로 건너가 배를 타고 통영 시내를 오가는 사람도 있다.

그 섬에 가는 이유

아직 봄은 저 건너 국도쯤 있을 텐데 좌도를 찾았던 것은 매화꽃을 보기 위함이다. 서좌마을이 내려다보이는 곳에 오래 묵은 매화나무가 많이 있다. 여전히 꽃을 피우고 열매를 맺는다. 섬마을에 이렇게 오래된 매화나무가 자리를 잡은 내력을 보자. 30여 년 전, 마을에 김 씨 성을 가진 어른이 하동에 가서 매화 1,700주를 사다 서좌마을 위 몬당(꼭대기)으로 가는 길에 심었다. 그게 자리를 잡아 봄이면 섬이 매화꽃 향기로 가득하다. 동좌마을도 집집마다 오래된 매화나무가 한두 그루씩 있다. 이곳 매화는 일제강점기 가와우지라는 일본인이 목섬에 자리를 잡으면서 가져와 심은 것이란다. 가와우지는 섬 주민들을 고용해 수산물 가공업을 하면서 동좌마을 뒤 산자락에 매화나무를 심었다. 목섬과 동좌리 사이 대나무 밭에는 수령이 오래된 굵은 매화나무 너덧 그루가 있다. 고목이 되어 수명을 다한 나무도 있다. 근처에 사는 한 주민은 그 나무가 일본인이 와서 심은 나무라고 했다. 동좌리에는 마을 뒤 비탈진 밭과 우물 위쪽 제실 옆 밭에 매화밭이 있다. 바다와 어우러진 매화꽃이 더욱 도드라진다.

몬당을 넘어가는 길에 폐교로 들어섰다. 어렸을 때 이 학교를 다녔다는 소인경 씨(통영 거주, 건어물 유통)가 안내했다. 교실도 운동장도 흔적이 없지만 '충효'라고 새겨진 돌이 예전에 학교였음을 확인해주었다. 유독 통영과 거제의 폐교에서 '충효'라는 글씨를 새긴 돌을 곧잘 확인할 수 있는 것은 임진왜란의 격전지와 통제영이라는 것 외에 정치적인 이유도 있는 듯하다. 좌도에 있는 학교는 1963년 개교해 1985년 한산초등학교로 편입되었다. 그리고 1998년 폐교되었다. 1970년대 초 학생이 130여 명에 이르기도 했다. 당시 100여 가구가 거주했다. 학교가 문을 열기 전에는 나룻배를 타고 한산도로 등하교를 했다. 당시 배

좌도 서좌마을. 자장가를 불러서 재워야 할 '섬집애기'는 없다.

가 침몰해 아이들 몇 명이 목숨을 잃었다. 지금도 주민들은 섬에 사람
이 살기 시작한 이래 가장 슬픈 소식으로 꼽는다. 그 뒤 주민들의 요구
에 괭이와 호미로 직접 건물을 지어 문을 열었다. 뒤늦게 학교를 개교
한 이유이다.

　두 마을을 잇는 언덕을 '둔덕개몬당'이라 부른다. 언덕으로 오르는
길은 모두 밭이었다. 고메(고구마의 통영 말)를 심어 끼니를 해결하고
그도 부족하면 톳을 삶아 먹었다. 그렇게 보릿고개를 넘겼다. 좌도는
다행하게도 좋은 바다를 가졌다. '개발'(계발)하기 좋은 갯벌을 가졌다.
바지락 등 조개류가 서식하기 좋은 혼합 갯벌이다. 아이들 머리만 한
돌들이 듬성듬성 놓인 곳은 어김없이 해삼이 숨어 있었다. 깊은 바다에
는 우렁쉥이(멍게)와 굴을 양식한다. 그리고 바닷풀이 많아 어족 자원
도 좋다. 어쩌면 교통도 불편하고 섬도 작은데 적잖은 사람들이 섬을

지키며 살아온 것은 땅 농사보다는 바다 농사가 좋았기 때문일지도 모르겠다.

멍게와 굴 밭에서

좌도는 멍게 양식과 굴 양식으로 먹고사는 섬이다. 양식은 서좌리가 활발하다. 그렇다고 많은 가구가 양식을 하는 것은 아니다. 몇 집에 불과하다. 나머지 나이가 많은 주민들은 양식장에서 일당을 받고 일하고, 텃밭에 시금치를 심어 일구고 바지락을 파서 생계를 유지하고 있다. 어쨌든 돈벌이는 직접 일하든 고용되어 일하든 바다에서 나온다.

겨울철이라고 놀지 않는다. 이웃한 큰 섬 한산도에서 이른 새벽에 굴 공장 배가 와서 어머니들을 싣고 간다. 굴 박신공장에서 굴 까는 작업을 오후까지 계속한다. 좌도에서도 한때 굴 양식을 했다. 하지만 작은 섬에서 굴 양식이 어려운 것은 알굴로 판매하는 유통 과정에 참여할 수 없는 탓이다. 굴을 까기 위해서는 적지 않은 노동력이 필요하다. 자본이 있어도 안정된 노동력이 공급되어야 한다. 그리고 배편도 자주 있어야 한다. 그렇지 않으면 경쟁력에서 뒤질 수밖에 없다. 좋은 어장을 가지고 있어도 이런 조건이 따라주지 않으면 양식업을 하기 어렵다. 특히 굴 양식이 더욱 그렇다.

멍게나 굴 양식 이전에 좌도는 홍합으로 유명했다. 특히 꼬챙이에 홍합을 끼워 말려 팔았다. 간혹 통영 중앙시장 건어물 상회에서 모습을 찾을 수 있다. 지금은 보관하는 시설이 좋아 생홍합을 끼워 팔기도 한다. 양식업을 하기 전에는 자연산 홍합을 팔았다. 홍합을 '합자'라 하며, 특별히 참합이라 불렀다. 참합을 삶아 건져낸 다음 남은 국물을 약한 불에 끓이면 진액이 남는다. 합자젓이다. 천연 조미료다. 통영 시내에서 멍게비빔밥 전문점을 운영하는 '멍게가' 이상희 셰프는 직접 합자젓을 만들어 멍게비빔밥이나 나물을 무칠 때, 국물 요리를 할 때 사용한다. 또 판매하기도 한다. 통영에서는 오래전부터 합자는 삶아 말리고 국물은 젓으로 만들어 조미료로 사용했다고 한다. 이 셰프한테서 얻은 합자를 조미료로 써서 시금치를 무쳐봤다. 확실히 맛이 다르다. 국을 끓일 때도 감미료로 최고다.

담치 양식이 시작되면서 좌도에서 우리 홍합은 자취를 감췄다. 담치는 지중해에서 화물을 실어 나르는 배의 평형수에 포함되어 왔을 거라고 한다. 담치는 번식력이 강하고 서식지인 갯바위를 먼저 점령한다. 갯바위는 말할 것도 없고 부표나 밧줄이나 배 밑에도 자리만 있으면 부착한다.

몬당을 넘어 서좌마을이 한눈에 들어올 때쯤, 강한 매화 향에 비틀거릴 뻔했다. 이제 막 봉우리를 터뜨리기 시작한 매화꽃이 수줍게 인사

좌도는 매화꽃이 필 무렵이면 생각나는 섬이다. 따뜻한 남쪽 섬이라 일찍 피는 꽃이 반가워서이고 봄이면 늘 그곳을 찾는 보고 싶은 통영의 벗들 때문이다.

한다. 매화나무도 묵은 가지를 치고 관심을 가져야 꽃도 열매도 튼실하다. 역시 사람 손이 필요하다. 그런데 매실을 딸 사람도 없다. 고령의 노인들이 비탈진 밭을 오르내리며 매실을 따는 것이 여간 고역이 아니다. 자식들이 오간다지만 딴다고 끝나는 것이 아니다. 손이 한두 번 가는 일이 아니다. 꽃은 피지만 걱정도 함께 피어난다.

농약도 치지 않는 좌도의 매화가 한때 주목을 받았다. 매화나무를 많이 심지 않았던 때다. 1킬로그램에 5천 원씩, 없어서 못 팔았다. 그런데 광양을 비롯해 여러 곳에서 대규모로 매화를 심으면서 섬에 와서 매화를 가져가는 사람들의 발길이 뜸해졌다. 덩달아 비탈진 밭을 오르내리던 섬사람도 나이가 들었다. 관리하기도 어렵고 사가는 사람도 없으니 방치될 수밖에 없었다. 봄에 꽃은 피지만 열매가 튼실해지기 전에 떨어진다. 돌보는 사람도 없으니 매화인들 열매를 맺고 싶을까. 매화를 따기 위해 비탈진 밭으로 올라와 가지를 치고, 거름을 주고, 꽃을 갈무리하고, 열매를 따는 번거로움이 버겁다. 한때 매화밭을 일구었을 어머니는 이제 비탈진 밭 대신 집 앞에 시금치를 심어 근근이 용돈벌이를 하고 있다. 시금치도 이웃한 한산도만큼 판로가 좋지 않지만 그래도 매화밭을 돌보는 것보다 더 낫다.

이렇게 나이 든 어머니들에게는 굴 공장에 앉아서 굴을 까는 것이 더 쉽고 익숙하다. 노인들에게 땅 농사보다 바다 농사가 더 가깝고 더 요긴하다. 바지락이 잘 자라는 마을 어장이 있다면 작은 마을의 섬살이도 풍요롭다.

개황 | 좌도

위치 | 통영시 한산면 장좌리
면적 | 1.12km^2
가구수 | 65
인구(명) | 111
교통 | **배편** | 통영-통영여객선터미널에서 배편 이용(1일 2회 운항)
특산물 | 바지락, 해삼, 멍게, 굴 등

변화 자료

구분	1971	1985	1995
주소	통영군 한산면 창좌리	통영군 한산면 창좌리	통영시 한산면 창좌리
면적(km²)	2.1	2.1	1.17
공공기관	–	–	–
인구(명)	750 (남: 376 여: 374)	504 (남: 243 여: 261)	231 (남: 115 여: 116)
가구수	116	118	81
급수시설	공동우물 5개소	간이상수도시설 2개소	간이상수도시설 2개소
초등학교	초등학교 분교 1개 136명	1개 96명	초등학교 분교 1개 12명
전력시설	–	한전 118가구	한전 81가구
의료시설	–	–	–
어선(척, 동력선+무동력선)	17(9+8)	70(46+24)	29(17+12)

32
청년이
섬을 찾은 이유
통영시 한산면 비산도

"치끝에서 저쪽 마을로 학교를 다녔어요. 배가 안 올 때는 물이 빠지면 책보를 머리에 이고 건너오기도 했지요."

저쪽 마을은 한산도 염호리 염호국민학교를 두고 하는 말이다. 여울이 지는 곳이라 물이 빠지면 수심이 낮고 거리도 100미터에 이르지 않는다. 올해 스물다섯인 청년 박하림은 섬 노인들이 기억하는 마지막 학생이었다. 이 청년과 비산도를 찾았다. 할머니가 보고 싶어 가끔 섬에 들어온다는 착한 청년이다. 치끝으로 가는 길에 섬 할머니 두 분을 만났다. 할머니들은 청년을 금방 기억해냈다. 멀리서 오는 것을 보고 '준영이'가 오는 줄 알았다며 반긴다. 할머니 손자가 준영이였던 것이다. 아침에 젊은 청년이 섬을 찾을 리가 없는데, 올라오는 것을 보고 손자로 생각한 것이다.

청년은 내가 봐도 반듯하다. 심성도 용모도 그렇다. 통영에 오면 가끔 만나는, 멍게가를 운영하는 셰프이자 사진작가인 이상희가 아끼는 제자다. 사실 멍게가는 이상희의 아내가 운영한다. 이상희는 음식을 공부하고 조리를 하는 샌님에 가깝다. 궂은일은 아내가 하고 폼나는 일은 남편이 한다고나 할까. 홍합을 이용해 합자젓을 만들고 어간장을 만들어 음식을 만드는 데 사용한다. 요즘에는 통영 음식 연구에 푹 빠졌다. 통제영이 나온 고지도를 놓고 문헌을 펼치고 음식을 공부하고 있다. 참 좋은 친구다. 이번 비산도 답사에 동행했다. 제자 고향이라니 더 궁금했던 모양이다.

땅은 정말 사람을 닮는다는 그의 말에 공감한다. 작은 섬이지만 포근하고 따뜻하다. 욕심처럼 이대로 멈췄으면 좋겠지만 어디 섬살이가 그렇던가. 부지런히 마음에 담고 심성을 밝히는 자양분으로 삼을 일이다. 통영의 섬들은 제 모습을 잃고 있다. 통영 섬만이 아니다. 전국의 섬이 몸살을 앓고 있다. 가장 먼저 수도권과 가까운 경기만 일대의 섬이 대상이었고, 다음은 경관이 좋은 통영과 거제의 섬이 대상이었다. 이제 전라도의 섬도 개발의 범주에 포함되어 개발업자의 먹잇감이 되었다. 비산도가 남아 있는 이유는 간단하다. 국립공원에 속하기 때문이다. 불편한 점도 있겠지만 개발 측면에서 보면 방치이고, 보전 측면에서 보면 원형을 간직하는 것이다. 이 둘이 조화롭게 자리하는 사례를 찾는 것은 어렵다. 우리가 그 자리를 마련해주지 않는 탓이다.

비산도는 호젓한 국립공원에 포함된 섬이다. 좋은 친구와 함께 조용히 다녀가야 할 섬이다. 다행인지 불행인지 뱃길이 불편하다. 욕심을 낼 수도 없다. 바쁠 것도 서둘러야 할 일도 없다. 모든 것을 뭍에 두고 와야 보이는 섬이다.

좋은 친구와 섬 여행하기

말이 나온 김에 친구 이야기를 좀 더 하자. 이상희를 처음 만난 곳은 사량도였다. 그곳에서 수륙대제를 한다기에 구경 삼아 갔다가 짬을 내어 산에 오르는 길에 앞서거니 뒤서거니 하면서 만났다. 그도 나도 각각 사진을 찍었다. 그리고 내려오는 길에 말을 건넨 것이 계기가 되어 10여 년 인연을 이어가고 있다. 그는 사진작가다. 다른 글에서 그를 '통영의 김영갑'이라 했다. 충청도 출신이 통영 여자를 만나 통영에 살면서 통영 사람보다 통영을 더 사랑하고 더 깊게 알고 싶어 노력한다. 제주 출신이 아닌 김영갑이 제주 사람보다 더 속살을 담아냈으니 그 시기와 질투는 또 얼마나 감당해야 했을까. 상희의 속내를 모른다. 표현하지 않고 삭히며 사진으로 음식으로 이야기한다. 참 좋은 친구다.

길가에서 만난 할머니가 청년 박하림에게 장가갈 준비를 하라는 말을 하며, 여자를 잘 만나야 잘산다는 말을 덧붙였다. 할머니의 삶이 우러나는 조언이니 새겨들으라고 했더니 웃는다. 비산도는 모두 여섯 명의 할머니가 살고 있다. 그중 오늘 만난 할머니는 모두 세 명이다. 옛날에는 스무 가구 정도 거주했다.

섬 주변에 굴 양식을 하는 사람이 있지만 염호리 사람들 몫이다. 어장은 염호리와 묶여 운영되고 있다. 마을 사람 중에 멍게 양식을 한 사람도 있지만 유통도 힘들고 업자들 횡포도 심해 그만두었다. 지금은 마을 주민 중에 양식을 하는 사람은 없다. 섬 주변에 가두리 양식도 모두 외지 사람들이 하고 있다.

한산면이 거제군에 속하던 시절에는 거제군 둔덕면 을포라 불렸지만, 통영군에 편입되면서 한산면 염호리 비산도로 바뀌었다. 산이 날아가는 형국이란다. '비생이'라 부르기도 한다. 청년은 마을로 내려가지 않고 밭길을 따라가더니 길도 없는 언덕 위로 곧장 오른다. 이유를 물어보지도 않고 따라 올라갔다. 오늘따라 바닥이 미끄러운 신발을 신어서 한 차례 나뒹굴었다. 다행히 보는 사람도 없었고 카메라도 무사하다. 갑자기 후다닥 노루가 숲에서 뛰쳐나와 밭을 가로질러 맞은편으로 뛰어갔다.

산 능선에 오르니 그곳에 아주 너른 묵정밭이 있었다. 할머니가 손자를 데리고 곧잘 올라와 밭을 일구던 곳이란다. 꽤 넓다. 곳곳이 달래밭이다. 손으로 뽑아도 뿌리째 뽑힐 만큼 흙이 부드럽다. 황토다. 청년이 할머니 등 뒤에서 한산도 너머 통영시를 바라보며 무슨 생각을 했을까. 오르는 길이 온통 노란 염주괴불주머니다. 이렇게 군락을 이룬 모습은 본 적이 없다. 양귀비과에 속하는 2년생 초본으로 해안이나 모래땅에서 자란다. 열매가 염주 알을 닮아 붙여진 이름이다. 독성이 있는 식물로 진통제로도 사용했다.

마을 골목은 좁지만 해안은 차가 다닐 정도는 된다. 그렇다고 차가 있는 것은 아니다. 하루에 두 번 배가 온다. 아늑하고 포근한 섬이다. 한려해상국립공원에 속하는 섬이다. 육지 고구마 '고메'보다 더 맛이 좋다는 비산도 노란고구마는 소량 생산되기 때문에 아는 사람이 찾는다.

섬에서 우물만큼 소중한 것이 있을까. 비산도에 있는 공동우물도 세월을 이기지 못하고 평생 갈 것 같았던 철골 시멘트 기둥이 부서지고 있다. 바닷바람에 장사가 있으랴. 슬레이트 지붕 아래 상량을 보니 '1975년'과 '새마을'이 선명하게 새겨져 있다. 벽돌을 쌓고 기둥을 세우고 귀한 슬레이트로 지붕을 얹었던 사람들은 모두 섬이 되었을 것이다. 세월이 그렇다.

한 집 한 집 기웃거리며 돌아보는 데 20분이면 족하다. 할 일 없이 선창을 오가다 배 한 척에 눈길을 주었다. 섬사람들이 나이 들고 섬살림이 낡아지듯이 배도 이젠 보낼 시간이 된 듯하다. 저 배가 청년을 학교

한때 많은 주민들의 발이 되었던 도선이지만 섬과 섬 주민과 함께 나이가 들어 마을 앞 선착장에서 다소곳이 처분을 기다리고 있다.

로 데리고 다녔던 배는 아닐까. 큰 섬에서 작은 섬으로 갖가지 사연을 가지고 건널 때 저 배도 톡톡히 제 역할을 했을 것이다. 청년이 고구마 밭을 일구는 할머니와 만나 밝게 웃을 수 있었던 것도 같은 이치리라.

대문도 없는 집을 기웃거리다 돌닻에 눈을 맞추었다. 처음 보는 돌닻이다. 돌닻을 많이 보았던 섬은 제주도다. 옛날에는 배를 정박할 때나 어구를 바다에 놓고 조류에 떠내려가지 않도록 돌닻을 사용했다. 비산도에서는 바람에 지붕이 날아가지 않도록 줄을 묶어 고정하는 용도로 돌닻을 사용했다. 덕분에 지붕은 잘 버티고 있는데 정작 주인은 뭍으로 가서 정말 뭍에 묻혔는지 섬을 떠난 지 오래다.

310

일반현황

위치 | 통영시 한산면 염호리
면적 | 0.14km²
가구수 | 12
인구(명) | 18
교통 | **배편** | 통영-통영여객선터미널에서 배편 이용
특산물 | 고구마

변화 자료

구분	1971	1985	1995
주소	통영군 한산면 염호리	통영군 한산면 염호리	통영시 한산면 염호리
면적(km²)	0.2	0.2	0.16
공공기관	–	–	–
인구(명)	151 (남: 83 여: 68)	85 (남: 49 여: 36)	53 (남: 31 여: 22)
가구수	21	20	19
급수시설	공동우물 1개	공동우물 2개	간이상수도시설 1개소
전력시설	–	한전 20가구	한전 19가구
의료시설	–	–	–
어선(척, 동력선 +무동력선)	8(5+3)	8(3+5)	11(4+7)

통영시 산양읍

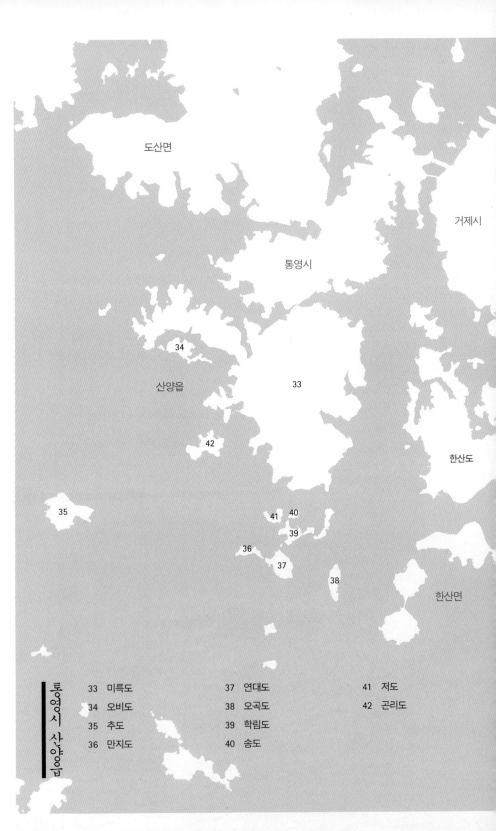

도산면

거제시

통영시

34

산양읍

33

42

한산도

35

41 40

39

36

37

38

한산면

통영시 산양읍

33	미륵도	37	연대도	41	저도
34	오비도	38	오곡도	42	곤리도
35	추도	39	학림도		
36	만지도	40	송도		

33

통영시의 희망,
신이 남긴 보배

통영시 산양읍 미륵도

우리 산양면은 비록 명문대가와 관직이 높고 학문이 깊어 일세에 이름을 날린 사람은 없지만 산은 미륵불이 이 세상에 내려온 용화도봉이 있고 물은 이충무공이 왜적들을 섬멸한 당포요항이 있다. 물산은 사면이 어업에 적당한 물가며 교육은 매 리마다 공립학교가 있어 문학과 효열이 빛나고도 성하여 끊이지 않고 배출되었으니 본 면의 명물과 특색은 타 지방에 비길 바가 아니다. (《산양면지》, 1948)

1948년 쓰여진 《산양면지》 머리글이다. 학교 명칭을 제외하면 지금 쓴 글이라 해도 부족함이 없다. 미륵도는 통영시에 속한 섬 중에서 가장 큰 섬으로 산양읍, 봉평동, 미수동, 도남동으로 이루어진 면적 약 39제곱킬로미터의 섬이다. 섬 중심에 산양읍과 통영시를 구분 짓는 미륵산(461미터)이 있다. 통제영 당시 주산인 여황산보다 당당해 화기를 누르기 위해 물항아리를 묻었다고 한다.

통영에서 하룻밤을 머물렀다면 이른 아침 미륵산에 오르길 권한다. 산 중턱까지 자동차 길이 있어 잠깐이면 오를 수 있다. 정산에 오르는 길이야 여러 길이 있지만 편백나무 숲이 있는 미래사 길을 택했다. 새벽 목탁 소리와 새소리를 벗 삼아 오르는 기쁨은 무엇과도 바꿀 수 없다. 정상 부근이 조금 가파르지만 어렵지 않게 오를 수 있다. 정상에 오르면 사방으로 터진 바다에 떠 있는 570여 개의 유무인도를 볼 수 있다. 아침 햇살을 받아 옥빛으로 반짝이는 윤슬을 헤치며 배들이 오간다. 아름답다는 말로 다 표현할 수 없다. 오죽했으면 청마와 함께 미륵산에 오른 시인 정지용이 '나는 문필로 묘사할 능력이 없다'면서 손들었을까.

동양의 나폴리를 보려거든, 미륵산에 올라야

미륵산은 미륵도 중앙에 위치해 있다. 1억 2천만 년 전 중생대 백악기 말기에 분출된 화산이다. 이곳에는 미래, 용화, 관음, 정토 등 미래불의 현신을 보고 싶어 하는 마음을 담은 사찰이 많다. 고승 원효대사가 이곳을 방문하여 미래불이 장차 태어날 것이라 미륵산이라는 이름을 붙였다고 한다. 미륵산으로 가는 길은 크게 세 길이다. 미륵산에서 오르는 길, 용화사에서 오르는 길이 있고, 케이블카를 타는 방법도 있다. 가장 쉬운 방법은 도남동에서 케이블카를 타고 스카이워크전망대에 도착해 20분 정도 데크를 오르면 미륵산에 도착한다. 미수동을 지나 미래사에서 오르는 길은 편백나무 숲을 거쳐 오르는 길이 인상적이며, 용화사에서 오르는 길은 시내버스를 이용할 수 있어 좋다. 이 길 외에도 산양읍사무소에서 오르는 길도 있다. 등산을 좋아하는 사람들에게는 짧아 용화사, 관음사, 도솔암, 천연 동굴, 헬기장, 정토봉, 미륵치, 미륵산, 봉수대터, 미래사, 띠밭등, 용화사로 걷는 길을 택하기도 한다.

우렁쉥이(멍게) 집산지인 영운리를 뒤로하고 미래사에 오르면 일본인들이 심었다는 편백나무가 반긴다. 광복 후 미래사 사찰에서 편백나무 숲을 매입해 울창한 숲으로 가꾸어 많은 사람이 찾고 있다. 최근에 무장애 길을 만들어 몸이 불편한 사람도 어렵지 않게 숲을 즐길 수 있다. 미래사는 무소유의 법정 스님이 효봉 스님을 모셨던 곳으로 알려져

미륵도는 섬이 아닌 섬이다. 통영의 맛과 통영의 멋은 미륵도가 있기 때문에 가능하다. 강구안의 북적임도, 서호시장의 맛스러움도 모두 미륵도가 준 선물들이다. 미륵의 바다와 섬이 품은 것들이 오롯이 밥상에 오르고 시장에서 팔리고 여행객의 눈과 마음을 따뜻하게 한다.

찾는 이도 많다.

미륵산 정상에 오르는 가장 큰 이유는 한려수도를 한눈에 볼 수 있기 때문이다. 거제에서 시작해 여수반도까지 이어지는 남해 바다와 많은 섬들을 한눈에 살펴볼 수 있다. 그리고 연안으로 진해만과 고성과 사천 바다로 이어지는 연안도 둘러볼 수 있다. 날씨 좋은 날은 쓰시마섬과 지리산 천왕봉이 보인다. 왜 통영을 동양의 나폴리라 했는지 알 수 있다.

정상에서 서남쪽으로 야숫골을 따라 내려가면 당포성지·연대도·욕지도·연화도·국도·추도·두미도·사량도가 펼쳐져 있고, 남동쪽으로는 한산도·거제도·매물도가 이어진다. 북동쪽으로 강구안과 통영시가 한눈에 들어온다. 강구안은, 고성으로 빠지는 물길이 자유롭게 소통하지만 파도와 거친 바람은 미륵도와 한산도과 거제도가 막고 있어 최고의 천연 항이다. 한산도에 통제영이 자리를 잡은 것이나 이후 두룡포와 강구안에 통제영과 세병관을 비롯해 열두 공방이 설치된 것도 이런 천연의 지세를 갖추었기 때문이다. 이곳은 부산과 여수에 이르는 남해안길의 중앙에 위치한 바닷길의 요충지이다. 미륵산 정상에 봉수대가 설치된 것은 당연한 일이다. 1998년 11월 13일 경상남도기념물 210호로 지정되었다.

이곳에서 살펴본 다도해의 모습도 장관이지만 미륵산 자락을 일궈 농사를 지은 야숫골과 금평리 다랭이논(다랑논)은 통영의 40여 개 섬의 시난고난한 섬살이를 엿볼 수 있다. 논밭은 묵정논밭으로 바뀌었고, 바닷가는 개발되어 펜션이나 카페들이 들어서고 있다. 야숫골은 미륵도에서는 드물고 바다와 가까우면서 바다가 전혀 보이지 않고 해풍과 해무가 피해가지만 역설적으로 바람과 볕이 좋은 곳이다. 미륵도의 분화구인 당포마을로 길이 열려 있다. 이곳은 임진왜란 때 무기를 만들고 쇠를 다루는 곳이었다. 통영에서는 드물게 마을로 들어가는 입구에 돌탑이 쌓여 있다. 제주의 거욱대(방사탑)나 조탑과 흡사하다. 돌을 쌓아 올린 탑으로 수구막이를 하는 일종의 입석이다. 물의 흐름에 따라 복과 액이 들고 나는데 마을 안으로 액이 드는 것을 막고 복이 나가는 것을 막는 역할을 하는 것으로 믿는다.

도다리의 집산지, 삼덕항

삼덕항. 부부가 아침 일찍 자망그물을 털어 건져온 문치가자미가 그릇에 가득 담겨 위판장으로 옮겨진다. 이곳에서 위판된 문치가자미는 통영의 서호시장이나 중앙시장으로 옮겨진다. 그곳은 시민들만이 아니라 여행객들이 즐겨 찾는 여행지이다. 시장에서 볼 수 있는 수산물이나 농산물은 대부분 이렇게 통영의 섬과 바다에서 얻은 것들이다. 삼덕리

1989년 삼덕리 조선소에서 새로 만든 배의 진수식 모습. (사진·삼덕리 이일봉)

물양장은 자동차로 가득하다. 욕지도로 가는 여행객과 곤리도로 가는 낚시꾼들이 가져온 자동차들이다. 여기에 수산물 위판장이 더해 복잡하다. 앞바다에 빼곡하게 설치된 가두리에는 방어, 능성어, 우럭, 볼락, 돌돔, 감성돔, 참돔, 쥐치 등 다양한 어류가 양식되고 있다. 멍게 양식은 영운리가 중심이며, 어류 양식은 미륵도 서쪽 삼덕리, 연화리, 미남리 일대의 연안과 섬 주변에서 이루어지지만 곤리도에서 학림도 일대의 바다가 중심이다. 다만 고등어 양식만은 연화도와 욕지도에서 이루어진다. 또 굴 양식은 미륵도보다는 통영시 용남면 동달리와 한산면 창좌리가 중심이다.

미륵도와 한산도 사이 그리고 미륵도 밖 바다에 멸치 어장이 형성되어 봄여름에 멸치잡이가 활발하다. 멸치는 부산에서 여수에 이르는 남해 해역에 서식하는 대표 어종이며 특히 통영 멸치가 유명하다. 남해군

의 정치망, 여수의 낭장망과 달리 통영은 일제강점기 이후 권현망이라
는 선단으로 멸치를 잡았다. 이 외에도 연승(주낙)을 이용해 장어나 낙
지를 잡고 통발을 이용해 문어나 꼼치(물메기)를 잡았다. 또 자망을 이
용해 가자미(도다리)를 잡기도 한다. 계절별로 보면 봄철이면 멍게와
도다리가 인기이며 겨울철이면 물메기와 굴이 유명하다. 어민들이 잡
는 도다리는 대부분 삼덕항에서 위판되어 전국으로 유통된다. 삼덕항
은 산양읍 삼덕리에 있는 어항이다. 1991년 국가어항으로 지정되었다.
통영시는 2013년 삼덕항을 '당포항'으로 변경했다. 당포란 지명은 최
영 장군이 축조한 당포성지유적과 충무공 이순신 장군의 당포대첩에
근거한 것이다. 또 당포마을이라는 지명도 남아 있다. 하지만 여전히
국가어항은 삼덕항으로 기록되어 있다.

다음은 1945년《산양면지》에 기록된 토산물 중 수산물이다.

도미, 청어, 정어리, 갈치, 조기, 춘(鰆), 대구, 사(鰤), 유 유, 전어, 가물
치, 장어, 농어, 공미리, 병어, 가오리, 가자미, 상어, 방어, 넙치, 직소
(直蛸), 수장소(手長蛸), 오징어, 게, 새우, 해삼, 소라, 전복, 굴, 해초,
이패, 직해라(直海蘿), 대해라(大海蘿), 석화채, 은행초, 앵초, 화포, 청
해태

그 양은 줄었지만 여전히 미륵도와 연안 섬과 바다에서 볼 수 있는
해산물들이며, 서호 새벽시장에서도 만날 수 있다. 이들이 통영 시민들
의 밥상만이 아니라 다찌와 식당을 풍성하게 한다. 이 중 대구, 장어, 가
자미, 방어, 넙치, 해삼, 소라, 굴 그리고 해초들은 통영의 바다 맛을 이
끄는 일등공신이다.

삼덕항처럼 다기능항의 요소를 완벽하게 갖춘 곳도 드물다. 당포에

서 달아마을에 이르는 해안과 연안은 도로도 바다도 모두 통영에서 손 꼽는 곳이다. 난립이 걱정일 만큼 많은 펜션이 속속 해안에 들어서고 있다. 곤리도, 학림도, 연대도를 비롯해 크고 작은 유·무인도가 있어 연 안은 낚시와 어업이 공존하는 곳이다. 도산동 요트 계류 시설까지 이어 지는 바닷길은 멋진 해양 레저 공간과 소규모 어업이 공존하는 곳이다. 바다의 지속 가능한 이용과 보전의 시금석이 될 공간이다.

봄철이면 통영을 여행하는 사람들이 즐겨 먹는 '도다리쑥국'의 도다 리(문치가자미)도 대부분은 이 바다에서 양식하거나 잡혀 삼덕항에서 위판된다. 우리나라에서 도다리 소비가 가장 많이 이루어지는 곳이다. 그뿐인가, 참돔, 감성돔도 많이 잡히고 양식된다. 심지어 강원도에서 잡힌 방어가 이곳 가두리에서 키워져 전국으로 유통된다. 꼼치(물메기) 도 이곳 바다에서 가장 많이 잡히는 겨울 바닷물고기이다. 멍게와 굴

욕지도나 연화도로 가는 배를 타는 삼덕항은 미륵도에 있다. 삼덕항은 마을신을 모신 당이 있어 당포라 했다고 한다. 지금도 정월이면 목마와 벅수 등을 모시고 당제를 지내고 있다. 임진왜란 시기에 당포해전 이 있었던 곳이다.

양식보다는 가두리 양식을 많이 한다.

　동피랑이나 서피랑이 빛나는 것은 시장이 있고 강구안이라는 천혜의 포구가 있기 때문이다. 그리고 너머에 미륵도와 그 주변 섬과 바다가 주는 풍성하고 신선한 어류와 해산물이 공급되는 탓이다. 통영을 대표하는 복국, 물메기탕, 도다리쑥국, 심지어 시락국까지 섬과 바다가 없다면 나올 수 없는 음식들이다. 통영의 역사적인 거점이 한산도라면 일상의 거점은 미륵도다. 그 영광이 동피랑과 서피랑이라는 곳에서 빛나는 것이다.

●— 통영의 멸치잡이, 기선 권현망

권현망 어업은 멸치를 잡는 선단 어업이다. 선단의 구성은 어로장이 승선하여 멸치 떼를 찾는 어탐선, 그물배로 어로장의 지시를 받고 두 척의 배가 그물을 펼쳐 포획하는 본선, 잡은 멸치를 자숙(찜) 가공하고 섬이나 뭍에 있는 어장막으로 옮기는 운반선 2척으로 이루어져 있다. 어장막에서는 멸치를 냉풍 건조해 완성한다.

'멸두리' '오개도리' '오가도리'라고도 한다. 일본의 오케토리(桶り) 오키토리(沖り)란 말에서 비롯되었다고 한다. 이 말은 먼바다에서 그물통을 띄워놓고 멸치를 잡는다는 의미와 '풍어와 평안을 기원하는 바다의 수호신'인 '공겐카미(權現神)'에서 비롯되었다고도 한다. 다른 이야기로, 멸치를 잡기 위해 그물을 동그랗게 현을 그리며 펼쳐 잡는다 해서 붙여진 이름이라는 말도 있다. 기선 권현망 조업은 7월 1일 시작해 다음 해 3월 말까지 이어진다. 금어기는 4~6월 봄 3개월이다. 최근에는 선원을 구하기 어려워 외국인 선원들이 대부분이다.

멸치 잡는 어구 어법은 권현망 외에 멜젓을 담는 큰 멸치를 잡는 자망(부산, 남해), 가장 비싼 멸치로 알려진 죽방렴(남해, 사천), 정치망(남해, 통영), 낭장망(여수, 진도, 신안 등) 등이 있으며, 지금은 사라졌지만 챗배(가거도), 원담(독살, 제주도)을 이용하기도 했다.

세토 내해의 히로시마현은 도쿠가와시대에 게슈망(藝州網)이라 불리는 소규모 멸치잡이 선예망인 곤겐망(權現網)의 발상지이다. 세토 내해는 어장이 협소하고 어업자가 증가하고 있었다. 이미 1884년 우리 어장을 탐색한 일본 어민들은 권현망

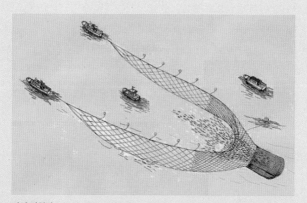

기선 권현망 (자료:국립수산과학원)

어업의 가능성을 확인하고 1889년경 일본의 권현망 어선 7통이 통어하면서 시작되었다. 그리고 1919년에는 78통의 통어에 이르렀고, 조선총독부와 히로시마현의 권유로 통영에 권현망어업조합(1919. 8)을 설립했다. 광도온망조합은 조선어업령에 의해 1919년 8월 18일 조선총독부의 인가를 얻어 설립되었다. 경남의 창원권, 통영군, 고성군 내 거주하는 일본의 히로시마현 출신 권현망 어업자 70여 명을 구성원으로 설립한 조합이다. 조합의 직원 중에는 한국인이 있었지만 조합원 중에는 한국인이 없었다.

이 조합은 진해만 일대의 많은 어장을 얻었다. 조선 어민들은 어업 면허 발급을 중단하라는 요구도 많았다. 조합의 일본인들은 각종 회사와 상점을 운영했으며 사무소는 항남동에 두었고 통영, 고성, 창원 일대를 관리했다. 조합원은 80명에 어업 구역이 아주 넓었다. 광복 후 일본인들이 철수하자 새로 경남온망어업수산조합(1945. 11)을 발족했다. 그리고 경남온망어업협동조합(1962. 4)으로 명칭이 바뀌었다. 1962년 제정된 수협법 시행으로 구 수산단체였던 수산조합을 개편하여 업종별 수협으로 발족하였다. 이때 11개 조합이 설립되었는데 설립 연도가 가장 오래된 수협이 멸치권현망 수협이다. 1963년 수산업법 개정으로 어업 명칭이 기선 권현망으로 바뀌어 기선권현망어업협동조합(1964. 7)으로, 1977년 수산 관련 협동조합의 명칭 모두 수산업협동조합으로 바뀌면서 기선권현망수산업협동조합(1977. 4)으로 바뀌었다. 2016년 기선권현망수협에서 멸치권현망수협으로 명칭을 바꾸었다. 통영, 마산, 사천, 거제, 고성을 중심으로 51명의 조합원이 가입해 있다. 어선이 279척, 고용 인원만 3천여 명에 달한다. 김영삼 전 대통령의 부친도 통영기선권현망 조합원이었다.

기선 권현망 어획 방식으로 생산한 통영 멸치는 '한려수어'라는 브랜드로 유통하고 있다. 청정해역 '한려수도'와 물과 물고기의 관계라는 뜻의 수어지교(水魚之交) '수어'를 조합한 브랜드이다. 청정바다 통영에서 생산된 무공해 바다 식품이자 한려수도 통영의 대표 수산품 멸치라는 뜻이다.

한산대첩의 출발, 당포해전

'꽃샘 잎샘 추위에 설늙은이 얼어 죽는다'고 했다. 며칠 추위에 웅크리고 있던 바닷가 노인들이 골목에 나와 봄볕을 쬐고 있다. '당포성지'로 가는 길을 물었다. 좁은 길을 돌아 우물이 있는 곳에서 오른쪽 길로 올라가라 한다. 이정표도 있으니 살피라는 말도 덧붙였다. 마을 입구에서 이곳까지 오르는 길이 제법 가파르다. 허리가 꼿꼿한 노인들도 지팡이가 있어야 할 것 같다.

삼덕리는 경남 통영시 산양읍에 속하는 마을이다. 미륵도 서남쪽에 위치해 있으며 조선 초기에는 당포만호진이 설치되면서 번성한 마을이다. 통영시에 접어들어 통영대교를 뒤로하고 '가는개'와 산양읍사무소를 지나면 곧바로 삼덕항으로 이어진다. 고려시대부터 성을 쌓아 왜적을 막았던 요충지이다. 1914년 행정구역이 개편되면서 대청, 원항, 남전 일부와 서면 관유를 합하여 삼덕리라 불렀다. 그리고 대청과 관유는 1구로, 원항과 궁항은 2구로 나누었다. 대청은 당포성 안에 있다 해서 성내라고도 하며, 오래전부터 당집이 있어 당개라고 했다가 수군만호진이 설치되면서 큰 포구라는 당포(唐浦)라 했다고 한다.

최근 복원한 당포성지에 오르면 섬들이 한눈에 들어온다. 가장 가까운 섬은 곤리도와 쑥섬이다. 이 섬이 없었다면 당포는 수군진이 들어설 수 없었을 게다. 바다에서는 마을이 보이지 않지만, 바다로 들어오는 적을 쉽게 발견할 수 있는 곳이다. 연대도처럼 봉수대도 있으니 쓰시마섬에서 들어오는 적들을 한눈에 발견할 수 있고, 곧바로 불과 연기를 피워 알릴 수도 있다. 성지 뒤에 있는 희망봉(230미터)과 미륵산(461미터) 사이 골짜기에 꽤 너른 논밭이 있어 병사들 식량을 공급할 수 있는 둔전도 갖추었다. 지금도 마을 이름이 둔전으로 남아 있다. 더 조사를 해보아야겠지만 세포리쯤에 소금을 구웠던 곳도 있을지 모르겠다. 성

통영은 작은 어촌에서 삼도수군통제영이라는 군사 도시로 자리를 잡았다. 당시 병영에 필요한 물품을 납품하던 많은 장인들이 몰려들었고, 팔도에 관리들이 거쳐가면서 많은 네트워크가 형성될 수 있었다. 통영의 맛과 멋을 찾다 보면 통제영의 중심 세병관에 이른다.

벽을 따라 '한산대첩길'이 이어져 있다. 봄 햇살에 고개를 내민 쑥을 캐는 아낙네들도 몇이 보인다.

1592년 오뉴월. 충무공은 1차 출전으로 옥포, 합포, 적진포에서 승리를 한 후 2차 출전에 나선다. 1차 출전과 다른 점은 거북선이다. 사천해전에서 처음으로 거북선을 선보여 승리를 거두었다. 자신이 생긴 이순신은 도망친 적이 당포에 있다는 소식을 접하고 사량도에서 하루를 묵고 곧바로 당포로 향한다. 사천해전에서 왼쪽 어깨에 총탄을 맞아 부상을 입은 상태였지만 지체할 수 없었다.

곤리도를 지나니 멀리 당포 앞에 대선 9척, 중선 10척, 소선 2척 등 전함 21척이 닻을 내리고 있었다. 당포성 안에는 왜병 300여 명이 분탕질을 하고 있었다. 곧바로 활과 총포로 적장이 탄 배를 공격했다. 그리고 거북선을 앞세워 전선으로 돌진했다. 거북선 아래 부분에 돌출장치가 장착되어 있어 적선 아래 부분을 손상시켜 침몰하게 하는 전술이었다. 적장이 화살을 맞고 쓰러지자 첨사 김완 등 군관이 적선에 올라 적장 목을 베었다. 전의를 상실한 왜군이 도주하고, 왜선은 모두 격침시켰다.《난중일기》에 기록된 당포해전이다.

1872년 만든 〈당포진도〉에는 수군만호진이 잘 그려져 있다. 원항마을 안쪽에 구당포라는 지명과 장군봉 그리고 곤리도와 쑥섬(애도 艾島)도 표시되어 있다. 당시 당포는 고성에 속했다. 당포진성은 고려 말 왜구 침략을 방어하기 위해 최영 장군이 쌓았다고 전해진다. 이후 1488년(성종 19년)에 다시 축성했다. 임진왜란 때 왜적에게 함락되었다가 당포해전에서 승리하면서 되찾은 성이다. 사령청, 교청, 수부청, 사청, 포수청, 화교청, 화약고, 객사, 선소 등이 갖추어져 있었다.

1592년 당포대첩 이후 12년 뒤인 1604년 6월 14일, 미조항진의 수군첨절제사가 쌍돛대를 단 흑색 대선이 추도에서 당포 해안으로 들어오는 것을 발견하고 통제사에게 보고했다. 당시 통제사는 이경준이었다. 그는 통제영을 두룡포로 옮기고 세병관 등 객사를 짓고 있었다. 정체불명의 배는 수백 명을 태우고 중무장한 배로, 일본의 도쿠가와 이에야스가 캄보디아에 파견한 첫 외교무역선이었다. 나가사키로 귀항하던 중 풍랑을 만났던 것이다. 이경준 통제사는 판옥선을 가지고 출동하여 투항을 요청했지만 저항하자 전투를 벌인 끝에 격침시켰다. 생존자는 포르투갈인 주앙 멘데스와 중국인, 일본인 49명이다. 원항마을 입구에 '최초의 서양 도래인 주앙 멘데스' 기념비가 있다. 원항마을 앞 여수지봉 사이로 보는 노을이 아름답다.

해 질 녘 미륵도 해안을 걸어보자

미륵도 해안을 따라 산양 관광일주도로, 수륙-일운 자전거도로, 풍화리 일주도로 등이 있다. 산양 관광일주도로는 가는고개(세포고개)에서 당포, 중화, 달아, 신봉 그리고 일운과 이운을 지나 수륙터까지 이어지는 미륵도 일주도로이다.

산양 일주도로의 출발점인 세포마을을 가는개라고 부른다. 통영에서 가장 유명한 농어촌체험마을이다. 이 마을은 둔전, 양산, 죽전과 함께 남전리에 속한다. 둔전은 옛 통제영과 당포만호진 시절 장군봉에서 군선에 신호를 보내기 위해 주둔했던 병사들의 군량미를 확보하기 위해 농사를 짓던 곳에서 비롯된 지명이다. 남전리에서 유일한 바닷마을이 세포마을이다. 산양 일주도로 들머리에 위치해 있다. 풍화리와 남평리 사이로 들어오는 바닷물이 가늘고 길어 '가는개'라 했다고 한다.

조선시대 삼도수군통제영으로 가는 관문이자 당포진으로 가려면 반드시 넘어야 하는 고개다. 해서 통제영에 납품하기 위한 옹기, 삿갓, 소반, 기와, 양태(갓 테두리)의 장인과 대장장이들이 머물렀던 마을이다. 그 흔적이 곳곳에 남아 있다. 세포마을은 동피랑이나 서피랑 등 통영의 매력에 치여 거의 알려지지 않았다. 80여 가구에 200여 명이 거주하는 작은 마을이다. 이 마을이 알려지기 시작한 것은 2012년 농어촌체험휴양마을로 지정되면서부터다. 갯벌과 바다가 있고 농촌 체험까지 아우를 수 있는 곳이다. 봄, 여름, 가을 그리고 겨울까지도 체험과 체류가 가능한 곳이며 마을에 펜션까지 있다. 가까운 곳에서 박경리, 윤이상, 전혁림, 김춘수 등의 흔적을 찾을 수 있다.

삼덕리에서 달아공원에 이르는 미륵도 서쪽 해안길에서 보는 일몰이 특히 좋다. 물론 미륵산 정상에서 보는 것이야 더 말할 필요가 없을 것이다. 해가 질 무렵 귀가하는 배들을 볼 수 있어 일몰과 함께 멋진 경

328

관이 연출된다. 연화리에 있는 달아공원은 여행객들이 많이 찾는 곳이다. 특별한 시설은 없고 언덕에 올라서면 새솜, 솔새섬, 딱섬, 만지도, 연대도, 오곡도, 봉도, 곤리도, 추도 등이 손에 잡힐 듯 가깝고, 멀리 사량도, 두미도, 연화도, 욕지도, 국도, 비진도, 매물도 등 통영의 보석들이 한눈에 들어온다.

미륵도만큼 어부들과 낚시꾼이 공존하는 섬도 찾기 힘들다. 포구나 갯바위 어딜 가나 낚시꾼을 만날 수 있고 고개를 돌리면 어부들도 옆에서 그물을 깁거나 바다로 나갈 준비를 하는 곳이 미륵도다. 달아마을에서 마동마을까지 이어지는 해안길이 그곳이다. 미륵도에서 낚시객들이 가장 많이 찾는 곳이다. 그들의 목적은 이곳에서 배를 타고 금방 갈 수 있는 곤리도나 조도, 연대도, 또는 주변 갯바위에서 낚시를 즐기는 것이다. 물론 미륵도 모든 마을의 포구에는 생활낚시를 하는 사람들이 모여든다. 그래도 척포와 물개마을을 많이 찾는 것은 그곳이 입질이 좋기 때문이다.

이곳에는 낚싯배가 많다. 배낚시나 갯바위낚시를 할 수 있다. 아니면 도로에서 한 걸음 나가서 파도를 막기 위해 설치한 방파제나 테트라포드에서 낚시를 하기도 한다. 안전을 생각하면 권할 일은 아니다. 달아 선착장에서 마동에 이르는 2킬로미터 남짓 되는 해안길은 차를 주차해 두고 바로 낚시를 할 수 있는 곳이다. 캠핑카를 세워두고 숙박을 하며 낚시를 즐기는 사람들도 있다. 여객선이 다니지 않는 오곡도를 갈 때나 비진도, 용호도 등 인근 섬을 빨리 다녀올 때면 척포 낚싯배를 바다 택시처럼 주민들도 이용한다. 낚시인들이 많이 찾는 만큼 발생하는 쓰레기나 안전문제 등도 세심하게 살펴야 하는 곳이다.

통영을 상징하는 길 '한려해상 바다 백리길'이 있다. 이 중 첫 구간이 '미륵도 달아길'이다. 한려해상 바다 백리길은 '미륵도 달아길' 외에 '한산도 역사길' '비진도 산호길' '연대도 지겟길' '매물도 해품길' '소매물도 등대길' 등 전체 42.1킬로미터를 말한다. 섬사람들이 뒷산에 나무를 하러 가던 '지겟길'이나 미역을 뜯으러 가던 길, 옆 마을로 마실을 가는 길, 학교 가는 길 등 섬 주민의 섬살이 길을 연결한 것이다. 그중 미륵도 달아길은 구 산양읍사무소에서 출발해 미래사, 미륵산, 야소마을, 희망봉, 망산을 거쳐 달아공원에 도착하는 길로 14.7킬로미터에 5시간 정도 걸리는 길이다.

망산에 오르면 남쪽으로 학림도, 연대도, 오곡도, 비진도, 그 뒤로 매물도가 바다에 보석처럼 떠 있다. 서쪽으로는 추도, 연화도, 욕지도가 이어진다. 달아공원의 일몰은 통영 여행의 정점이다. 달아공원은 달아마을 서쪽에 있는 언덕이다. 통영의 섬들과 석양을 조망할 수 있는 곳이다. 달아마을은 한때 장어 통발로 산양에서 제일가는 부자 마을이었다. 지금은 소규모 어업으로 생활하며 달아항에서 학림, 저도, 연대도, 만지도를 왕래하는 섬나들이호가 취항하고 있다.

통영은 군사 도시다. 작은 어촌에서 수군 3만이 주둔하는 군사 도시로 계획된 것이다. 지정학적인 위치도 중요하지만 3만 명이 먹고살 수 있는 물산이 공급되어야 하는 곳이다. 임진왜란 직후 전라좌수영에 있던 삼도수군통제영은 통영으로 옮겨온다. 당시 통제영은 한산도에 위치했다. 여기에 군수품을 조달하는 12공방이 들어왔다.

음식을 조리하는 데 없어서는 안 될 것이 식재료이지만 간과하기 쉬운 것이 나무다. 바다 마을에서 나무는 식량만큼이나 식수만큼이나 중요하다. 더구나 3만이라는 수군이 주둔했던 곳이라면 더했을 것이다. 미륵도에는 걸망개라는 곳이 있다. 신전리 신봉마을이다. 한자 이름으로 걸망포, 거을망포, 건망포라고 했다. 미륵산, 법왕산, 신봉산이 품고 있는 깊은 골짜기에 자리 잡은 마을이다. 임진왜란 때는 이곳에서 풀띠를 엮은 것으로 막사를 지었다고 한다. 이곳 '걸망개숲'은 매년 삼월 삼 짓날 마을의 안녕과 풍농과 풍어를 비는 당산제를 지냈다. 이를 이어서 걸망개당산축제를 열기도 한다. 인근에 굴 양식장이 발달해 부녀자들 은 박신 작업 등 굴 가공공장에서 일을 하고 있다.

수륙-일원의 자전거도로는 '삼칭이 해안길'이다. 통영국제음악당에 서 시작해 수륙마을을 지나 영운리까지 이르는 해안길이다. 자전거를 타고, 낚시를 하고, 걷는 사람까지 모두 좋아하는 길이다. 특히 수륙마 을 입구에서 등대낚시공원을 지나 삼칭이 복바위에서 한산마리나리조 트까지 3킬로미터 구간은 천천히 걸으면 한 시간 정도 걸리는 산책길 이다. 자전거도 빌려서 탈 수 있다. 삼칭이는 산양읍 영운리를 이르는 지역 말이다. 영운리에 왜구를 막기 위해 진을 설치했다. 조선시대에는 통제영 아래 '삼천진'을 설치해 삼천포라고 했으며, 마을을 '삼천진리' 라 했다. 주민들은 이곳을 '삼칭이'라 불렀다. 임진왜란 이전 고려 말 조 선 초에도 왜구들은 남해안은 물론 서해안의 어촌에 출몰해 약탈을 일 삼았다. 마을 뒤 불선봉에는 왜구의 동정을 알리는 봉화대가 있다. 마 을 앞 복바위에서는 적정을 파악하고 지휘를 했다고 전한다. 마을 곳 곳에 화약고, 마방, 객사, 활터 등의 지명이 있다. 도남동과 경계에 있는 수륙마을은 한산도를 마주 보고 있으며, 임진왜란 당시 바다에서 죽은 영혼을 달래는 수륙제를 지냈다고 한다. 작은 해수욕장도 있고 멍게 요 리를 맛볼 수 있는 곳이기도 하다. 처음 멍게국수를 맛본 곳도 이곳이 다. 영운리에 이르기 전에 해안절벽에 복바위가 있다. 남근바위라고도 불린다. 아이를 낳지 못하는 부부가 정성을 드리면 소원을 이루게 해주 는 바위라고 한다.

산양 일주도로를 따라 동백 가로수가 심어져 있어 겨울부터 봄까지 붉은 꽃이 으뜸이다. 동백나무는 통영시 나무이며 통영시 새는 갈매기이다. 동백이나 갈매기가 통영시만큼 잘 어울리는 곳도 없다. 산양 일주도로의 가로수로 심은 동백은 한려수도와 잘 어울리며 풍화 일주도로와 함께 사랑받고 있다.

통영시 당동과는 충무교(1967년)와 통영대교(1998년)로 연결되어 있으며, 일제강점기에 만든 해저 터널도 있다. 이 해저 터널은 1927년부터 1933년까지 5년에 걸쳐 통영반도와 미륵도 사이에 있는 10여 미터의 물길 지하에 만든 461미터에 이르는 우리나라 최초의 해저 터널(일명 폰대굴, 폰디굴)이다. 통영대교 아래로 좁은 수로를 '송장목'이라고 부르는데, 한산대첩 당시 왜선들이 도망쳤다가 퇴로가 막혀 많은 일본군 시체가 쌓였다고 해서 붙여진 이름이다. 또 물길을 파내고 왜군이 도망치려 해서 '판데목'이라 했다고도 전한다.

미륵도는 미수동에서 사량도로 가는, 삼덕리에서 욕지도 방향(욕지도, 연화도, 우도)으로 가는, 연화리에서 연대도 방향(연대도, 만지도, 학림도, 저도, 송도)으로 가는 여객선 터미널이 있다. 또 도남동에는 한산도, 비진도, 매물도, 거제 해금강까지 운항하는 유람선 터미널도 위치해 있다. 미륵도의 풍화 일주도로와 산양 일주도로는 자동차로 드라이브하기에 좋다. 미륵산을 중심으로 트레킹 코스로 사랑받는다. 미륵산 케이블카는 통영을 찾는 많은 여행객들에게 인기가 좋다.

통영의 옛 모습, 풍화리에 남아 있다

풍화리는 미륵도 서쪽에 돌출한 반도와 오비도로 이루어진 법정리이다. 풍화리의 모양이 게를 닮아 게섬, 해도, 해도리라 하다가 1900년 진남군 때 크게 화합하고 번성하라는 뜻으로 풍화리라 이름 붙였다고 한다. 풍화리는 1951년 육지부를 동서와 중앙으로 나누어 동부, 중부, 서부라 하고, 거기에 섬인 오비(도)까지 포함해 4개의 행정리로 구성되었다가 1993년에는 장촌과 해란이 분리되었다. 그 결과 동부마을(벌포, 소양화, 대양화, 경포 자연 마을), 중부마을(향촌, 따신몰, 모상, 상장), 서부마을(수월, 멧골, 명지), 장촌마을(다랑골, 장월, 남촌), 해란(함박도, 고다골, 게섬개, 사발개), 오비(목바지, 외박골, 사당개, 대웅포, 소웅포)로 이루어져 있다. 미륵도에서 가장 늦게 일주도로가 만들어질 만큼 개발이 늦은 탓에 자연 마을과 포구가 잘 남아 있다. 산양 일주도로가 관광도로라면 풍화 일주도로는 조용한 휴양의 길로 자전거길과 걷는 길로 인기가 있다.

풍화리는 굴곡도가 높은 리아스식 해안으로 이루어져 있고 수심이 낮아 갯벌이 발달했다. 특히 오비도와 월명도 일대, 해란, 벌포 등 대부분의 포구와 갯바위는 바지락 등 조개류와 김, 톳, 미역 등 해초가 잘 자라 일찍부터 '개발'이 발달했던 곳이다.《산양읍지》자료를 보면 명지마

통영의 옛 모습이 그립거든 풍화리를 찾아보면 된다. 미륵도의 다른 고을들은 빠르게 바뀌고 있지만 풍화리는 해안과 갯벌과 마을이 투박하지만 옛 모습이 남아 있다. 산양 일주도로가 관광도로로 질주한다면 풍화 일주도로는 자전거를 타고 돌아보면 어울린다.

을에는 '문어전'(文魚田)과 '낙조전'(落藻田)을 낙찰한 문서가 남아 있다. 문어전은 문어가 많은 갯벌을 말하고 낙조전은 조류에 떨어져 나온 모자반 같은 해조류가 쌓인 해안을 말한다. 1963년 낙찰 결과를 기록한 문서에 따르면 문어전은 모두 다섯 곳(입찰 가격은 각각 606원, 530원, 250원, 800원, 670원), 낙조전은 네 곳(315원, 335원, 850원, 750원) 입찰한 것으로 나온다. 또 일제강점기인 1933년 음력 8월 23일 '해의 천초 등 채취 의안' 문서에는 '가사리는 매 호당 1인씩 출역하여 공동채취' 한다고 기록했다. 이러한 어촌 공동체의 규칙은 지금도 오비도를 비롯해 풍화리 곳곳에 편린처럼 남아 있다. 지금은 굴, 멍게, 가두리 등 양식 어업과 일부 멸치잡이 어업을 하고 있다. 대부분 고령이며 일부는 펜션 등 숙박 시설이 들어오기도 했다.

풍화리의 중심은 중부의 모상마을이다. 이곳에는 한때 600명이 넘었던 풍화초등학교가 분교장으로 겨우 유지되고 있으며 풍화리 전체 주민이 함께 모시는 위산제가 남아 있다. 모상마을은 벅수몰, 개안이라고도 부른다. 마을 길 양쪽에 나무장승이 있었기 때문에 붙여진 이름이다. 지금은 석장승으로 바뀌어 매년 위산제를 지내고 있다. 옛날에는 흑돼지를 잡아 피를 벅수에게 먹였다. 풍화리 반도의 중앙에 위치하고 안쪽으로 만입한 개(포구) 모양이라 '개안'이라 부르기도 했다. 이곳에 모래가 많아 모상이라 했을 것이라고 한다.

중부마을은 풍화리에서 가장 따뜻한 양지쪽에 위치해 있고, 오비도가 감싸듯 바람을 막아준다. 마을 이름 중에도 따신물개, 온두포라는 지명이 남아 있다. 동부마을의 벌포는 뻘개라고 했던 자연 마을로 나무를 베어 발을 막아 고기를 잡은 곳이라고 한다. 바다 건너 세포마을과는 거리가 250~300미터에 불과한 바닷길인데, 2킬로미터 정도 이어지는 갯골이다. 수심이 낮고 갯벌로 이루어져 발을 막아 고기를 잡기 좋은 곳이다.

서부마을에 속하는 명지마을에는 김장주 씨가 운영하는 작은 '어부박물관'이 있다. 주민들의 생활 도구와 어구 그리고 마을 기록들을 수집해 풍화리에 작고 아담한 박물관을 만들었다. 김 채취와 가공하는 도구, 굴을 까는 조새, 각종 부이와 뜸, 잠수기 도구 그리고 옛날 사진들까지 제법 박물관의 모양새를 띠고 있다. 통영을 알리는 유명 블로그를 운영하기도 했다.

장촌마을 주민들은 '진뻘덕'이라 부른다. 물가에 긴 땅이라는 의미이다. 해안이 길어 언덕일 수 있고, 갯벌일 수도 있다. 갯벌은 '뻘'이며 지형으로 볼 때 해안을 쌓기 전에 자연해안선에 긴 갯벌이 형성되었을 것이다.

해란마을은 풍화리의 원래 이름인 게섬을 간직한 마을이다. 모양도 풍화리의 축소판이 해란마을이다. 특히 함박도는 통영대교를 지나 미

동백꽃이 필 무렵 통영 바다는 붉게 멍게가 익어간다. 봄이 되면 멍게 양식장에서 붉게 꽃이 핀 멍게를 배 꽁무니에 매달고 영운리 포구 작업장으로 들어온다. 세척하고 털고 한 알 한 알 뜯어내어 큰 것은 그대로 판매하고 작은 것은 멍게 살을 꺼내 따로 판매한다. (사진·이상희)

륵도에서 다시 산양 일주도로 반대쪽 풍화리 서북단 끝자락에 위치한 자그마한 어촌 마을이다. 풍화리 서부마을에 속하는 자연 마을로 해란 마을(게섬개)과는 다리로 연결되어 있다. 말이 다리이지 길이가 10미터 내외로 해수 유통을 위한 통을 놓고 묻었다. 함박구미, 딴게섬, 고닥 골, 작약촌이라고도 불렸다. 해안의 모양이 마치 게가 집게발을 벌리고 알을 품고 있는 모양이라 해란(蟹卵)이라 했다고 한다. 그 알이 함박도 앞에 있는 동섬이다. 포구 이름도 해란포, 해서포이며 주민들은 게섬개 라고 한다. 포구가 사발 모양이라 사발포라고도 했다.

함박도는 풍화 일주도로에서 함박마을이라는 이정표를 따라가면 만날 수 있다. 이름에서 알 수 있듯이 굴곡도가 크고 작은 섬을 품고 있으며 마을 앞으로 갯벌이 발달해 바지락 등 패류 서식지로 안성맞춤이다. 16가구가 사는 섬 안의 섬, 어촌 마을이다.

동백꽃 붉어지면 멍게가 제철이다, 영운리

미륵도에서 주목해야 할 것은 바다와 섬만이 아니다. 도로 양쪽에 줄지어 선 동백이다. 날씨가 따뜻한 산양읍 해안도로 세포에서 삼덕을 지나 연명과 달아까지 동백 가로수가 이어진다. 늦겨울부터 시작해 봄까지 동백꽃은 피고 진다. 섬에 동백꽃이 만발하면 바다에도 멍게가 붉게 꽃을 피운다. 이때 멍게 맛이 제대로 오른다. 멍게 양식이 통영을 대표하는 어업이 되면서 봄철이면 상큼한 멍게비빔밥이 인기다. 얼마나 다행인가, 통영을 대표하는 멍게와 도다리가 여행객에게 사랑을 받으니. 동백은 통영의 시목(市木)이고, 동백꽃은 통영의 시화(市花)다. 산양 일주도로 가로수도 동백이다. 바다 건너 두미도, 연대도, 만지도, 곤리도, 추도에도 동백꽃은 이어진다. 통영에서는 동백씨 오일과 추출물로 화장품과 오일을 만들어 팔고 있다. 시장에서도 심심찮게 동백기름을 만날 수 있다.

멍게는 우렁쉥이의 경상도 말이다. 입에서 입으로 멍게가 널리 알려
지자 마침내 표준어로 받아들였다. 통영 인근 바다의 멍게 생산량이 전
체의 70퍼센트를 차지하니 당연한 일이다. 통영 바다 중에서도 한산대
첩의 격전지인 한산도, 화도, 방화섬 일대가 주요 양식지이다. 그 중심
이 산양읍 영운리의 멍게 양식장이다. 마을 앞 물양장에는 온통 멍게
양식과 채취를 위한 시설로 가득하다.

1970년대 멍게 양식 초기에는 바다에서 멍게 유생들을 줄기에 부착
해 양식했다. 지금은 3년 정도 자란 멍게를 밀폐된 공간에 넣어 멍게 유
생을 가는 줄에 부착시킨 다음 6개월 정도 있다가 굵은 줄에 감아서 양
식장으로 옮긴다. 몸줄에 10미터 내외의 줄을 묶어 바닷속으로 내려서
양식하는 것을 수하식 양식이라 한다. 가리비와 굴도 같은 방식으로 양
식을 한다. 멍게의 유생은 눈에 보이지 않는 올챙이 모양으로 바다에
떠다닌다. 이들은 일정한 시기가 되면 부착해 자라는 습성을 지니고 있
다. 해조류의 포자와 같다. 야자수 껍질을 꼬아 만든 팜사를 산란장에
담가 놓으면 유생들이 붙어 자라게 된다. 채묘 후 1년 정도 지나면 새끼
손톱만 한 멍게로 자란다. 이 줄을 가져다 멍게 봉에 감는다. 이를 어민
들은 '봉작업'이라고 한다. 한쪽에서 몸줄을 돌리고 한 사람은 팜사를
감는다. 이걸 양식장에 설치해 3년 정도 자라면 수확한다.

자연산 멍게는 바위에 붙어서 자란다. 몸통 정상부에 돌출한 두 개의
돌기는 입수공과 출수공이다. 바닷물을 빨아들여 플랑크톤을 먹고 물
을 밖으로 내뱉는다. 멍게는 어미의 몸에서 새끼가 솟아 나와 서로 붙어
군체를 이루며 성장하는 무성생식과, 출수공으로 알과 정자를 바닷물
로 뿜어내어 수정하는 유성생식을 한다. 수정 후 이틀이면 올챙이 모양
으로 자라고 사흘이면 바위 등에 붙어 변태하면서 성체로 자란다. 멍게

양식은 유성생식으로 성장한 유생을 줄에 착상시키는 것이다.

이렇게 작업장으로 가져오면 먼저 깨끗하게 세척한다. 그리고 주렁주렁 달린 멍게를 하나씩 뜯어내야 한다. 옛날에는 손으로 뜯어냈지만 지금은 자동화된 기계로 멍게를 뜯는다. 그리고 상품성이 있는 것과 없는 것 그리고 크기 등을 고려해 분류한다. 영운리와 삼칭이 길 사이에 대형 바지선들은 모두 멍게 작업장이다.

배 꽁무니에 달고 온 멍게를 세척해서 뜯어내는 작업을 하는 바지선을 찾았다. 배 고물에 묶은 멍게 양식 줄을 풀어 바지선 위로 올리면 고압의 세척기로 더덕더덕 붙어 있는 멍게 외 부착물을 떼어낸다. 그런데 다닥다닥 붙어 있어야 할 멍게들 틈에 멍게보다 작은 크기의 반투명 타원형 젤이 많이 붙어 있다. 주인이 '멍게물렁증'으로 폐사한 것이라고 일러주었다.

멍게는 밥상에서나 술상에서나 늘 주인공이 아니었다. 메인 요리를 준비하는 동안 손님을 위해서 내놓는 음식이거나 곁에서 구색을 맞추는 정도였다. 묵묵히 술상과 밥상의 가장자리에서 자리를 지키던 멍게의 반란이 시작되고 있다. 그 출발은 멍게비빔밥이다. 멍게비빔밥이 없었던 것은 아니다. 20여 년 전부터 김 가루에 채소를 넣고 참기름을 두르고 따뜻한 밥을 올려서 쓱쓱 비벼 먹었다. 식당의 메뉴에 겨우 이름을 올렸지만 여전히 조연이었다. 주연 자리는 멀고 험했다. 겨울철이면 물메기탕에 치이고, 봄에는 도다리쑥국이 자리를 차지해 틈새가 없었다. 가을엔 전어의 등쌀에 명함도 내밀지 못했다. 멍게에게 주연 자리를 마련해준 사람은 새로운 통영 음식을 연구하던 이상희 사진작가였다. 채소 대신 해초를 넣어 멍게의 독특한 향을 오롯이 입안에 전달하도록 바꾸었다. 게다가 멍게를 중심으로 톳, 세모가사리, 김 등 해초의 오방색을 찾아내 멋을 더했다. 이렇게 탄생한 것이 멍게비빔밥이다.

개황 | 미륵도

위치 | 통영시 산양읍 삼덕리
면적 | 45.21km^2
가구수 | 13,397
인구(명) | 32,928
교통 | 배편 | 통영-통영여객선터미널에서 배편 이용
특산물 | 도다리, 멸치

변화 자료

구분	1971	2011
주소	통영군 산양면	통영시
면적(km^2)	31.9	45.215
공공기관	경찰서 1개, 농협 1개, 우체국 1개	읍사무소 3개, 지파출소 2개, 119안전센터 1개, 우체국 1개, 우체국분국 2개, 농수축협 본점 1개
인구(명)	11,876 (남: 6,318 여: 5,558)	32,928 (남: 16,934 여: 15,994)
가구수	1,968	13,397
급수시설	공동우물 37개	광역상수도 12,835가구, 간이상수도 562가구
초등학교	중학교 1개 186명, 초등학교 6개 1,729명, 공민학교 1개 55명	고등학교 1개 1,132명, 중학교 2개 1,060명, 초등학교 5개 2,044명, 초등학교 분교 1개 11명, 유치원 12개 796명, 보육시설 11개 580명
전력시설	–	한전 13,397가구
의료시설	약국 4개소	병의원 6개소, 보건진료소 1개소, 약국 8개소, 상비약비치 2개소
어선(척, 동력선 +무동력선)	171(112+59)	531(529+2)

가깝지만
너무 멀어라
통영시 산양읍 오비도

"언제 출발한다요?"

"버스 오면 출발하는기라. 어디서 왔노?"

막 도착한 도선에서 어머니 두 분이 내리고 기다리고 있던 노부부가 올라탔다. 햇볕이 뜨거워 배 안에 들어가 해를 피할 요량인가 보다. 4월 중순인데 언제 봄이 왔냐 싶게 여름으로 달려갈 기세다.

오비도에는 목밭이, 외박골, 사당개, 큰웅포, 작은웅포 다섯 개의 자연 마을이 있다. 가장 큰 마을은 목밭이이다. 하지만 학교와 마을회관은 다섯 개 마을 중간인 사당개에 있다. 마을 사이에 타협책으로 학교나 공공기관의 위치가 정해진다. 왜 저 건물이 마을도 없는 외딴 곳에 지어졌을까 의문이 든다면 마을의 위치를 살펴보시라. 그 이유를 짐작할 수 있다.

오비도는 도선이 하루에 세 번 오가는 섬이다. 도선은 산양읍 풍화리 남촌마을에서 타며 작은 웅포에서 사당개 외박골 선착장을 거쳐 운항한다. 다섯 개 마을을 합쳐도 30여 가구 80여 명에 이른다. 불과 10여 년 전까지만 해도 160여 명이 살았다.

작은웅포부터 남동쪽 해안은 뱀 꼬리처럼 길게 뻗어 있다. 통영시와 맞닿는 곳에는 갯벌이 발달하고, 반대쪽은 해식애가 발달했다. 목밭이 앞에는 월명도라 부르는 무인도가 있다. 그 섬을 둘러싸고 바지락밭이

풍화리와 오비도 사이 바다는 손을 뻗치면 닿을 듯 폭이 좁지만 작은 섬사람에게 단절이었다. 그 물길이 섬도 살리고 맞은편 뭍도 활기를 넘치게 했다는 것을 공감하는 데 많은 시간이 필요했다. 지금도 여전히 물길은 지역 활성화의 장애 요인으로 여겨진다.

발달했다. 매년 봄이면 바지락밭을 일구어 조개를 캐는 '개발'이 활발하다.

숭어야 미안해

배 안에 노부부와 할머니 한 분이 탔다. 선장과 도움지기 한 사람까지 포함하면 모두 다섯 명이다. 대통령선거를 앞둔 터라 묻지도 않았는데 자연스럽게 선거 이야기가 시작되었다. 부부 중 할머니가 먼저 "1번이 제일 낫대."라고 말을 꺼냈다. 옆에 있던 할아버지가 뭐가 제일 낫느냐며 핀잔을 주고서 정작 자신은 누가 더 나은지 말을 아낀다. 그렇다고 경남지사를 지낸 사람을 지지하는 것도 아닌 것 같았다. 말을 하지 않았지만 다른 사람을 마음에 둔 것 같았다. 옆에서 우편물을 가지고 있

편안하고 행복하다. 나그네에게는 그랬다. 주민들에게는 고독하고 서러움이 가득한 섬이고 마을일 수 있다. 이렇게 자신이 있는 위치에 따라 다른 생각과 감정을 갖는다. 오비도의 다섯 마을을 찾아 걸을 때마다 들었던 생각이다.

던 분은 "그래도 경남지사까지 지낸 분이 우리에게 도움을 제일 많이 주지 않겠어?"라며 입장을 밝혔다. 어쨌든 확실한 것은 표가 분산되고 있다는 점이다. 옛날처럼 과반수를 넘어 70~80퍼센트의 몰표로 당선되지는 않을 것 같다.

그사이 배는 큰웅포와 작은웅포 사이 부표식 선착장에 닿았다. 할머니 한 분만 내리셨다. 정부에서 주는 쌀포대 한 자루를 메고 승강장 안에 있는 보행보조차에 실었다. 보행보조차는 걷는 데 도움을 주는 것만이 아니라 물건을 운반하는 화물차 역할도 한다. 할머니는 작은웅포에 사시는지 해안을 따라 첫마을로 향했다. 첫마을부터 끝마을 목밭이까지 해안도로를 따라 섬의 동쪽 산양읍 쪽을 마주 보며 이어져 있다.

오는 길에 만난 주민이 마을을 지나 산릉선에 오르면 바다가 펼쳐지며 소나무 숲이 장관이라는 말에 올라가보았다. 오르는 길에 본 마을 모습이 장관이다. 게다가 바로 집 앞까지 바닷물이 들고 양지바른 갯가에서 유유자적 봄을 만끽하던 숭어가 화들짝 놀라 후다닥 뛰쳐나갔다.

큰웅포를 지나 사당개로 가는 길에 멍게 양식줄을 발견했다. 밭에는 모자반과 굴 껍데기를 퇴비로 이용하고 있었다. 사당개는 학교, 회관, 정부지원 창고 등이 집중된 마을이다. 5개 마을 중간에 위치해 있다. 학교를 어디에 세우느냐 하는 문제는 섬사람에게 매우 민감한 부분이다. 마찬가지로 작은 자연 마을 몇 개를 합해서 한 마을로 인정하는 행정체계에서는 마을회관을 어디에 두느냐도 민감한 문제다. 그래서 선택한 것이 중간 마을이다. 특별히 마을세가 강한 마을이 있다면 쉽게 결정되겠지만 그렇지 않다면 단순히 가구수나 인구수로만 결정할 수 없다. 사당개에 중요 기관이 집중한 이유다.

다섯 개 마을은 모두 한 개의 어촌계로 이루어져 있다. 오비도 어촌계 주 소득원은 바지락과 멍게 양식이다. 옛날에는 어선 어업이 활발한 섬이었다. 그래서 산양에서도 부자 섬으로 알려져 흔히들 '돈섬'이라 불렀다.

오비도 조개, 통영에서 으뜸

오비도는 사람만 사는 것이 아니다. 사람은 섬에 살고, 조개는 갯벌에서 살고, 물고기는 바닷속 바위와 해초 틈에 서식한다. 손맛을 보기 위해 낚시꾼들은 섬 남쪽 갯바위나 바다에서 낚시한다. 조개를 잡는 어민들은 물이 많이 빠지는 시간에 바지락을 캐고 굴을 깐다. 주로 월명도와 항포가 연결될 정도로 물이 빠질 때 이용한다.

영등사리에는 오비도 목발이(항포)와 월명도 사이에 흐르는 바닷물이 사라지고 뭍으로 연결된다. 통영시에 오비도 주민들이 모두 들어와

통영 새터시장에서 알아주는 바지락은 풍화리 갯벌에서 채취한 것이다. 그중에서도 오비도 바지락이 으뜸이다. 월명도와 목밭이 사이 바지락밭은 농지로 말한다면 문전옥답이다. 집집마다 돌을 놓아 자기 밭을 표시하던 것을 없앴다. 처음대로 공동 어장으로 관리하겠다고 한다.

개발 작업을 한다. 개발 작업은 갯벌에서 바지락을 캐는 것을 일컫는 통영 말이다. 통영과 거제의 바닷마을에서 흔히 들을 수 있는 말이다.

봄이면 바지락이 살이 오르는 계절이다. 특히 오뉴월 바지락은 소고기와도 바꾸지 않을 정도로 맛이 좋다. 통영 바지락 중에서 오비도 바지락을 최고로 친다. 월명도는 옛날에는 오비도에 딸린 마을 섬이었다. 땔감을 구하기 위한 섬이었다. 마을에 딸린 작은 섬이 대부분 그랬다. 연료가 연탄으로 바뀌고 기름과 전기로 바뀌면서 화목(火木)이 풍부한 작은 섬은 개인에게 팔렸다. 재력이 있는 사람은 섬에 별장을 짓기도 했다. 섬은 팔렸지만 주변 바다나 갯벌은 여전히 마을 갯밭으로 이용되고 있다.

오비도 사람들도 학교가 문을 열기 전에는 모두 바다를 건너 학교에

갔다. 그때는 노를 젓는 나룻배를 타고 통학했다. 고학년들은 나룻배가 오지 않으면 이마에 책보를 질끈 매고 헤엄을 쳐서 건넜다. 수영을 좀 하는 사람한테도 가깝지 않은 거리인데 아이들이 헤엄을 잘 쳤던 모양이다. 지금 오비도 다섯 마을에 오가는 방법은 걷는 것밖에 없다. 자동차도 오토바이도 없다.

개황 | 오비도

일반현황

위치 | 통영시 산양읍 풍화리
면적 | 0.81km^2
가구수 | 38
인구(명) | 87
교통 | **배편** | 통영-산양읍 풍화리-남촌마을선착장에서 배편 이용(1일 3회 운항)
특산물 | 바지락, 굴

변화 자료

구분	1971	1985	1995
주소	통영군 산양면 풍화리	통영군 산양면 풍화리	통영시 산양읍 풍화리
면적(km^2)	1	1	1
공공기관	–	지파출소 1개	–
인구(명)	457 (남: 227 여: 230)	303 (남: 156 여: 147)	206 (남: 105 여: 101)
가구수	67	57	56
급수시설	공동우물 5개	간이상수도 23가구, 우물34가구	간이상수도시설 1개소, 공동우물 5개소
초등학교	1개 120명	1개 59명	초등학교 분교 1개 3명
전력시설	–	한전 57가구	한전 56가구
의료시설	–	–	–
어선(척, 동력선 +무동력선)	23(22+1)	35(8+27)	27(24+3)

35

미기,
섬마을을 덮다
통영시 산양읍 추도

땅을 파고 흙을 뜨는 데 사용하는 연장을 '가래'라고 한다. 넓적해서 붙여진 이름일까. 추도(楸島). 왜 하필이면 가래섬일까. 지도를 펼쳐 섬모양을 살폈다. 작은 섬치고는 물이 좋아 작은 다락논들을 이용해 농사를 지었다. 또 산비탈을 일구어 고구마 농사를 지어 식량으로 먹기도 했다. 논밭이 비탈진 곳에 있어 농기계 대신 소와 지게를 이용했다. 가래질을 해서 농사를 지었기 때문에 붙여진 이름일까. 하지만 지금은 소를 찾아보기 힘들다.

희망봉을 중심으로 동쪽에 큰 마을 대항리가 있고, 서쪽에 물메기를 많이 잡는 미조리가 자리를 잡았다. 그 사이에 샛개, 물개 등 두 마을이 있지만, 물개는 시나브로 빈집이 늘더니 마을이 없어졌고, 샛개에는 몇 가구가 살고 있다. 대항리 선창에 도착하자 미기가 허연 속살을 드러내며 반겼다. 통영에서는 물메기를 '미기'라고 불렀다. 강원도 산골에서 보았던 명태 덕장이 생각났다. 섬마을에서 물메기 덕장을 보리라고는 생각도 못했다. 배에서 만났던 젊은 아주머니를 따라나섰다. 보건소 소장이었다. 추도에서 유일한 기관장이다. 보건소 가는 길에 초등학교가 있었다. 광복을 일 년 앞두고 문을 열어 800여 명의 졸업생을 배출했다. 학교 운동장 구석에 있는 철봉은 녹이 슬어 부서지고 있었다. 아이들이 떠난 교실에는 물메기 통발과 덕장이 자리를 잡았다. 벽에 걸린

작은 섬이 얼마나 소중한지 모른다. 작은 섬이 있어 큰 섬이 제 역할을 한다는 것을 모른다. 이게 어디 섬 뿐일까. 크고 작은 것이 다르지 않고 각각 역할이 있을 뿐이다. 자연을 보면 알 수 있다. 크고 작음을 자꾸 비교하는 것은 인간사이다. 자연에서 크고 작음은 의미가 없다.

칠판에는 졸업생들의 어린 시절 추억들이 빼곡히 적혀 있었다.

해월댁 손맛에 반하다

보건소에서 커피를 한 잔 마시고 샛개로 향했다. 해월댁을 만나기 위해서였다. 그녀의 이야기를 통영 친구들에게서 들었던 터라 낯설지 않은 택호였다. 그녀의 집은 해와 달이 뜨는 곳에 있었다. 그 집에서 하룻밤을 묵었다. 샛개로 가는 길목에 있는 외딴집이다. 친구는 해월댁을 추도에서 제일 미녀라고 소개했다. 해월댁은 막 잡아 온 싱싱한 물미기 껍질을 벗겨놓고 직접 키운 무로 채를 썰었다. 물메기 회무침 요리를 준비하고 있었다. 안방에 걸려 있는 젊었을 때 사진을 훔쳐봤다. 미인이다. 함경남도 흥원항이 고향이다. 전쟁 때 내려와 낙도 어린이를 돕는 봉사활동을 하다 섬에 자리를 잡았다. 해월댁은 포를 뜬 물메기를 식초로 무쳤다. 그래야 물컹물컹한 살이 꼬들꼬들해진다. 큰 그릇에 준비한 재료를 넣고 비볐다. 물메기회무침이라니, 처음 먹어보았다.

저녁 늦게까지 마신 술에 속이 뒤틀려 일어났다. 해월댁이 회무침을 하고 남은 뼈와 내장을 넣고 물메기탕을 끓였다. 시원하다. 술꾼들이 왜 마누라보다 물메기탕을 그리워하는지 알 것 같다. 밤새 술타령에 쓰린 애주가의 속을 시원하게 풀어주었다.

그 뒤로 다시 해월댁을 찾았다. 대항리에서 하룻밤을 자고, 이른 아침에 아침 해를 보기 위해서 해월댁 마당에 올랐다. 스치듯 만났던 객을 기억할 리 없다. 당시 하룻밤 머무르며 미기로 음식을 만들어 먹었다는 이야기를 듣고서 기억해냈다. 해월댁이 기억을 되찾는 사이 바다 건너 연대도와 학림도 사이로 붉은 해가 떠올랐다. 그녀가 준비해준 커피와 차를 마시며 일출 동행을 하는 친구들도 그녀의 기품에 흠뻑 반해 친구처럼 딸처럼 수다에 빠졌다. 섬 여행은 이런 맛이다.

용머리섬 나무는 몬 건딘다

대항마을 해월댁에서 하룻밤을 지낸 후 미조리로 향했다. 그런데 좋은 길을 놔두고 산길을 택했다. '찾아가고 싶은 섬'으로 선정되어 옛길을 찾아 탐방로로 만들고 싶었기 때문이었다. 그런데 시작부터 난관에 부딪혔다. 몇 번이나 길을 잃었다. 산비탈에 돌을 쌓아 만들어놓은 논밭들이 섬사람의 고충을 대변했다. 지금은 묵정밭으로 바뀌었고, 돌담에는 콩난이 자리를 잡았다. 나무에는 마삭줄 등 넝쿨 식물들이 많았다. 산 정상에는 너른 분지가 있었다. 돌담이 쌓여 있는 것으로 보아 밭으로 이용한 것 같았다. 고구마를 심었다는 이야기도 있다. 맞은편에는 미기를 많이 잡는 미조리가 있다.

미기섬에서 해삼을 잡는 해녀를 만날 것이라 생각하지 못했다. 예상치 않은 것을 만나게 되면 크게 감동한다. 추도 용머리 앞에서 그랬다. 이상할 것도 아닌데 미기만 생각했던 탓이다. 섬이 그렇다. 예상하지 못한 것을 만날 수 있는 곳이 섬이다.

　미조리가 마을 구실을 할 수 있었던 것은 용머리가 있었기 때문이라면 지나칠까. 섬사람들이 가장 무서워하는 바람을 막아주기 때문에 배를 댈 수 있고 마을을 이룰 수 있었다. 섬사람들은 그곳을 천하의 명당이라 했다. 그곳에 뫼를 쓰면 가뭄이 들고 샘물이 마른다고 믿었다. 어느 해 마을 샘이 모두 말라버렸다. 마을 사람들은 도력이 높은 도사를 모셔서 용머리로 가보았다. 벼랑뿐인 곳 한쪽에 황토가 있었다. 그곳에 누가 묏자리를 본 것이다. 즉시 묘를 옮기자 학이 날아오르고 비가 왔다고 한다. 그 뒤로 섬사람들은 용머리 나무 하나도 손대지 않았다고 한다. 바람을 막아주고, 꼭 필요한 물을 지켜주니, 이런 명당이 또 어디에 있겠는가. 마을에 윗새미, 아래새미, 참새미, 이 세 곳에 우물이 있었다. 농사를 걱정 없이 지을 수 있었던 것도, 추도 물미기가 명품이 될 수 있었던 것도 모두 우물 때문이었다. 보릿고개에 쌀밥을 먹을 수 있었던 것도, 겨울철 물미기로 농사를 대신할 수 있었던 것도 우물 때문이었다.

새로 만든 선착장 끝에서 갈매기들이 휴식을 취하며 물미기 손질이 끝나기를 기다리고 있었다. 물미기를 갈무리한 후 버리는 부산물을 기다리는 것이다. 겨우내 계속되는 물미기는 섬사람들에게만 일 년 농사가 아니었다. 갈매기도 일 년 농사를 짓는 것이었다. 아직 시간이 이른지 갈매기들은 우물 쪽이 아니라 물질을 하는 해녀에게 눈길을 주고 있었다. 그 너머에 있는 용머리가 햇빛을 받아 검은 섬으로 바뀌었다.

미기라 해야 맛이 있다

메기를 통영에서는 '미기'라 부른다. 물메기는 메기처럼 생겼고 바다에 사니까 '바다메기'라 해야 할 것 같은데 그냥 '미기'라고 한다. 또는 '물미기'라고도 한다. 서해안과 남해안(인천, 여수, 남해, 통영)에서는 물메기, 마산과 진해에서는 물미거지(또는 미거지), 서천·장항에서는 잠뱅이, 동해에서는 꼼치와 물곰으로 부른다. 꼼치(Liparis tanakai), 물메기(Liparis tessellatus), 물미거지(Crystallichthys matsushimae)는 쏨뱅이목 꼼치과에 속한다. 추도에서 잡히는 물메기는 꼼치다. 둘은 생김새가 비슷한 데다 이름도 혼용되어 더욱 구별하기 어렵다. 하지만 물미거지는 두 생선과 확실하게 구별된다. 분홍색 몸에 달걀 모양의 무늬가 있다. 지느러미에도 같은 무늬가 있다. 서해에서는 안강망 등 그물로 잡지만 남해에서는 대나무로 만든 커다란 통발로 잡는다. 그물로 잡을 경우에는 꼼치만 잡히는 것이 아니다.

《자산어보玆山魚譜》에는 해점어(海鮎魚)로 바다메기(海鮎魚), 홍달어(紅鮎), 포도메기(葡萄鮎), 골망어(長鮎)가 나온다. 해점어는 "큰 놈

어머니는 미기를 잡는 배도 없고 통발도 없다. 그래도 철철이 덕장에 미기를 걸어서 꾸덕꾸덕 말려 팔고 있다. 어디서 미기를 구한 것일까. 미기 잡는 배가 들어오면 어머니들은 선창 우물가로 모인다. 그곳에서 미기를 해체하고 품삯으로 미기를 받아 온다. 그 미기를 갈무리해 자식들에게 보내고 팔기도 한다.

은 길이가 두 자를 넘는다. 머리가 크고 꼬리는 뾰족하다. 눈은 작다. 등이 푸르고 배는 누렇다. 수염은 없다. 고깃살이 매우 연하고 뼈 또한 무르다. 맛은 담백하고 좋지 않다. 술병을 치료하는 효과가 있다. 삭지 않은 것을 삶으면 고깃살이 다 풀어져버리므로 삭기를 기다렸다가 먹어야 한다."라고 했다. 해점어의 속명은 미역어(迷役魚)다.

손암이 유배생활을 했던 우이도에서는 꼼치를 '미기' '미이기'라고 부른다. 이를 음차한 것이 미역어이다. 국립수산과학원에서는 바다메기를 물메기로, 홍달어(紅魜)는 꼼치로 추정했다.

《오주연문장전산고五洲衍文長箋散稿》에는 "우리나라 호남 부안현 해중에 수점(水鮎)이 있는데 살이 타락죽 같아 양로(養老)에 가장 좋다."라고 했다. 이 수점이 꼼치과에 속하는 꼼치, 물메기, 물미거지 중 하나인데 꼼치일 가능성이 크다.

미기는 물메기의 통영 말이다. 미기섬 추도는 겨울이면 미기가 걸린 마을 경관을 보기 위해 많은 사람들이 찾고 있다. 추도 미기는 이제 식재료만이 아니라 마을 경관이고 마을 문화가 되었다. 문제는 미기가 그 바다와 통발을 계속 찾아주어야 한다는 것이다.

통영 미기는 모두 '추도 미기'다

희망봉을 넘어왔더니 배가 출출했다. 작은 섬마을에 식당이 있을 리 없었다. 그래도 사람 사는 동네에서 굶기야 하겠느냐 싶어 마을회관으로 향했다. 회관 앞 우물은 해바라기를 하기에 좋은 곳이다. 그곳에서 물미기를 손질해 씻는다. 배를 가지고 미기를 잡는 사람은 열 가구도 못된다. 나머지는 모두 미기 배를 갈라 내장을 꺼내고 우물에 깨끗이 씻어 덕장에서 건조시키는 일을 돕는다.

많이 잡는 해에는 하루에 700여 마리까지 잡는다. 한 사람이 보통 통발을 3천 개에서 5천 개씩 놓는다. 여러 곳에 통발을 놓기 때문에 새벽에 나가 통발을 털어 아침에 돌아온다. 작년에는 물미기가 많이 잡히지 않았다. 그래서 잘 건조한 상품 10마리 한 뭇에 22만 원까지 팔렸다. 금년에는 15만 원에 거래되고 있다. 보통 한 집에서 5천만 원 이상 소득을 올린다. 대항리에서 만난 주민은 미조리에는 1억 원까지 소득을 올린 사람도 있다고 귀띔해주었다. 추도 미기가 명품이 될 수 있었던 것은 추도 주변 바다가 미기들이 산란하기 좋은 곳이기 때문이지만 위장병을 고칠 만큼 좋은 물이 없었다면 불가능한 일이었다. 여기에 서쪽 양지 녘에 마을이 있었으니 하늬바람과 햇볕이 명품을 만들어내는 것이다.

  12월부터 2월까지 석 달 동안 물미기를 잡기 때문에 마을 사람들은 이때가 되면 정신없이 바쁘다. 물미기잡이나 물미기 말리는 일은 미조리 사람들의 일 년 농사다. 금년처럼 많이 잡힐 때면 하루에 수백 마리 배를 가르고 내장을 꺼내 몇 차례 씻어야 한다. 그리고 받는 품삯이 미기 예닐곱 마리에서 열 마리다. 미기를 잡는 집은 열 집도 되지 않는데 집집마다 덕장이 있는 것은 이 때문이다. 반찬이나 국을 끓여 먹기도 하지만 판매하기도 한다. 우물가에 노인들이 모여서 이런저런 이야

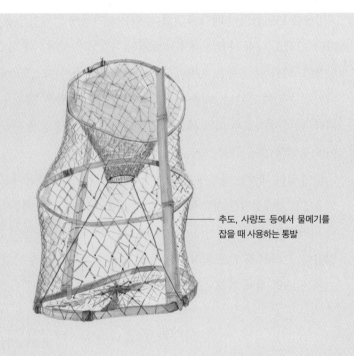

추도, 사량도 등에서 물메기를
잡을 때 사용하는 통발

기를 나누며 이야기를 하고 점심도 같이 만들어 먹는다. 오늘 점심은 물미기죽이었다. 미조리의 골목, 지붕, 빨랫줄에는 물미기가 그득하다. 마을이 물미기로 덮여 있다. 이렇다 보니 통영에 나온 물미기는 모두 추도 물미기로 둔갑했다. 통영뿐 아니라 다른 지역에서 잡은 물미기도 추도 물미기로 둔갑하기도 했다. 메기 말고도 추도 바다에는 물고기가 많다. 대구, 가자미, 돔(감성돔, 돌돔, 황돔), 볼락, 붕장어, 농어, 넙치, 개서대, 민어 등 끝이 없다.

해월댁은 지금도 그 집을 지키고 있을까. 궁금하다. 이번 겨울에 꼭 가보리라.

개황 | 추도

위치 | 통영시 산양읍 추도리
면적 | 1.65km²
가구수 | 83
인구(명) | 157
교통 | **배편** | 통영-통영여객선터미널에서 한려페리호 이용(1일 2회 운항)
특산물 | 물메기

변화 자료

구분	1971	1985	1995
주소	통영군 산양면 추도리	통영군 산양면 추도리	통영시 산양읍 추도리
면적(km²)	2.5	2.5	2.5
공공기관	-	지파출소 1개, 수협 1개, 산조 1개	-
인구(명)	1,054 (남: 532 여: 522)	629 (남: 327 여: 302)	207 (남: 110 여: 97)
가구수	180	140	65
급수시설	공동우물 7개	간이상수도 140가구	간이상수도시설 3개소, 공동우물 4개소
초등학교	1개 241명	1개 113명	초등학교 분교 1개 2명 분교 1개 3명
전력시설	-	자가발전기 2대	한전 65가구
의료시설	-	-	보건진료소 1개소
어선(척, 동력선 +무동력선)	17(14+3)	70(48+22)	40(34+6)

36

섬마을,
화장을 하다
통영시 산양읍 만지도

만지도는 연대도와 출렁다리로 연결된 섬이지만 행정구역은 연곡리가 아니라 학림도, 저도, 송도와 함께 저림리에 속한다. 섬이 동서로 길며, 마을은 동쪽에 학림도를 바라보며 자리를 잡았다. 바다와 섬만 아니라 마을도 한려해상국립공원 구역에 속하며, 탐방로가 2.5킬로미터에 불과한 작은 섬이다. 2015년 국립공원 만지도가 명품 마을로 지정되었다. 자연생태계가 잘 보전된 지역의 주민소득을 높이는 방안으로 실시하는 상생협력사업의 하나다. 다른 섬보다 주민 정착이 늦어져 만지도라고 했다. 지명을 풀이할 때 주변에 있는 섬 연대도는 솔개, 저도는 닭, 만지도는 지네에 비유해 서로 먹고 먹히는 먹이사슬로 이루어져 있다고 한다. 그래서 함께 번성할 길지라고 하는데 이해가 되지 않는다. 다만 서로 영향을 주고받으며 공존하는 관계라 해야 할 것 같다.

만지도보다 먼저 주목받고 여행객들이 찾기 시작한 곳은 연대도다. 연대도는 출렁다리가 만지도와 연결되고, 명품 마을로 지정되면서 여행객이 급증했다. 덕분에 조용하고 한적한 만지도는 생각지도 않았던 카페와 식당이 문을 열었다. 지금은 주민들은 보기 어렵고 오가는 여행객을 더 많이 만나는 섬이 되었다. 그래서인지 큰 섬인 연대도보다 오히려 만지도를 좋아하는 사람들이 많다. 아담하고 국립공원에서 관리하는 덕에 쾌적하고 아기자기한 볼거리와 사진을 찍고 즐길 수 있는 것들이 많기 때문이다. 그런데 찾는 사람들이 많을수록 더 허전하고 외롭게 느껴지는 것은 무슨 이유일까.

명품 마을로 바뀌다

만지도와 연대도를 잇는 다리가 만들어지기 전까지는 인근 연대도만 사람들이 오갔다. 만지도 사람들은 이런 연대도가 늘 부러웠다. 국립공원이므로 여러 가지 불편함을 감수했지만 이번만은 목소리를 높였다. 연대도와 만지도를 잇는 출렁다리 요구였다. 많은 논란이 있었지만 다리는 대성공이었다. 여행객을 끌어들이는 콘텐츠 역할을 톡톡히 하고 있다. 아예 여행사에서는 '출렁다리 만지도'로 관광객을 모집하고 있다. 봄이나 가을 여행 성수기에는 배를 바로 타지 못하고 다음 배를 기다려야 하는 때도 있다. 여행객들은 주로 연대도에서 내린다. 그리고 연대봉 산행을 하는 사람은 지체 없이 산으로 오르고, 나머지는 마을을 돌아보고 선창에서 볼락이나 멍게를 안주로 술을 한잔하거나 식사를 한다. 그리고 출렁다리를 통해 만지도를 돌아보고 배를 타고 나온다.

　명품 마을 지정은 국립공원관리공단이 2015년부터 시작한 상생협력사업 중 하나다. 2010년 다도해해상국립공원 관매도를 시작으로 열여덟 곳이 명품 마을로 지정되었다. 이 중 섬은 거제 내도, 통영 만지도, 여수 안도 동고지마을, 여수시 남면 연도 덕포마을, 완도 청산도 상서마을, 진도 관매도, 신안 영산도 등이 지정되어 운영되고 있다. 명품 마을의 주요 사업은 종합계획 수립, 마을디자인 개발, 특산품 개발, 생태관광 프로그램 운영 등 마을 여건에 맞는 사업을 추진해왔다. 명품 마을이 지정된 후 평균 소득은 다섯 배, 탐방객은 두 배 정도 증가해 지역경제 활성화에 큰 기여를 했다. 그렇다고 다른 사업처럼 큰돈이 들어간 것도 아니다. 3년에 걸쳐 10억 원의 예산을 투입해 만지도 마을회관 정

만지도는 명품 마을이다. 국립공원 마을 중에서도 좋은 생태 환경과 생활 문화가 남아 있는 곳을 지키고 보전하기 위해 추진하는 지원사업이다. 국립공원에 포함된 것이 너무 자랑스러워 펜션을 운영하며 소득 일부분을 기금으로 낸다는 독일 주민이 생각났다.

비, 벽화 개선, 안내판 구축, 탐방로 정비 등 쾌적한 탐방 환경을 조성했을 뿐이다. 명품 마을이 조성되고 인근 연대도와 연결된 출렁다리가 놓이면서 탐방객이 크게 증가했다. 주민들은 음식점, 민박, 특산품 판매 등을 통해 조성 전보다 소득이 여섯 배나 증가했다.

이젠 멈춰야 하는데

한적한 어촌이라는 말은 이제 만지도에 어울리지 않는다. 더구나 주말이면 더욱 그렇다. 연대 만지도를 찾는 사람들이 지난해 20만 명을 육박했다. 통영에서 가장 큰 섬이자 대형 페리가 오가는 욕지도보다 많은 사람이 오갔다. 작은 섬을 생각하면 얼마나 많은 사람이 다녀갔는지 알수 있다. 입구에는 도시 못지않은 커피숍이 있고, 전복해물라면, 해물부추전, 막걸리, 전복회, 전복찜, 해물라면 등을 파는 집이 여러 개 있다. 손님은 여행객이다.

선창에 내리자 배를 기다리는 승강장과 작은 도서관이 반긴다. 책은 몇 권 없지만 국립공원다운 발상이다. 기웃거리는데 할머니 한 분이 앞에 흩어진 의자를 가져와 가지런히 정리하며 앉으라고 권한다. 나중에 안 사실이지만 '군소 할머니'로 통하는 임인아 어르신이다. 갯가에 사는 군소를 잘 잡아 붙은 이름이다. 만지도에서 최고령이다. 척포(해양수산과학원 아랫마을)에서 시집와 만지도에서 일곱 남매를 키웠다.

통영의 섬에서 흔하게 볼 수 있는 것이 동백 숲이다. 만지도에도 동백 숲이 있다. 연명과 만지도를 오가는 유람선에서 내린 30여 명이 바쁘게 출렁다리로 향한다. 사실 만지도에서 가장 아름다운 곳을 꼽으라면 말할 것도 없이 욕지도 전망대에서 바라본 바다다. 마을에서 약 1킬로미터 남짓 되는 거리다. 만지봉을 지나갈 수 있고 가는 길에 몽돌밭 해변을 살펴볼 수 있다. 솔개 한 마리가 쏜살같이 동백 숲으로 날아들었다. 숲을 가득 메운 새소리가 쥐죽은 듯 고요하다.

정적을 깨듯 만지봉에서 부부와 아들 등 한 가족이 내려온다. 어머니는 다리가 불편한지 아들 손을 잡고 조심스럽게 걸음을 내딛지만 표정은 아주 밝다. 만지도에 만족한 표정이다. 욕지도 전망대는 만지도 서쪽 끝에 있다. 출렁다리와 반대쪽이다. 욕지 전망대에서 바라본 욕지도, 연화도, 두미도는 아름답다. 등잔 밑이 어둡다고, 발아래 할배바위, 구렁이바위 그리고 연대도로 이어지는 해식애는 빼어나다 못해 탄식이 터져 나온다.

국립공원답게 길도 화려하지 않고 흙길을 그대로 살리면서 길 만들기 대명사로 자리를 잡은 '데크'도 거의 없다. 굵은 동백나무 사이로 바람 소리 파도 소리를 들으며 걸을 수 있다. 땀이 날 때쯤이면 산등성이에 오른다. 왼쪽으로 만지봉, 오른쪽으로는 욕지도 전망대다. 멀리 욕지도, 연화도, 우도, 소지도가 한눈에 들어오는 곳이다. 맞은편으로는 곤리도와 당포로 이어진다.

만지도의 모습을 바꾼 결정적인 계기는 명품 마을보다는 연대도와 이어진 출렁다리였다. 결과를 이야기
하기에는 이르지만 찾는 사람은 늘었고, 섬에 카페와 펜션이 늘었다. 원하는 것이 이런 결과였다면 성공
이다. 주민들 삶의 지속이라면 더 지켜봐야 할 것 같다.

돌아오는 길은 만지봉을 지나 마을로 드는 길이다. 그 언저리에 작은
학교도 있었다. 만지도 역사에서 가장 화려했던 시절이었으리라. 비록
조양국민학교 만지분실이었지만 주민들은 땅을 내놓고 자재를 운반해
학교를 세웠다. 마을회관에서 공부했던 것을 생각하면 학교가 반듯하
게 지어진 것만 해도 대단했으리라. 1967년 만지분교장으로 인가를 받
고, 1968년 2월 제1회 졸업식에서 12명의 졸업생을 배출했다. 1997년
제18회 졸업까지 모두 116명의 졸업생을 배출했다.

만지도와 연대도를 잇는 출렁다리가 완공된 후 섬나들이호가 다니
는 뱃길에 다리 계획이 추진되고 있다. 우선 척포에서 학림으로, 학림
에서 연대로 잇는다. 그리고 학림에서 송도를 거쳐 저도를 잇는 다리를
계획하고 있다. 섬 주민들이 원한다. 어찌해야 할까.

일반현황

위치 | 통영시 산양읍 저림리
면적 | 0.23km²
가구수 | 15
인구(명) | 33
교통 | **배편** | 통영-산양읍 연화리-연명항에서 배편 이용
특산물 | 전복

변화 자료

구분	1971	1985	1995
주소	통영군 산양면 저림리	통영군 산양면 저림리	통영시 산양읍 저림리
면적(km²)	0.35	0.35	0.35
공공기관	–	지파출소 1개, 어촌계 1개	–
인구(명)	172 (남:90 여:82)	125 (남:75 여:50)	69 (남:41 여:28)
가구수	24	22	18
급수시설	공동우물 2개	간이상수도시설 1개소, 공동우물 1개	간이상수도시설 1개소, 공동우물 3개소
초등학교	1개 26명	분교1개 15명	초등학교 분교 1개 2명
전력시설	–	한전 22가구	한전 18가구
의료시설	–	–	–
어선(척, 동력선 +무동력선)	6(6+0)	17(12+5)	10(9+1)

37

섬다움,
어떻게 지켜야 할까
통영시 산양읍 연대도

주차장을 두 바퀴 돌았다. 빈자리가 없다. 조심스럽게 달아마을로 들어섰다. 빈터에 주차를 하고 급하게 여객선 터미널로 달렸다. 배를 타려는 사람들이 줄지어 있다.

"출렁다리 가나요?"

연대도나 만지도는 묻지도 않는다. 그저 출렁다리가 궁금하다. 이래서 지자체에서 섬 개발이라면 앞뒤 자르고 다리부터 생각하나 보다. 몇 년 전까지 배가 자주 없어 낚싯배를 타기도 했다. 주민들 불편이야 더 말할 필요도 없으리라. 이제 사정이 달라졌다. 찾는 사람도 많고, 주차장도 비좁다. 마을버스 같은 '섬나들이호'뿐 아니라 유람선도 다닌다.

연대도는 30여 세대 50여 명이 사는 섬이다. 경상남도 통영시 산양읍 달아마을에서 30여 분이면 닿는 안 섬이다. 학림도, 저도, 송도, 만지도를 오가는 마을 배가 몇 차례 오가며, 단체 여행객이 원하면 유람선도 오간다. 연대도는 행정자치부 '명품 섬 10' '에코아일랜드' 등 다양한 프로젝트가 진행되면서 꽤 알려진 섬이다.

작은 섬이지만 선사시대의 흔적인 조개무지가 발견되었고, 고려 말 조선 초 무렵 왜구 등 외적의 침입을 알렸던 봉화대의 흔적이 남아 있다. 연대도라는 이름도 여기서 유래했다. 최근에는 연 20만 명이 찾는 통영을 대표하는 섬 여행지로 욕지도와 함께 주목받고 있다. 연대도와 만지도는 출렁다리로 연결되어 있다. 통영에 40여 개 섬 중에서 욕지도, 연화도 등과 함께 가장 많은 사람이 찾는 섬 여행지다.

섬마을 가꾸기 '선진지'였는데

앞바다가 온통 가두리 양식장이다. 옆 섬 송도와 저도도 사정은 마찬가지다. 연대도까지 곳곳에 가두리 양식장이 이어진다. 이곳에서 돌돔, 우럭, 능성어, 방어까지 다양한 고급 어류들이 양식되고 있다. 통영 활어 시장이나 중앙시장에 공급되는 어류들이다.

저도를 지나면 연대도와 만지도를 연결하는 출렁다리가 눈에 띈다. 두 섬은 한려해상국립공원에 속한다. 만지도는 마을도 공원구역에 포함되어 있어 최근 상생협력사업인 '명품 마을' 사업이 추진되었다. 국립공원 내 마을 중 생태 환경과 문화가 좋은 마을을 지속 가능한 공원 마을로 가꾸는 사업이다.

이보다 앞서 주목을 받았던 곳이 연대도다. 화석에너지 제로섬, 생태 여행지를 지향하며 지속 가능한 발전을 꾀하던 민간단체 '푸른통영21'이 제안해서 통영시가 추진하는 '에코아일랜드' 사업에 선정되면서부터다. 2007년 시작되어 2012년 연대에코체험센터가 개소했다. 마을에서 폐교를 매입해두었던 것이 사업 선정의 결정 요인이었다. 마을 소유인 폐교를 수리하여 숙박 시설과 체험센터를 만들었다. 그해 공간문화대상 대통령상을 수상했고, 탄소 제로 녹색 마을, 명품 섬 10, 마을 기업 등 굵직한 상을 휩쓸었다.

준공식이 있던 2012년 5월 18일. 잊히지도 않는다. 연대도 이장이 당시 경남지사 김두관에게서 감사패를 받았다. 얼마나 부러웠는지 모른다. 어촌계가 운영하는 숙박 시설, 부녀회가 마련하는 식당은 여느 연수 시설 못지않았다. 그 뒤로 기회만 있으면 섬 주민들과 어민들을

섬은 여행객이나 주민들보다 낚시객들이 더 자주 찾는다. 그곳이 국립공원이든 특정 도서든 심지어 너울성 파도나 조류로 위험이 도사리고 있는 작은 여도 개의치 않는다. 연대도도 사정이 마찬가지다. 지속 가능한 섬을 생각할 때 섬 등산과 함께 낚시 문화의 개선도 생각해야 한다.

모시고 연대도를 찾았다. 따라 하고 싶었다. 한 번은 밥을 먹고 나오는 데 맛있는 차를 내놓았다. 그 옆에 깜찍한 포장에 민들레차가 놓여 있었다. 할매들이 묵힌 다랑이 논밭을 일구어 민들레를 심어 꽃구경도 하고 차도 만들어 판다는 것이다. '할매공방'이라는 마을 기업으로 등록도 했단다. 섬 주민 전원이 취업하는 지속 가능한 어촌과 섬 모델이었다.

300년 만에 찾은 땅?

연대도에 들어서면 하얀 건물 '비지팅센터'가 반긴다. 에코아일랜드사업으로 만들어진 패시브하우스다. 석유를 사용하지 않고 자연에너지를 사용해 냉난방을 한다고 들었다. 하지만 여행객들은 관심이 없다.

비지팅센터가 친환경 건물이라는 사실을 알려주는 주민도 없다. 여행 객들은 바쁘게 선착장 회센터를 돌아보고 등산을 원하면 연대봉으로, 걷기를 원하면 출렁다리와 만지도로 향한다.

마을에 들어서면 한자로 새겨진 '연대도 사패지(賜牌地) 해면(解免) 기념비(紀念碑)'와 큼지막하게 콘크리트로 기단을 한 '별신 장군' 비석 을 만날 수 있다. '사패지'는 왕이 신하나 백성들 중 나라를 위해 공을 세운 사람에게 하사한 땅을 말한다. 조선시대에 연대도는 충무공을 모 신 충렬사 제사 비용을 마련하기 위한 땅이었다. 통영시에 있는 충렬사 연혁에 숙종 21년(1695년) 연대도를 사패지로 마련했다고 확인된다. 당시 섬 주민들은 농사를 지어 충렬사에 조세를 내야 했다. 그 부담이 만만치 않아 5할에 이르는 조세를 내기도 했다. 삼정문란[조선 후기에, 전정·군정·환곡의 세 가지 행정이 안동 김 씨의 세도 정치로 문란해진 일] 때는 그보다 더했으리라. 그런데 광복이 되고 정부가 수립된 후에도 세 금 부과는 이어졌다. 참다 못한 주민들이 1970년대 초 20만 원을 충렬 사에 주고 세금 면제를 청했지만, 토지문서를 받은 것은 1989년 유상 매입을 한 후였다. 당시 토지는 뭍에서도 그랬지만 섬사람들에게는 목 숨과 바꿀 만큼 소중한 것이었다. 사패지 해면 기념비는 이를 기념해 마을 앞에 세운 것이다.

'돈섬'이었다고

연대도 서쪽은 해식애가 발달한 절벽이다. 그곳에는 입도조들이 심었 을 것으로 보이는 아름드리 해송들이 군락을 이루고 있다. 서쪽에서 불 어오는 계절풍을 막기 위한 방풍림이다. 그 너머로 먼바다와 욕지도, 연화도, 두미도 등 바깥 섬들이 이어진다. 윤슬이 아름다운 봄 바다에 빠져 있다가 물속으로 사라지는 검은 생명체를 보았다. 해달인가 의심

연대도 주민들은 오랫동안 충렬사에 조세를 내야 했다. 1980년대에 되어서야 비로소 섬은 주민들의 섬이 되었다. 바다도 오롯이 주민들의 바다가 아니었다. 이젠 주민들이 이용할 만하니 섬사람도 바다도 나이가 들었다. 그렇다고 포기할 수도 없다.

했다. 잠시 후 드러난 정체는 해녀였다. 그런데 아무리 살펴도 물질하는 동무들이 보이질 않는다.

연대도에는 해녀가 없다고 연대도 이장이 일러주었다. 통영 해녀들이 와서 작업을 한다는 것이다. 통영에서 해녀 배를 운영하는 선주들이 제주에서 해녀를 모집해 전복, 소라, 해삼을 채취해 많은 돈을 벌었다. 잠수기 어선(머구리배)도 20여 척이나 있었다. 술집도 여러 개 있었고 주조장도 있었던 섬이다. 일본을 오가며 일을 할 정도로 교류도 활발했다. 통영 잠수기 어업의 기반이 연대도에서 시작되었다고 해도 지나치지 않을 것이다.

한때 연대도를 '돈섬'이라 했다. 고기잡이도 성하고, 해녀들도 오갔을 때 별신제는 크고 성대했었다. 그래서 별신 장군 비도 그 의미가 작지 않다. 별신굿은 마을 수호신에게 풍농과 풍어를 기원하며 3년이나 5년에 한 번 벌이는 큰 굿이다. 남해안 별신굿은 통영 죽도에서 이어지고 있으며, 동해안 별신굿도 전수자가 있어 기장 등에서 이어지고 있다. 그래서 주민들이 아니라 무당이 주재한다. 마을에서 주재하는 별신제도 크고 장대하게 펼쳐졌다. 이 별신에 장군이라는 꼬리표까지 붙었으니 연대도의 옛 영화를 엿볼 수 있다. 연대봉까지 이어진 지겟길을 따라 걷다 보면 돌을 쌓아 만든 제단과 새끼줄을 쳐서 영역을 표시하고 출입을 막은 '서낭당'을 만날 수 있다. 봉수대 바로 아래쪽이다. 주민들은 정월 초닷새 전에 동제를 올렸다고 한다.

바다는 누가 지키나

낚시꾼들이 하나둘 여객선에서 내린다. 낚시꾼은 이들만이 아니다. 낚싯배를 타고 섬 서쪽 절벽에 직접 내리는 꾼들이 더 많다. 가깝다 보니 시간은 없고 손맛의 즐거움을 떨칠 수 없는 태공들에게는 이보다 좋은 곳이 없다. 만지나 연대만이 아니다. 인근 바다에는 배낚시를 즐기는 사람들을 쉽게 만날 수 있다. 이들을 누가 말릴 것인가. 어부들보다 더 많은 바닷물고기를 잡는 진정한 '도시 어부'들이다. 덩달아 연근해 바다는 물고기 없는 텅 빈 바다로 바뀌고 있다.

섬 사정도 바다와 다르지 않다. 섬은 사람이 있어야 오롯이 지속된다. 자꾸만 섬사람이 떠나고 있다. 대신에 여행객들이 낚시꾼들이 그리고 섬 힐링을 즐기려는 사람들이 들어오고 있다. 이들이 들어오는 것을 막자는 것이 아니다. 들어와 섬의 가치를 존중하고 미래 세대에게 이어주었으면 하는 바람이다. 그런데 실상은 반대로 가고 있는 느낌이다.

잠깐 찾아오는 낚시꾼은 어민들보다 더 많은 바닷물고기를 잡는 '진정한 어부'들이다. 이제 생선 맛을 보거나 회라도 한 접시 먹으려면 낚시군에게 손을 벌려야 할지 모르겠다. 그들이 왔다 간 자리에는 어김없이 흔적이 남는다. 밑밥은 갯바위와 주변 바다의 해초 서식처를 크게 훼손한다. 심한 곳은 불가사리 말고는 아무것도 없다고 어민들은 한숨을 쉰다. 음식을 끓여 먹고 남긴 병, 비닐봉지, 음식 찌꺼기는 또 어떻게할 것인가. 어민들보다 더 많은 바닷물고기를 잡는 낚시객들, 이제는 낚시도 합법화하고 낚시 문화도 개선하기 위한 '낚시면허제' 도입이 논의되어야 한다.

어디서부터 잘못된 것일까

최근에 다시 연대도를 찾았다. "해물라면, 멍게비빔밥 드시고 가세요." 어머니들이 볼락을 손질하면서 지나가는 여행객을 부른다. 한 사내가 수족관을 살펴보고 '둘러보고 오겠다'며 에코센터로 발걸음을 옮겼다. 에코센터는 에코아일랜드의 거점이다. 1946년 문을 연 조양국민학교는 학림초등학교와 조양분교를 거쳐 문을 닫았다.

부럽고 부러웠던 에코센터 운동장으로 내려서자 분위기가 썰렁하다. 문은 굳게 닫혀 있고, '외지인 출입금지'라는 안내문이 붙어 있다. 에코아일랜드 체험센터 시설들은 부서지고, 녹이 슬어 만질 수가 없다. 마음이 아팠다. 6년 전 이곳에서 도백이 이장이 감사패를 받을 때 '에코아일랜드'는 경남의 자랑이라고 했다. 필자도 우리 섬도 이렇게 할 수 있을 것이라며 자랑했다. 이제 선창 포장마차로 해물라면과 멍게비빔밥을 팔아 돈을 만지기 시작했으니, 에코아일랜드로 섬의 가치를 높여 미래 세대에게 물려줄 섬다움을 지키는 일은 멀어진 것 같다. 시설이 좋은 큰 펜션도 만들어지고 카페도 들어서고 있다.

막대한 예산을 들인 '에코체험센터' '에코아일랜드'는 고물이 되어 고철로 팔아야 할 형편이 되고 말았다. 출렁다리라도 있어서 다행일

에코아일랜드, 연대도를 알리는 상징이었고, 섬 재생의 방향으로 생각했다. 하지만 녹록지 않았다. 섬이어서가 아니다. 너무 몰랐다. 섬도 모르고 섬사람도 몰랐다. 지금도 잘 모른다. 어쩌면 알 수 없을지도 모르겠다. 오만한 육지것의 속마음만 털렸다.

까? 대신에 섬살이는 무너지고, 섬다움은 사라지고 있다. 그 빈자리를 여행객이 채우고 있다. 출렁다리가 완공된 뒤에도 다른 다리 계획이 추진되고 있다. 산양읍 척포에서 학림도를 연결하고, 학림도와 연대도를 연결하는 계획이다. 학림도 옆에 작은 섬 송도와 저도를 잇는 다리도 만든다고 한다.

섬 정책, 제대로 서야 한다

연대도 프로젝트에 많은 노력과 예산이 투입되었다. 프로그램도 만들고 주민 교육도 반복했다. 하지만 지금 운영을 멈추었다. 안내해줄 주민도 없고, 체험센터는 문을 닫았다. 숙식도 개인 펜션을 이용해야 한다. 마을 공동 사업은 멈추었다. 선창에서 부녀회가 운영하는 회센터가 전부다. 개인이 하는 회센터도 있으니 이것도 갈등 요소로 남아 있다.

무엇보다 큰 문제는 주민이 운영할 수 있는 프로그램을 함께 준비하고 기획할 '지원조직'이 없다는 것이다. 섬 주민들은 행정과 민간조직을 불신한다. 이를 극복하는가 싶었는데 아쉬움이 너무 크다.

더는 연대도를 모델로 소개하기 어렵게 되었다. 왜 그렇게 되었을까? 몇 가지 생각해볼 점이 있다. 마을 가꾸기가 그렇듯 '주민 주도'와 '주민 동원'은 아주 작은 차이이지만 결과는 너무 큰 차이를 가져온다. 그리고 중간지원조직의 역할이 무엇보다 중요하다. 연대도 프로젝트를 추진한 '푸른통영21'은 다른 조직에 흡수되어 사라졌고, 핵심 활동가도 해고되었다. 선거 결과에 따라 정책이 좌지우지되는 한 이런 사업들은 지속되기 어렵다.

이제 섬 개발 정책은 섬 발전 정책으로 바뀌었다. 그동안 도서 개발을 주도한 '도서개발촉진법'의 대대적인 수정이 필요하다. 섬 발전을 주민 참여와 지속 가능한 정책으로 만들기 위한 '섬 지원센터'가 만들어져야 한다. 여기에 더해 섬이 많은 광역지자체도 이에 대응하는 기구를 만들어야 한다.

일반현황

위치 | 통영시 산양읍 연곡리
면적 | 0.77km²
가구수 | 35
인구(명) | 52
교통 | 배편 | 통영–산양읍 연화리–연명항에서 배편 이용
특산물 | 전복, 소라, 해삼 등

변화 자료

구분	1971	1985	1995
주소 면적(km²)	통영군 산양면 연곡리 1.4	통영군 산양면 연곡리 1.14	통영시 산양읍 오곡리 1.14
공공기관	–	지파출소 1개, 산조 1개	–
인구(명)	372 (남: 251 여: 121)	322 (남: 168 여: 154)	199 (남: 101 여: 98)
가구수	93	77	79
급수시설	공동우물 3개	간이상수도 77가구, 공동우물 5개, 사설우물 2개	간이상수도시설 1개소, 공동우물 3개소, 사설우물 2개소
초등학교	1개 96명	1개 36명	초등학교 분교 1개 6명
전력시설 의료시설	–	한전 77가구	한전 79가구
어선(척, 동력선 +무동력선)	3(2+1)	41(16+25)	32(31+1)

38

그 섬에서
어떻게 살았을까
통영시 산양읍 오곡도

그 섬에는 사람이 살지만 오가는 배가 없다. 낚싯배를 타지 않으면 갈 수도 없다. 가장 가까운 뭍이 척포다. 쏜살같이 달리는 낚싯배로 10분이면 닿는다. 그래서 척포라고 했나? 오곡도로 간다는 말에 행색을 살피던 주인은 낚시도 하지 않으면서 뭐 하러 가려고 하느냐며 이해할 수 없다는 표정이다.

오곡도는 통영시 산양읍 연곡리에 속한다. 연대도와 오곡도 섬 이름에서 한 자씩 따와 '연곡리'라고 했다. 이 섬에는 배를 정박할 모양을 갖춘 포구가 없다. 쌀농사를 지을 논도 없다. 오가는 객선도 없다. 전기도 10여 년 전에야 들어왔다. 통영에서 불과 10여 분이면 닿는 가까운 섬인데도 왠지 방치된 느낌이다. 섬살이가 불편하기 그지없었을 것 같다. 가깝지만 먼 섬이다.

마을은 회관이 있는 동쪽을 향한 '애민' 또는 '앰민'(앞에 있는 마을로 앞면이라 함)과 학교가 있었던 남쪽 '까막자리'(손골, 좁은 골짜기), 두 개의 마을이 있다. 앞면은 큰 마을, 까막자리는 작은 마을이라고도 한다. 섬은 모두 해상국립공원구역에 속한다. 오곡도를 '오소리 쉰두 강정'이라 했다. 쉰두 개의 골골 갯바위가 있어 비롯된 말이다. 농사짓기도 배를 접안하기도 힘든 섬이다.

가깝고도 먼 섬?

큰 마을로 올라가는 선창에 내려준 낚싯배가 굉음을 남기고 비진도로 달린다. 이곳에서는 낚싯배가 해상 택시다. 급할 때는 여객선이 오가는 섬에서도 낚싯배를 청할 수밖에 없다. 뭍에서 섬까지 30분 이내 거리에 섬들이 많이 있으니 객선을 기다릴 수 없는 여행객이나 주민에게는 좋은 교통수단이다.

오곡도에는 2002년에 전기가 들어왔다. 그전까지는 자가발전으로 전등을 저녁 8시부터 11시까지만 켜고 살았다. TV는 물론이고 냉장고, 선풍기도 사용하지 못했다. 당시에는 18호 30여 명이 거주했다. 주민들은 전기가 들어오면서 냉장고, 전기장판, 선풍기를 쓸 수 있게 되었다고 너무 좋아했다. 당연한 것들이 섬에서는 귀하고 고마운 것이 되기도 한다. 이제 그들도 떠났거나 섬에 묻혔다.

'오소리 쉰두 강정', 오곡도를 이르는 말이다. 쉰두 개의 골골 갯바위가 있어 비롯된 말이다. 농사짓기도 배를 접안하기도 힘든 섬이다. (사진·도영준)

배를 접안하기도 힘들고, 농사지을 땅도 마땅치 않았던 섬에서 어떻게 섬살이를 했을까.

오곡도 해안은 가파른 갯바위에 계곡으로 이루어져 있다. 어디 하나 배를 접안해둘 곳이 없다. 통영에서는 이렇게 골골이 이루어진 갯바위를 '강정'이라 한다. 그래서 오곡도를 '오실이 쉰두 강정'이라고 했다. 오실이는 오곡도를 말하며, 그곳에 쉰두 개의 강정이 있다는 말인 듯하다. 강정 이름도 삿갓여, 새생이강정, 이도령여, 춘향여, 춘향강정, 갈무여, 벼락바위 등 다양하다. 오소리가 많이 살아 지명이 오실이, 오수리, 오소리, 오곡도가 되었다는데 사실이 아닌 듯하다. 배를 접안하기도 힘들고 농사지을 땅도 마땅치 않았던 섬에서 어떻게 섬살이를 했을까 싶다.

해상 케이블카는 누구를 위한 것일까

선거철이 되자 통영에서도 해상 케이블카가 논란이다. 여행객을 위해

섬마을에서 대나무는 요긴하다. 물기를 잡는 그물, 곡식을 보관하고 운반하는 바구니, 빗자루, 울타리 등 웬만한 것들은 모두 대나무를 이용했다. 그리고 섬사람들이 무서워하는 바람도 막았다. 섬사람들이 대나무 밭을 잘 관리할 때 가능하다. 그렇지 않으면 쑥대밭으로 변한다.

케이블카를 놓아서 지역경제를 활성화하겠다는 것이다. 미륵산 케이블카로 톡톡히 재미를 봤다는 소문이 돌고, 여수에서도 반응이 좋자 삼천포와 목포에도 추진 중이다. 필자도 통영을 자주 찾지만 케이블카는 딱 한 번 타봤다. 미륵산을 빨리 오를 수 있다고 해서 냉큼 올라탔다.

지역경제에도 큰 도움이 된다고 판단했는지 지자체들이 큰 욕심을 냈다. 달아마을 통영수산과학관에서 학림도-연대도-오곡도-비진도-용호도-한산도 등을 경유하는 국내 최장 해상 케이블카를 만들겠다고 발표했다. 통영시 일 년 예산을 민간자본으로 유치해야 하기에 실현이 만만치 않은 일이다. 하지만 지금도 넘치는 여행객을 더 많이 유치하겠다는 성장 전략이다. 지역신문에는 마치 사업이 결정된 것처럼 소개되었다. 여기에 오곡도가 포함되어 있다. 섬 주민들은 이런 기사가 나면 그대로 믿는다. 여기에 외지인들이 땅을 사겠다고 오가고 부동산이 움직이면 사실로 굳어진다. 이쯤이면 섬 땅은 집터와 묏자리를 제외하고 모두 외지인들 차지가 되고 만다. 누구를 위한 개발인지.

대나무와 동백 숲길을 걸으며 듣는 휘파람새 소리는 이 계절에 섬을 찾는 또 다른 이유다. 오곡도처럼 조용하고 고즈넉한 섬에서만 맛볼 수 있는 매력이다. 큰 마을인 애민으로 오르려면 수십 번 절을 해야 한다. 까막자리도 사정은 마찬가지다. 고요한 섬에 드는 데 이 정도 수행은 감수하라는 자연의 요구다. 오르는 길에 잘 갈무리해놓은 물메기 통발을 보면 사람이 살고 있는 것이다. 오르는 길도 잠깐이니 힘들 것도 없다. 오르면 이정표가 없는 갈랫길을 만난다. 왼쪽은 큰 마을을 거쳐 작은 마을로 가는 길이고, 오른쪽은 유혹적인 대나무 숲길이다. 길이 생각보다 잘 다듬어져 있다. 마음과 달리 발걸음은 휘파람새 소리를 따라 대나무 숲으로 빨리듯 들어갔다.

허수아비에 놀라다

대나무 숲을 지나면 다시 대나무 숲이 이어진다. 사람이 살지 않는 집 안 구들장까지 뚫는 것이 대나무다. '쑥대밭이 되었다'는 말이 허투루 나온 것이 아니다. 안으로 들어가려다 깜짝 놀랐다. 작은 마늘밭에 허수아비가 서 있었다. 날씨마저 흐릿한 데다 숲에서 나와 다음 숲으로 들어가기 직전이라 갑자기 드러난 모양이 꼭 사람처럼 보였다.

그 길을 지나니 왼쪽에 공덕비가 하나 세워져 있다. 그저 그런 공덕비려니 하고 지나치려는데 자꾸 뒤를 붙잡는 느낌에 꼼꼼하게 살펴보았다. 오곡도를 독립된 섬이 되도록 힘쓴 고 씨 형제의 공덕을 기리는 비였다. 오곡도는 한때 연대도에 딸린 섬이었다. 딸린 섬은 바다와 연안을 이용할 권리를 큰 섬이 좌우지하는 경우가 많다. 지금도 어촌계라는 규약이 있어 민주주의라는 이름 아래 다수결로 결정하게 되면 따라야 한다. 그런데 딸린 섬은 실제 그곳에 사는 사람들이 결정하는 것이 아니라 이웃 큰 섬에서 결정한 것을 따라야 하는 경우가 많다. 오곡도와 연대도의 관계가 그러했던 모양이다. 섬이 독립되었으니 이보다 경사가 어디 있겠는가. 이를 기념해서 마을 주민들이 세운 공덕비였던 것이다. 고 씨 형제의 노력으로 이웃한 큰 섬 연대도의 그늘에서 벗어나 독립된 섬으로 자리를 잡게 되자 주민들이 공덕비를 세웠다. 섬의 독립은 나라의 독립만큼이나 섬사람들에게는 큰 의미를 갖는다. 오롯이 바다를 이용할 권리를 갖게 되는 것이기 때문이다.

사람에 놀라다

섬 동쪽 몽돌밭은 옛날 나들목이었다. 그곳에서 올라오면 송덕비가 있는 곳을 지나 애민과 까막자리로 이어진다. 그곳 숲길 머리 위로 새끼줄이 쳐져 있었다. 새끼줄 중간에 쌀을 감싼 한지가 몇 개 꽂혀 있다. 혹

고 씨 형제의 노력으로 이웃한 큰 섬 연대도의 그늘에서 벗어나 독립된 섬으로 자리를 잡게 되자 주민들이 공덕비를 세웠다. 섬의 독립은 나라의 독립만큼이나 섬사람에게는 큰 의미이다. 오롯이 바다를 이용할 권리를 갖기 때문이다.

시나 해서 당집을 찾아 주변을 기웃거렸다. 숲을 헤치며 이곳저곳을 기웃거리다 되돌아 나왔다. 큰 마을이라는데 집은 손으로 꼽을 정도로 몇 채 없다. 인기척도 없다. 조용함을 넘어 고요하다.

"어디서 왔어요?"

이번엔 진짜 사람이다. 허수아비가 아니다. 언제 나타났는지 작은 그릇에 방금 뜯은 방풍을 한 움큼 담아 내려오고 있었다. 60대 박 씨였다. 인사를 하고 섬에 온 이유도 말씀드렸다. 박 씨도 오곡도 토박이는 아니었다. 마산이 고향인 그는 몇 년 전 이곳에 낚시하러 왔다가 마음에 들어서 들어왔다고 했다. 일도 뜻대로 되지 않고, 조용한 곳에서 쉬어야겠다는 생각이 들었던 차에 섬으로 들어왔는데 어느덧 몇 년이 훌쩍 지났단다. 커피나 한잔하자며 박 씨가 자신이 머무는 산방으로 이끌었

오곡도에서 이장 고 씨 부부와 섬이 좋아 들어온 박아무개 세 사람을 만났다.

다. 비진도가 한눈에 들어오는 전망 좋은 집이었다. 박 씨는 몇 년 지났
는데도 가끔 외로움이 밀려온다며, 그런 외로움마저 즐겨야 하는데 그
러지 못하는 것 같다고 웃었다. 그는 한때 잘 나가는 사진작가였다.

　박 씨의 안내로 고정옥 마을 이장의 집을 찾았다. 박 씨의 집보다 전
망이 더 좋았다. 이장은 밭에서 막 일을 마치고 와서 한숨 돌리고 있었
다. 마을 이장에 어촌계장까지 맡고 우편물 배달까지 한다. 실제로 섬
에 거주하는 주민은 일곱 가구다.

미역밭, 그 흔적을 찾다
고 씨 부부에게 옛날에는 어찌 살았냐고 물었다. 지금은 어장을 하지
못하지만 옛날에는 해안을 나누어 매년 추첨을 해 미역밭을 일구었다.
고 씨가 마을회관에서 그 흔적인 '곽전분배기'라는 문서를 보여주었다.

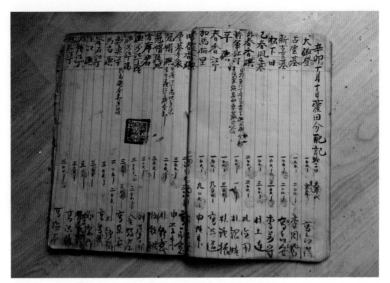

미역밭을 매년 추첨해서 나누었다. 미역밭이 없으면 섬살이를 할 수 없었으니 미역밭 개수는 곧 마을 가구수였다. 이름도 춘향강정, 소녀머진강정, 이도령여 등 재미있고 해학적이다.

곽전은 '미역밭'이다.

  농사지을 땅이 적고, 물이 마땅치 않은 섬은 바다가 괜찮다. 절해고도라도 사람이 머물고 마을을 이루는 이유다. 멀리 서남해 끝섬 가거도나 만재도, 서해 격렬비도, 동해의 울릉도나 독도 그리고 제주도도 예전에는 미역밭으로 섬살이를 했다. 오곡도는 뭍에서 가까운 거리이지만 섬살이는 절해고도 못지않았다.

  임진년(1952년)에는 미역자리를 38개로 나누었다. 곽전 이름 아래에 곽전전대, 합자전대, 천초전대라고 구분해 금액이 정해져 있었다. 합자는 '홍합'을, 천초는 '우뭇가사리'를 말한다. 그 분배기에는 '이도령여'를 받은 김아무개의 경우, 곽전 대금으로 15,000원, 합자 대금 300원, 천초 대금 2,000원을 마을에 내놓았다. 1950년대이니 미역 대금이 꽤 큰 금액이다. 곽전 대금은 모두 15,000원으로 동일하지만 합자와 천

오곡도 유일한 교통수단인 이장님 배는 우편배달도 겸한다.

초 대금은 각각 차이가 있으며, 합자는 모두 해당되지만 천초 대금이
없는 자리도 열다섯 곳이었다. 미역밭을 기준으로 분배하고 여기에 딸
린 천초나 합자는 그해 작황을 가늠해 부과했다. 1957년 곽전 분배 문
서를 보면 미역밭이 모두 43개로 늘어났다. 결혼해서 분가해 가구가
늘어났던 것으로 보인다. 강정 중에는 '소녀머진강정' '이도령여' '춘향
강정'이라는 재미있는 지명도 있다. 강정은 한자로 '江丁'이라 적었다.
미역밭 수만큼 마을 가구가 있었다. 미역밭 아니면 먹고살 수 없으니
미역밭이 곧 가구수였다. 이제 그 바다를 돌아보기도 버겁다.

까막자리, 휘파람새 배웅을 받다
애민에서 학교가 있는 '손골'로 돌아오는 길은 길지 않다. 회관에서 나
오는 길에 나들목에서 보았던 모양새와 같은 금줄을 또 보았다. 공동

우물 입구에서다. 매년 정월이면 당제를 지내고 있다. 부산에서 스님을 모셔와 당산나무에서 제를 지내고 우물과 나들목에도 제를 지내고 있다.

손골로 이어지는 길도 대나무 숲과 동백 터널이 이어진다. 손골에 이르러서 '마을로 가는 길' 이정표를 지나면 비진도 서쪽 끝자락이 고개를 내민다. 손골로 내려서는 아늑한 보금자리에 학교가 있었다. 지금은 기도원이 들어서 있다. 수행하는 곳이니 여행 오신 분은 마을로 가는 길로 가라는 안내판이 있다. 사람들은 매년 한두 차례 수련원에 들어와 며칠씩 수행하고 돌아간다고 한다. 인터넷도 잘되지 않으니 수행하기에 딱 좋은 섬이다. 작은 마을의 학교 자리에 실제로 명상 수행을 하는 기도원이 있다. 불교계에는 제법 알려진 '간화선'으로 참선 수행을 하는 곳이다.

손골마을로 내려가는 길도 큰 마을로 올라오는 길만큼이나 가파르다. 역시 올라오는 길에도 수련원으로 가는 길은 굳게 닫혀 있고, 맹견이 있으니 조심하라는 경고까지 있다. 40여 가구가 생활하던 1950년대에는 학생 수만 해도 100여 명은 되었을 것 같다. 까막자리도 서너 집이 가파른 골짜기에 자리를 잡았다. 사람 사는 흔적은 있지만 누구도 만날 수 없었다. 휘파람새만 주인 대신 울어댔다. 오곡도 유일한 교통 수단인 이장님 배는 우편배달도 겸한다. 이장님 배가 아니면 낚싯배를 이용해야 한다.

개황 | 오곡도

위치 | 통영시 산양읍 연곡리
면적 | 0.44km²
가구수 | 7
인구(명) | 9
교통 | 배편 | 통영–산양읍 미남리–척포항–낚싯배 이용
특산물 | 방풍

변화 자료

구분	1971	1985	1995
주소	통영군 산양면 연곡리	통영군 산양면 연곡리	통영시 산양읍 오곡리
면적(km²)	0.54	0.54	0.54
공공기관	–	지파출소 1개, 수협 1개	–
인구(명)	282	156	73
	(남: 139 여: 143)	(남: 77 여: 79)	(남: 43 여: 30)
가구수	43	35	28
급수시설	공동우물 2개	간이상수도 35가구, 공동우물 3개, 사설우물 2개	간이상수도시설 1개소
초등학교	1개 53명	1개 26명	–
전력시설	–	한전 35가구	자가발전기 1대
의료시설	–	–	–
어선(척, 동력선 +무동력선)	19(0+19)	40(16+24)	17(16+1)

39

왜가리와 바지락
그리고 사람이 사는 섬
통영시 산양면 학림도

어느 섬치고 바지락이 없는 섬이 있으랴. 그래도 통영에서 이 섬만큼 바지락이 많은 섬도 없다. 통영의 섬은 갯벌이 발달하지 않았다. 펄 갯벌은 말할 것도 없고 모래가 있는 해안이래야 비진도 정도다. 그나마 지금은 모래가 유실되어 예전만 못하다. 모래해수욕장이 없는 이유다. 바지락이 잘 자라는 갯벌은 혼합 갯벌이다. 작은 돌과 흙이 섞인 갯벌에서 바지락이 잘 자란다.

섬살이는 새로운 특별한 일자리를 마련하는 것보다 해온 일을 계속할 수 있도록 하는 것이 좋다. 종신보험이자 사회안전망이 필요하다. 그런데 많은 경우 새로운 일자리를 만든다고 갯벌을 파헤치고 메우고 건물을 짓고 노인들이 따라 하기도 힘든 프로그램을 만들어 '무슨 섬'이라는 이름표를 달아준다.

바지락이 좋은 섬, 학림도

학림도는 바지락이 많이 나는 섬이다. 섬 생김새만 봐도 바지락이 많을 수밖에 없다. 섬으로 만입된 구미가 발달했고, 주변 섬에 둘러싸여 그 자체로 내만을 만들었다. 조류 소통이 잘되기에 펄 갯벌 대신에 혼합 갯벌이 발달했다. 바지락이 서식하기 좋은 곳이다. 주민이 사는 섬과 동쪽에 있는 남북으로 이어진 두 개의 섬이 이어지면서 안쪽은 제방

통영의 섬들은 큰 섬에 의지하듯 미륵도, 한산도, 욕지도 주변에 모여 있다. 융기와 침강이라는 지질 구조의 특징이 만들어내는 특징이라 다른 섬도 비슷하다. 학림도를 지나면 욕지도까지 터진 바다가 펼쳐진다. 외해 같은 내만이다. 통발이나 그물 어업들이 이 바다에서 이루어진다. 욕지도 너머 바다에서는 멸치잡이 선단들이 조업을 한다.

이 없이 송도와 척포마을로 둘러싸인 천연 양식장을 이루고 해안은 바지락이 서식하기 좋은 혼합갯벌을 이루고 있다.

학림도는 새섬이라고도 한다. 한자로는 조도(鳥島)라 불렀다. 바지락밭 앞 가두리 양식장에 검은 독수리 10여 마리가 앉아 있다. 백로는 주변을 어슬렁거린다. 오래된 후박나무 숲을 지나치니 소나무 숲이 반긴다. 이곳에 학들이 앉아서 학섬이라 했을까? 숲속 동백이 붉다.

학림도는 뭍에서 배로 10분도 채 되지 않는 거리에 있다. 젊은 사람은 시내에서 출퇴근하고, 나이가 든 노인들은 섬을 지키고 있다. 가두리 양식장에서는 젊은 사람이 일하고, 마을 어장에서는 바지락 체험을 해서 마을 운영 비용과 노인들의 일자리를 마련하고 있다. 이 모두 학림도의 바다가 살아 있을 때 가능한 일이다.

고흥의 아름다운 섬 나로도에 덕흥마을이 있다. 그곳에서 뭔가를 대

학림도 마을 앞 양식장은 섬으로 둘러싸인 천연 양식장이다. 이곳에서 양식되는 것들이 통영의 중앙시장이나 활어시장에 공급되는 활어들이다. 겨울철이면 검은 독수리 수십 마리가 미륵산과 망산을 배회하다 학림 양식장을 기웃거린다.

나무 꼬챙이에 꽂아 처마에 걸어서 말리는 것을 본 적이 있다. 처음에는 삶은 고구마를 잘게 잘라서 말리나 했다. 가까이 가서 보니 그게 아니다. 꼬지에 말리는 것이 무엇인지는 맛을 보고야 알았다. 바지락이었다. 아이들에게는 최고의 도시락 반찬이고, 어른에게는 최고의 술안주다. 지금도 나로도나 쑥섬 등 고흥 섬마을에서는 바지락을 채반에 말린다. 지금처럼 바지락을 까서 냉장 보관할 수 없을 때는 이만한 방법이 없었을 것이다. 바지락 주산지인 학림도에서도 바지락을 말려서 보관했다 나중에 반찬으로 이용한다.

바지락은 산 사람들에게만 환영받는 것이 아니다. 학림도에서는 망자의 밥상인 제사상에도 바지락을 올린다. 바지락탕이다. 명절 차례나 제사상에 탕수로 오른다. 낙지, 문어, 조개, 굴, 홍합 등 제철에 나온 것으로 탕을 올린다.

● — 지역별 호미

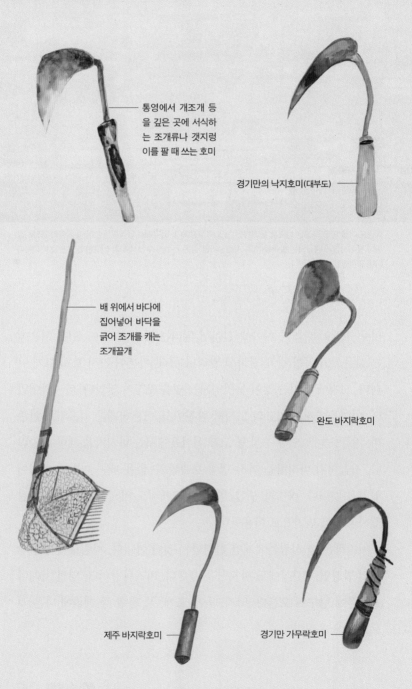

통영에서 개조개 등
을 깊은 곳에 서식하
는 조개류나 갯지렁
이를 팔 때 쓰는 호미

경기만의 낙지호미(대부도)

배 위에서 바다에
집어넣어 바닥을
긁어 조개를 캐는
조개끌개

완도 바지락호미

제주 바지락호미

경기만 가무락호미

통영에서는 흔하지 않지만 학림도에서는 바지락회무침을 곧잘 해 먹는다. 바지락회무침은 전라도에서는 흔하게 먹지만 말이다. 봄에 캐 온 싱싱한 바지락을 살짝 데쳐 무침으로 먹는다. 싱싱할 때는 날 바지 락으로 회무침을 만들었다.

학림도로 가는 배는 달아 선착장에서 출발한다. 연대도로 가는 뱃길 이다. 찬바람이 가시지 않아서인지 찾는 사람도 낚시를 하러 오는 사람 도 없다. 할머니 두 분과 수도검침원 여성이 함께 내렸다. 배에 가득했 던 울긋불긋한 복장의 어머니들은 모두 연대도로 가는 관광객이다. 보 건소 소장이 배에서 약을 내린다. 학림도 노인들에게 나누어 줄 약들이 다. 뭐 볼 것 있다고 이 겨울에 왔냐며 할머니가 호주머니에서 사탕을 하나 꺼내준다. 조금 전 수도검침원이 할머니에게 건넨 것이다. 모른 척 고맙다며 냉큼 받았다. 일부러 섬의 수도 검침을 자처한 여성은 섬 에 들어와 할머니들을 만나는 것이 좋단다. 늘 가방에 사탕을 가득 담 고 들어와 만나는 노인들에게 인사와 함께 건넸다.

학림도에서 젊은 사람들 10여 집은 가두리 양식을 한다고 한다. 젊 은 사람들 나이를 물으니 대부분 60대란다. 이들은 뭍에서 오가는 사 람들이 많다. 섬에는 왕노인들만 지키고 있다. 척포와 학림도를 잇는 다리를 놓겠다는 계획이 발표되기도 했다. 섬 뒤쪽 동남쪽에는 갯바위 나 해식애가 발달해 있다. 통영에서는 이런 곳을 '강정'이라 부른다. 이 런 곳에 갯바위 낚시가 잘된다. 대문강정, 씨내강정, 볼락강정, 어실강 정 등 많기도 하다.

갯바위에 톳도 많이 자란다. 바지락이나 톳은 집집마다 한 명씩 나와 서 공동 작업을 했다. 바지락이나 톳을 제외한 나머지는 능력껏 자유롭 게 채취했다. 하지만 그것도 옛날 말이다. 지금은 바지락 채취도 체험 비를 받고 어장을 운영하고 있다. 자전거도 빌려준다.

할만네, 안녕하실까

학림도를 지나 먼바다로 나갈 때는 '할만네' 눈치를 봐야 한다. 통영에서 바람을 관장하는 영등신을 '할만네'라 부른다. 2월에 내려와 보름 정도 머무르며 학림도 갯밭에 조개씨를 뿌리고 올라간다. 영등할매가 학림도에만 복을 줄까 싶은데 학림도 주민들의 정성이 지극했다. 지금처럼 양식 어장이 활발하지 않을 때 조개밭을 일구는 '개발'이야말로 학림도의 보물이었다. 집집마다 조왕신에 빌고 골목마다 우물신에 빌었다. 무엇보다 바닷가에 집집마다 상을 차려놓고 할만네에게 지극정성을 다했다. 며느리와 오지 말고 딸과 함께 내려오시라고 빌었다. 그래야 바람도 좋고, 조개도 더 많이 선물했다. 더는 그 모습을 볼 수 없다. 딸도 며느리도 없다. 밥상을 차릴 조모님들은 상을 들 힘도 없다.

조개밭을 일구는 '개발'이, 섬을 망치는 개발로 바뀌는 데는 오랜 시간이 걸리지 않았다. 학림도는 마을이 자리한 섬 외에 등대가 있는 섬까지 몇 개의 섬이 팔을 벌리듯 감싸고 있다. 사람은 살지 않았지만 두세 개 잇달아 위치한 섬 주변에 바지락이 서식하기 좋은 혼합 갯벌이 만들어졌고 섬 사이로 조류가 무시로 오가면서 건강한 갯밭이 지속될 수 있었다.

지금은 바닷물이 통하던 그 목을 모두 제방을 쌓아 막았다. 안에서 가두리 양식을 하기 위해서였다. 요즘 제방을 쌓았던 곳도 해수가 통할 수 있도록 통수구를 만들거나 다리로 바꾸고 있다. 바람이나 파도는 막아야 할 재앙이기도 하지만 지속 가능한 섬살이를 위해서는 순응하며 적응하는 기술도 필요하다. 할만네 눈치는 발달한 과학기술로 극복했을지 모르지만 바다와 소통하는 것은 과학의 영역이 아니다. 개발을 '개발'로 이어가려면 물길을 열어야 한다.

개황 | 학림도

일반현황

위치 | 통영시 산양읍 저림리
면적 | 0.72km^2
가구수 | 55
인구(명) | 128
교통 | 배편 | 통영–산양읍 미남리–달아항–섬나들이호 이용
특산물 | 바지락, 우럭, 고들빼기

변화 자료

구분	1971	1985	1995
주소	통영군 산양면 저림리	통영군 산양면 저림리	통영시 산양읍 저림리
면적(km^2)	1.3	1.3	1.3
공공기관	–	지파출소 1개, 수협 1개, 산조 1개	–
인구(명)	661 (남: 325 여: 336)	402 (남: 202 여: 200)	260 (남: 128 여: 132)
가구수	114	106	77
급수시설	공동우물 7개	간이상수도106가구, 우물 8개	간이상수도시설 1개소, 공동우물 7개소
초등학교	1개 129명	1개 68명	초등학교 분교 1개 15명
전력시설	–	한전 106가구	한전 77가구
의료시설	–	–	보건진료소 1개소
어선(척, 동력선 +무동력선)	13(7+6)	45(21+24)	60(50+10)

40
낚시객만 오가는
작은 섬
통영시 산양면 송도

닭섬과 새섬 사이에 작은 섬 송도가 있다. 산양읍 저림리에 속하는 섬이다. 여러 차례 연대도를 오가면서 송도를 오가는 사람을 가끔 만났다. 긴 가방을 메고, 수레를 끄는 사람이 많았다. 이들은 대부분 낚시꾼이다. 몇 가구 살지 않는 작은 섬에서 하루 이틀 머물며 낚시를 한다. 사람보다 새들이 더 많이 사는 섬이다. 특히 왜가리들한테는 천국이다. 사람의 간섭이 없는 송도에 머물며 학림도와 송도 주변의 양식장을 호시탐탐 노린다. 가끔 양식장을 운영하는 사람이 오가기도 하는 학림도에 딸린 섬이다.

송도를 소나무가 많이 있는 섬이라 붙여진 이름으로 해석하지만 사실은 작은 섬을 한자로 바꾸면서 생겨난 오해다. 작다는 말은 우리말 '솔다'에 해당한다. 그런데 이 '솔'을 소나무 '송'(松)의 뜻으로 생각한 것이다. 그리고 이 소나무에 새들이 많이 앉아 있으니 새섬, 조도라고 부르기도 했다. 주민들은 솔섬 외에도 소새섬, 솔새섬이라고도 한다. 거기에 새 중에서도 길조인 학을 불러와 학림도라고 한 것이다. 물론 때로는 다양한 백로가 많이 찾기도 한다. 넓은 의미로 학이라 부르기도 했지만 두루미와 학은 다르다. 옛날에 학에 해당하는 두루미가 정말 많이 찾았는지 알 수는 없다. 어쨌든 송도는 소나무와 관련이 없다. 그러고 보니 우리나라에는 송도가 정말 많다. 그런데 한결같이 작은 섬이

섬에서 우물은 목숨이었다. 마을에서 당제를 지낼 때 마을신인 당산나무나 신체에 제사를 지내지만 우물에서도 상을 차리며 물이 콸콸 나오기를 기원했다. 그래서 샘을 마련하는 것은 마을의 숙원이었다. 출향인사들 중 기금을 마련해 샘을 파고 이를 기념해 비를 세웠다. 공공복지정책이 섬에 미치지 않을 때는 이렇게 어려움을 극복했다.

다. 옆에 있는 섬이 더 커서 그런 건지도 모르지만 말이다.

통영에서 유인도 중 가장 작은 섬일지도 모르겠다. 산양읍에서는 가장 작은 섬이다. 섬도 학림도에 속하고 이장도 학림도에서 맡고 있다. 집은 네 가구가 있다. 섬이 작으면 태풍이나 바람에 큰 피해를 입기도 한다. 사람 사는 섬에는 감나무가 많았다. 2003년 태풍 매미가 섬을 덮쳐 감나무가 모두 죽었다. 매미는 사라(1959년), 루사(2002년), 볼라벤(2012년)과 함께 남해안 어민들이 트라우마로 기억하는 태풍 중 하나다. 우리나라에 피해를 많이 주는 가을 태풍의 하나였다. 사상자가 130명, 재산 피해 4조 2천억 원에 이르렀다. 통영을 지나 마산으로 상륙하면서 내륙에 큰 피해를 주었다.

작은 섬이라도 모두 송도라고 부르지는 않는다. 사람도 그렇지만 생물이나 땅도 역할을 해야 이름을 붙여준다. 닭섬과 새섬 사이에 있는 솔섬은 옆에 있는 섬의 포구, 선창 앞에 자리해 바람과 파도를 막아준다. 그리고 산에서 의식주를 해결해야 했던 시기에는 필요한 나무와 풀을 제공했을 것이다. 어쩌면 송도가 없었다면 이웃한 학림도나 저도에 마을이 들어앉는 데 어려움이 많았을 것이다. 작다고 하찮게 보아서는 안 된다. 나름 자기의 역할이 따로 있다.

일반현황

위치 | 통영시 산양읍 저림리
면적 | 0.118km²
가구수 | 7
인구(명) | 16
교통 | 배편 | 통영–산양읍 미남리–달아항–배편 이용
특산물 | –

변화 자료

구분	1971	1985	1995
주소	통영군 산양면 저림리	통영군 산양면 저림리	통영시 산양읍 저림리
면적(km²)	0.29	0.29	0.29
공공기관	–	–	–
인구(명)	108 (남: 58 여: 50)	74 (남: 33 여: 41)	35 (남: 13 여: 22)
가구수	16	14	7
급수시설	공동우물 1개	간이상수도 14개	간이상수도시설 1개소, 공동우물 2개소
초등학교	1개 19명	–	–
전력시설	–	한전 14가구	한전 7가구
의료시설	–	–	–
어선(척, 동력선 +무동력선)	8(3+5)	6(3+3)	7(4+3)

41

이 손 좀 봐라, 저도

통영시 산양면 저도

송도에 손님이 없으면 여객선은 곧바로 저도로 향한다. 이곳 저도도 내린다고 이야기해야 내릴 수 있다. 탈 때도 선창에 나와서 탈 사람이 있다는 것을 알려야 한다. 선장에게 전화를 하는 것이 좋다. 저도를 주민들은 딱섬이라 한다. 옛날에 닥나무가 섬에 많아서 그리 불렀다는데 신빙성은 없어 보인다. 통영시 용산면에도 딱섬이 있다.

선창에서 조업을 준비하는 어머니를 만났다. 어머니가 손을 펼치자 손바닥이 물을 들인 듯 붉다. 주낙(연승)의 미끼를 끼우느라 홍거시라는 지렁이를 하루 종일 만진 탓이다. 통영에서 큰 배를 부리는 선주한테서 일거리를 받아와 하루 종일 쪼그리고 앉아서 미끼를 끼워 함지박에 갈무리해놓는다. 이렇게 함지박 한 통을 준비하면 5천~6천 원 받는다. 하루 종일 해도 2만~3만 원 벌기가 힘들다. 어머니가 일을 하다 말고 한때 통영 '카수'였다며 자랑한다. 지금은 목이 쉬고 거칠지만 젊었을 때는 지나가던 사람도 돌아볼 노래 실력이었다나.

주낙에는 노란 플라스틱 부표가 있는 것과 없는 것 두 가지가 있다. 부표가 있는 것은 갈치 주낙이고, 없는 것은 장어 주낙이다. 각각 서식처가 다르기 때문이다. 섬 주민들이 나이가 들어 논밭이 묵답으로 바뀌지만 바다는 사정이 다르다. 해안에 쓰레기가 쌓이지만 갯가 해초들과 갯벌 생물은 왕성하다. 주인이 나이 들어 거동을 못하니 객들이 주인

396

저도에도 학림도처럼 가두리 양식장이 많이 생겨났다. 최근에는 방어 양식까지 하고 있다. 저도, 학림도, 송도 일대는 양식하기 좋은 환경을 갖추고 있으며, 게다가 통영 시내와 가까워 유통하기도 좋다.

행세를 한다. 해안가에 여럿 보이는 사람들은 여행객으로 보였다. 아니 수산물을 일부러 채취하려고 들어온 사람들인지도 모른다. 해초와 갯것들을 채취하고 있다.

거름으로 쓸 불가사리와 해초들이 밭에 그득하다. 마당에는 막 건져 올린 거친 파래가 말라간다. 사실 사람이 먹는 음식과 작물의 양분이 되는 거름에 큰 차이가 있는 것이 아니다.

동백이 뚝뚝 떨어지고 아직도 꽤 많은 동백이 겨울이 가는 것을 아쉬워한다. 아이들 소리가 들리지 않는 학교로 가는 길에 동백이 한창이다. 산새반, 동백반 아이들은 어디로 갔을까. 뭍으로 나가서 잘 지내고 있을까. 덩그러니 남은 그네가 바람에 삐걱대고, 회전틀은 앙상하게 기둥만 남았다. 교실로 들어서는 입구에는 아이들 대신 대나무가 빼곡하게 들어찼고 산비둘기와 뻐꾸기만 울어댄다.

작은 섬은 학교가 전부다. 일상에서부터 큰일까지 모두 학교에서 이루어진다. 그래서 섬마을 선생님은 특별한 존재이며 섬의 지도자가 되기도 했다. 50여 년 전 학림저도분교의 박대현 부부 교사도 그랬던 것 같다. 〈동아일보〉(1972. 2. 19.)에 실린 "낙원 이룬 남해 고도"라는 제목의 기사 내용이다.

당시 박대현(당시 36세)·안선자(당시 34세) 부부가 저도에 부임할 때 학생은 38명이었고, 52가구 300여 명의 주민들이 고깃배 한 척 없이 살고 있었다. 주민들 중 학교를 다닌 사람은 중졸 2명과 국졸 2명이 전부였고 나머지는 모두 무학이었다. 학교가 세워진 것은 1963년 3월이었다. 이들 부부가 갓난아이를 데리고 섬에 들어온 것은 1969년 10월 1일이었다. 섬 주민들은 배타적이었고 비협조적이었다. 수업이 끝나면 마을 길과 학교로 가는 길에 100미터 길이로 잡석을 깔고 자비로 구입한 시멘트로 포장하는 데 석 달이 걸렸다. 이러한 모습이 섬 주민들의 마음을 움직여 주민들과 힘 합쳐 횃불을 들고 500미터를 포장했다.

내친김에 학교 울타리는 상록수를 심어 만들고, 제주도에 고기잡이를 나갔다가 돌아오는 주민들이 가져온 돌로 정원을 만들었다. 학생들 수업은 물론 부모들 문자 수업까지 해냈다. 그리고 술과 노름을 일삼던 학부모를 설득해 저축을 하게 했다. 부부는 주민들의 소원인 큰 고깃배를 마련하기 위해 두 사람의 월급 중 생활비 1만 원을 제외하고 5만 원을 저축하고 육지에서 가져온 50만 원을 보태 근해 어업선 문화호(14톤)를 구입했다. 이 배에 10명의 주민이 타고 뱀장어를 잡아 수익금으로 중학교에 진학한 학생들 장학금으로 쓰고 돼지와 닭을 사들이고 마을 공동목욕탕을 지었다. 그리고 텔레비전도 마련했다. 충무시(지금 통영시)에 합숙소를 만들어 중학교로 진학한 학생들이 자취할 수 있도록 했다. 이렇게 바뀐 학교를 보기 위해 뭍에서 사람들이 무시로 들어왔다.

하지만 부부 교사가 꿈의 정원으로 가꾸었던 학교는 이제 쑥대밭으로 바뀌었고, 20여 가구에 30여 명이 살고 있을 뿐이다. 이 중 10가구는 가두리 양식을 하고 있다.

마을 뒤로 넘어가면 양식장이 빼곡하다.

"꽥 왝, 꾀 왹…."

왜가리 소리다. 한두 마리가 아니다. 당숲이 있는 곳에서 왜가리가 그네를 탔다. 바로 앞이 새섬, 학림도다. 조도라고 했던 섬이다. 학이 소나무에 많이 있었다는데, 소나무에는 학 대신에 왜가리가 앉아 있다. 바다에 가두리 양식장이 가득이니 무시로 내려와 불로소득으로 재미를 봤을 것이다. 양식장 주인들이 지켜보다 너무한다 싶었던지 가두리 양식장에 그물을 씌웠다. 적당히 먹어야지 봐줄 텐데, 사람이나 새나 불로소득에 맛들이면 멈추는 게 쉽지 않은 모양이다. 새들도 할 말이 없는 게 아니다. 그전에는 불로소득이 아니라도 먹고살 게 넘쳤다. 연안으로 드는 고기는 흉년이고, 양식장 고기는 그물을 씌워 쳐다만 보게 만들었으니 새들도 사람들에게 하고 싶은 말이 있다. 해도 너무한다. 빨간 지붕 아래 가자미 열댓 마리가 걸려 있고 갯바위에서 뜯어 왔다는 미역은 빨랫줄에 걸려 있다. 파래는 채반에서 해바라기를 한다. 봄을 맞는 딱섬의 풍경이다.

개황 | 저도

위치 | 통영시 산양읍 저림리
면적 | 0.24km²
가구수 | 30
인구(명) | 54
교통 | 배편 | 통영-산양읍 미남리-달아항-배편 이용
특산물 | -

변화 자료

구분	1971	1985	1995
주소	통영군 산양면 저림리	통영군 산양면 저림리	통영시 산양읍 저림리
면적(km²)	1.74	0.74	0.74
공공기관	-	수협 1개	-
인구(명)	411	161	131
	(남: 209 여: 202)	(남: 79 여: 82)	(남: 72 여: 59)
가구수	73	44	47
급수시설	공동우물 8개	간이상수도 44가구, 공동우물 3개	간이상수도시설 1개소, 공동우물 5개소
초등학교	1개 76명	1개 24명	초등학교 분교 1개 4명
전력시설	-	한전 44가구	한전 47개소
의료시설	-	-	-
어선(척, 동력선 +무동력선)	4(3+1)	32(10+22)	17(13+4)

42

낚시꾼의 천국,
섬마을을 어찌할까

통영시 산양읍 곤리도

"어머니는 무얼 사셨어요?"

겨우 엉덩이만 걸칠 만한 좁은 여객선 터미널 안으로 들어가며 말을 붙였다.

"시아버지 제사에 쓰려고 참돔 한 마리 샀다 아이가."

참돔이라…. 서해안에서는 제물로 조기가 빠지지 않지만 통영에서는 참돔을 올린다. 여기에 더해 문어, 볼락, 홍합, 전복, 가자미 등 제철 생선을 올리기도 한다. 참돔을 산 어머니는 곤리도에서 참돔 양식을 직접 한단다. 그런데 새벽같이 첫 배를 타고 나가 참돔을 샀단다. 제물은 자연산이어야 한다는 '원칙' 때문이다. 곤리도뿐 아니라 통영의 제사법이다. 첫손님도 그렇지만 제물은 흥정을 하지 않는다. 8만 5천 원을 모두 주었다. 그래도 어른이 좋아할 것이라며 흡족해한다. 다른 제물은 몰라도 남편이 꼭 간섭하는 것이 참돔이란다.

곤리도는 통영시에 딸린 섬 중에서 미륵도와 가장 가까운 섬이다. 미륵도가 다리로 연결되었으니 곤리도로 드나들기가 편리하다. 곤리도로 가기 전에 들러야 할 곳이 삼덕리에 있는 당포성터다. 곤리도를 한눈에 볼 수 있다. 섬 앞 가두리 양식장이 있는 바다는 1592년 이순신이 거북선을 이끌고 나와 왜군을 격파했던 당포해전의 격전지이다. 곤리도는 통영시 산양읍 당포항에서 10분이면 닿는 거리에 있다.

당포에서 팔을 뻗으면 닿을 만큼 가까운 곳에 있는 섬이다. 그래서 세컨드 하우스로 집을 마련해두고 오가는 사람도 있고, 낚시하기 위해 거처를 마련해둔 사람도 있다. 빈집을 찾기 어려운 곳이다. 통영시에 있는 섬이라 해야 할 것 같다.

섬 주민의 절반은 외지인?

포구의 아침이 설렌다. 욕지도로 섬 여행을 떠나는 사람들, 낚시 가방을 들고 배를 기다리는 사람들, 모두 기대에 차 있다. 당포항이다. 주차할 곳이 없다. 간신히 차를 넣어두고 선창으로 나왔다. 섬으로 들어가는 '협동어촌호'가 첫손님을 태우고 숨차게 나온 탓인지 고요하다. 그 배로 나온 마을 주민들은 벌써 생필품을 구한 뒤 출발을 기다리고 있다.

곤리도는 경상남도 통영시 산양읍에 있다. 남쪽 해안은 해식애가 발달했고, 북쪽은 완만한 평지를 이루고 있어 계단식 논밭을 일구어 농사를 지었다. 마을은 섬 동북쪽에 들어앉았다. 동쪽에서 북쪽으로 해안을 따라 산자락에 마을을 이루고 있다. 마을이 커서 주민들은 당산나무가 있는 곳을 '동펜'(동편을 이르는 통영 말), 학교가 있는 곳을 서펜으로 나눈다. 한때 150가구가 훨씬 넘었을 만큼 큰 마을이다. 한 집 건너 한 집씩 빈집이 있지만 마을 규모는 지금도 만만치 않다. 지금도 약 70여 가구가 살고 있다. 이 중 절반은 외지인이란다. 시내버스를 한 번 타면 한시간도 되지 않아 시내로 갈 수 있고, 경치 좋고 낚시도 잘되니 '세컨드 하우스'로 준비해둔 사람들이 제법 있다. 바다를 매립해 너른 물양장을 마련하기 전에는 섬집 앞이 바다였다. 선착장과 물양장 정도만 차가 다닐 수 있고 골목길은 사람만 걸어 다닐 수 있을 만큼 좁다. 그 길도 경사가 심해 오르내리기가 여간 힘들지 않다.

낚시꾼의 천국?

배가 도착하자 낚시꾼 몇 명이 먼저 뭍에 오른다. 낚시 가방이 묵직하다. 가방을 열고 몇 마리를 아는 분에게 나누어준다. 살짝 보니 전갱이, 고등어가 가득하다. 곤리도 선창에서 낚은 것이라고 했다. 섬으로 들어가려던 낚시객들이 입맛을 다신다. 배에 오르는 발걸음이 빨라진다. 마음은 벌써 낚싯대를 쥐고 있다. 배에 탄 사람은 20여 명, 그중 반은 주민이고 반은 낚시꾼이다. 첫 배로 들어간 낚시객이 30여 명이었으니 벌써 50여 명에 이른다.

곤리도는 낚시객들에게 보물 같은 섬이다. 꾼들에게 알려진 포인트는 '치끝'에서 등대까지 모두 너덧 곳이다. 양식장의 사료 맛을 본 탓인지 그늘이 좋아서인지 모두 가두리 시설과 바지선이 있는 근처에 있다. 뭍에서 불과 10분이면 닿는 섬이지만 수심이 30~40미터에 조류가 좋아 씨알은 좀 작지만 조황이 먼바다 못지않다. 선착장만이 아니라 가두리 낚시, 배낚시, 갯바위 낚시 등 비용만 지불하면 어디라도 가능하다. 곤리도뿐만 아니라 미륵도 주변에서 흔히 볼 수 있다.

섬에 도착하자마자 선창에 도열하듯 자리를 잡은 낚시객들이 먼저 반긴다. 어슬렁거리며 그들의 주변을 배회했다. 한결같이 새우와 버무

이렇게 가까운 곳에 이런 섬이 있다니, 통영은 참으로 복 받은 곳이다. 아쉽게 그 복을 누리는 사람은 낚시꾼들뿐이다. 그들에게도 복을 누릴 권리가 있다. 다만 그 섬이 우리 세대에 쓰고 버릴 것이 아니기에 다른 방식으로 즐겨주길 바랄 뿐이다.

린 밑밥을 끊임없이 마을 어장에 뿌려댄다. 선창 주변 여기저기에 그들이 남기고 간 흔적이 눈에 띈다. 등대 아래에는 캠핑을 하고 밥을 해 먹고 텐트를 치고 숙박을 하는 사람들이 있다. 어디까지 허용하고 금지해야 할까.

갑자기 낚시꾼들이 술렁인다. 선착장 안쪽에서 감성돔을 낚은 것이다. 이곳에서 감성돔이 올라오다니, 탄성을 질렀다. 다른 사람들도 이미 전갱이, 고등어를 몇 마리 올렸다. 낚은 고등어로 벌써 회를 뜨는 사람도 있다. 낚시하는 사람들에게야 이보다 좋을 수 없겠지만 너무한다 싶다. 선착장 안에 수십 명이 끊임없이 밑밥을 뿌리고, 심지어 숙박까지 해대고 낚시를 한다면 바다가 온전하고 섬이 편안할까 싶다. 낚시 면허제가 당장 어렵다면 마을 어장 그리고 방조제 위 낚시 행위는 더욱 엄격하게 관리되어야 한다. 가두리 양식을 하는 섬 주민들이 태풍보다 무서워하는 적조도 바다 오염과 무관치 않다. 단번에 수천 수만 마리의 물고기를 죽게 하는 적조가 연중행사로 일어나는 곳이 이곳 바다다. 적조도 사람이 만들어낸 것이다. 노인들만 사는 섬마을이 주말이면 활기가 넘친다. 밀려오는 낚시객들 덕분이다. 많을 때는 100여 명에 이른다. 배낚시는 물론이고 방파제, 갯바위 그리고 가두리 위까지 섬과 바다는 낚시객들이 점령했다. 섬과 어장까지 외지인들이 차지하는 것은 아닌지 모르겠다. 섬과 섬사람은 어디로 가야 할 것인가.

벨신굿 대단했다 아이가

곤리도에 우물이 일곱 개나 있었다. 큰 마을이라지만 샘이 많은 편이다. 그만큼 물이 소중했다는 의미다. 골목을 걸어보면 그 이유를 짐작할 만하다. 앞집 지붕이 뒷집 마당에 닿는 모양새로 층층이 지어져 있다. 그렇게 다닥다닥 붙어 있으니 마을을 가로질러 동펜에서 서펜으로 가는 것이 쉽지 않다. 선창으로 내려가서 다시 올라가야 한다. 맨몸이라도 경사가 가팔라 숨이 찬데 물동이를 이고 오르락내리락하기가 쉽지 않았을 것이다. 골목 모퉁이마다 샘을 팠다. 그 샘 중 으뜸이 '마당새미'다. 동네 마당에 해당하는 곳이라 마당새미라 했을까. 지금은 매립과 간척으로 너른 물양장이 마을 마당이 되었지만 옛날에는 마당새미 앞이 가장 너른 동네 마당이었을 것이다. 그곳 마당새미 왼쪽에 천하대장군과 솟대가, 오른쪽에 천하여장군이 세워져 있다. 새미는 샘을 말한다. 샘은 광장의 역할도 하는 소중한 장소다.

  곤리도 벅수는 당포나 월항처럼 오래된 벅수는 아닌 듯싶다. 솟대도 시멘트로 만든 전봇대처럼 세우고 머리에 기러기 모양을 올렸다. 기둥에 '별신장군'(鱉神將軍)이라는 글씨가 새겨져 있다. 정월이면 벅수 앞에 집집마다 밥을 차려두고 제를 지냈다. 예전에는 벅수와 솟대 모두

얼마나 다행인가, 텅 비어 있을 줄 알았다. 거미줄이 쳐져 있을 줄 알았다. 그런데 배와 사과 그리고 술까지 남아 있었다. 지난 정월에 몇 사람이 올라와 당제를 지낸 것이었다. 곱게 석작에 제물도 쌓여 있었다. 너무 고맙다.

나무로 만들어서 세웠다. 지금은 솟대는 시멘트로 만들고, 벅수는 돌 벅수다.

새마을사업을 하던 시절에 나무 벅수와 솟대를 미신이라며 뽑기도 했다고 한다. 마을에 좋지 않은 일이 생기자 마을 회의를 통해 다시 세운 것이다. 이를 별신굿, 벨신굿이라 한다. 굿판이 벌어지기 전날 당집에서 산제를 지낸다. 동편 산릉선에 있다. 당집은 세월이 흘러 지붕을 확인할 수 없을 정도로 넝쿨 식물로 덮여 있다. 그 옆에 작은 돌담으로 경계를 지은 제당이 하나 더 있다. 가운데 소나무에는 색이 선명한 오색 천이 걸렸다. 당집 안에는 한복 치마와 저고리가 있고, 자연석으로 만든 제단 아래 배, 밀감, 감, 북어가 놓여 있다. 금년에도 당제를 지낸 듯하다. 이곳에서 산제를 지낸 후 마을로 내려와 동네 마당에서 별신굿을 했다. 벅수와 솟대 앞에는 100여 호가 집집마다 상을 차려놓았단다.

곤리도에 가면 꼭 찾아뵙고 인사를 드려야 할 솟대가 있다. 매년 음력 3월 초 별신제를 지내는 곳이다. 100여 호가 각각 샘가에 상을 차렸으니 상상만 해도 굿판을 짐작할 만하다. 돌벅수와 솟대가 오롯이 남아 있는 섬은 대한민국에 곤리도뿐이리라.

굿판의 규모를 짐작할 수 있을 것 같다.

솟대는 몇 살이나 될까. 가늠하기에 따라 3백~4백 년은 족히 되어 보인다. 오차가 1백 년이나 된다고 따지는 사람은 없다. 별신 장군이라 새겨진 솟대는 원래 나무로 만들었다. 마을에서 가장 큰 샘 앞에 벅수 두 개와 함께 세워져 있다. 옛날에는 음력 삼월 초에 집집마다 상을 가져와 차려놓고 비손을 했다. 마을 동쪽 숲으로 들어가는 길목에 당집이 있다. 돌담이 둘러싸인 당집과 옆에 소나무를 감싼 나지막한 돌담 제장이다. 얼마 전에 제를 지냈는지 소나무에는 오색 천이 걸려 있고 당집에는 과일과 명태 등 제물이 있다. 당제를 지내는 당집의 돌담은 쉬 무너지지 않는다. 신기한 일이다. 주인이 떠난 집의 지붕에 풀이 돋고 물이 새는 것과 같다. 나물새에 밥 한 그릇만 올려도 멈추는 것과 지속하는 것의 차이는 크다.

배를 타고 나와 빨래를 했다

식수 못지않게 어머니들에게 무거운 일이 '빨래'였다. 집집마다 10여명이 벗어 던지는 그 많은 빨래를 집에서 주무를 수 없었다. 날 좋은 때, 이고 지고 '강'으로 가 빨래를 했다. 그 강을 찾아가는 길이다. 배에서 만난 어머니들이 시집살이 중 가장 힘든 것이 빨래였다고 했다. 심지어 강에서 해결하지 못하고 빨랫감을 배에 실어 나와 뭍에서 빨래를 해서 가지고 들어가기도 했단다. 먹을 물을 길러 갔다는 말은 들었지만 빨래까지 섬 밖에서 해서 들어왔다는 말은 처음 듣는다. 섬에 도착해 아무리 둘러봐도 강은커녕 실개천도 보이질 않는다. 골목에서 만난 할머니에게 빨래했던 강을 물으니, 그걸 왜 물어보냐는 듯 갸웃하더니 고개 너머 '몽돌밭'으로 가라고 알려주었다. 바닷물이 가끔 드는 몽돌밭에서 그 흔적을 찾기는 어렵다. 폐허가 된 육상 가두리가 터줏대감처럼 자리를 잡고 있었다. 계곡물을 모으려고 둠벙을 평생 사용할 것처럼 시멘트로 둘러쌓았지만 상수도에 밀려났다.

섬에서 꼭 필요한 것을 세 가지 꼽으라면 물, 불, 발이다. 식수, 전기, 배란 이야기다. 배는 마을에서 운영하는 도선이 있고, 전기는 1976년 10월에 들어왔다. 문제는 식수였다. 2004년 당포에서 곤리도까지 해저로 물길을 이어서 식수와 빨래에 필요한 물을 해결하였다. 그러니 강은 그 흔적인지 모르겠다. 마을 입구에 전기가 들어온 것을 기념하는 비석이 세워져 있다. 뭍에서 당연한 것이 섬에서는 소중하다. 우리나라만 그런 것은 아니다. 일본의 세토 내해의 다도해에서도 상수도와 전기가 들어온 날을 기념하는 비를 곧잘 볼 수 있다.

동편마을을 지나 쑥섬을 바라보면서 언덕을 넘었다. 욕지도로 가는 배가 가두리 양식장을 가로질러 쑥섬 앞을 지난다. 좁은 솔숲을 지나니 폐허가 된 건물이 나타났다. 할머니가 말씀하신 몽돌밭이다. 연대도와 만지도를 잇는 출렁다리가 눈앞에 펼쳐지고 뾰족한 비진도 선유봉도 들어온다. 그런데 어디에서 빨래를 했다는 말인지. 육상 양식장으로 보이는 폐건물이 어지럽다. 그 사이로 시멘트로 만든 조그마한 물통이 있다. 산에서 내려오는 물이 모이는 곳이다. 빨래를 했다면 이곳밖에 없다. 이곳에서 빨래한 후에 몽돌밭에 널었을까. 고개를 넘고, 배를 타고 뭍으로 가야 빨래를 할 수 있었던 섬살이 고충만 어렴풋이 짐작할 뿐이다.

당집과 숲길을 돌아 서펜에 있는 학교에 이르렀다. 환영이라도 하듯 노란 개나리꽃이 흐드러지게 피었다. 아이들 소리로 가득해야 할 학교는 고요하다 못해 적막하다. 주말이라서가 아니다. 아이들이 없어서다. 넓은 운동장에 여러 칸 교실만이 마을의 규모를 가늠하게 해줄 뿐이다. 동펜 당산나무에서 본 마을이나 서펜 학교에서 본 마을은 모두 그림이다. 영화는 물론 드라마 그리고 예능 프로그램에도 곧잘 등장한 이유를 알 만하다. 크고 작은 짐을 들고 사람들이 골목길을 오른다. 드라마에 나온 예쁜 집 아래서 하염없이 바다를 바라보던 어머니가 일어섰다. 배가 도착한 모양이다. 어머니는 가파른 골목길을 올라오는 젊은 청년을 끌어안고 등을 쓰다듬었다. 청년은 허리를 굽히고 한동안 할머니를 안고 있었다.

개황 | 곤리도

일반현황

위치 | 통영시 산양읍 곤리리
면적 | 0.97km²
가구수 | 108
인구(명) | 216
교통 | 배편 | 통영–산양읍 삼덕리–삼덕항–배편 이용
특산물 | 전갱이, 고등어 등

변화 자료

구분	1971	1985	1995
주소	통영군 산양면 곤리	통영군 산양면 곤리리	통영시 산양읍 곤리리
면적(km²)	11.9	1.2	1.2
공공기관		지파출소 1개, 수협 1개, 산조 1개	
인구(명)	901 (남: 470 여: 431)	830 (남: 419 여: 411)	531 (남: 275 여: 256)
가구수	142	143	125
급수시설	공동우물 6개	간이상수도 143가구	간이상수도시설 1개소, 공동우물 3개소
초등학교	1개 170명	1개 141명	초등학교 분교 1개 32명
전력시설	–	한전 143가구	한전 125가구
의료시설	–	약국 1개소	보건진료소 1개소
어선(척, 동력선 +무동력선)	26(14+12)	88(56+32)	93(84+9)

부록

통영 음식

바다가 만들고
섬이 차린다

여행이나 출장의 기승전결은 밥상, 즉 음식이다. 한사코 경상도 출장을 피하고 전라도를 택하는 이유로 맛있는 식사를 꼽는 사람이 많다. 그런데 같은 경상도라도 통영이라면 이야기가 달라진다. 통영은 조선시대 수군본부 격인 삼도수군통제영으로부터 시작된 군사 도시다.

따라서 통영 음식의 뿌리를 찾기 위해서는 먼저 통제영 음식을 살펴야 한다. 세병관 옆에는 통제사를 위한 주방 '관주'와 조리를 하는 '주소'가 따로 있었다. 또 군사훈련을 한 후 음식을 만들어 베풀던 '호궤'와 사신을 맞는 연회도 열렸다. 통제영만 아니라 통영의 김해 김 씨, 칠원 제 씨, 달성 서 씨 등 유력 가문도 큰 행사에 참여해 음식을 더했다. 둘째로는 통제사 부임로와 뱃길이다. 통제영은 육로를 통해 부임했다. 통제영으로 들어오는 첫 관문이 고성이다. 현재의 행정구역인 통영만 아니라 고성과 진주와 함안까지 살펴야 한다. 통영 음식이 해산물만 아니라 산채나 육류를 잘 이용했던 것도 이런 이유 때문이다.

근대에 들어서는 부산과 통영과 여수를 잇는 남해안 뱃길이 있었다. 통영은 그 중간에 위치한다. 오늘날 고속도로나 KTX보다 더 큰 영향을 미쳤던 것이 옛날 뱃길이다. 학교, 혼사, 직장이 모두 이 뱃길을 통해 이루어졌다. 하물며 음식이 오갔음은 말할 필요도 없다. 마지막으로 가장 중요한 부분이다. 섬과 바다로 이루어진 자연조건과 해양생태계가 너무나도 닮았다. 통영과 여수는 남해안의 일란성 쌍둥이 도시라고 해도 지나치지 않을 정도로 닮았다. 여수 음식의 맛은 두말할 필요가 없지만, 통영 음식도 결코 뒤지지 않는다.

오늘날 통영의 식재료는 여기에 미륵도를 중심으로 40여 개 섬과 주변 바다에서 나오는 것들이다. 그 집산지가 서호시장이고 중앙시장이다. 서호시장은 서호동 여객선 터미널 입구에 있다. 일제강점기에 매립하여 만들어진 곳이라 '새터시장', 또 새벽에 열리는 곳이라 '새벽시장'이라고도 했다. 통영시장의 전통은 중앙시장이 잇고 있다. 통제영을 그린 고지도에는 남문 옆에 '미전'(米廛)과 많은 장옥들이 있다. 지금의 중앙시장이 있는 자리다. 남문 밖에 열렸던 미전은 통영 장시의 효시라 할 수 있다. 중앙시장을 사이에 두고 즉석에서 회를 떠주는 활어시장도 있다. 멀리 갈 것도 없이 시장은 통영의 모든 맛을, 심지어 40여 개 섬의 맛도 느낄 수 있다. 지금처럼 여행객이 많이 찾기 전에도 통영 사람들은 이곳에서 4천~5천 원에 복국부터 시락국까지 모두 먹을 수 있었다고 한다. 맛과 재료도 실했다. 최근에 여행객이 늘면서 값은 오르고 내용은 부실해졌다고 통영 토박이들 중에는 아쉬워하는 사람들이 있다. 강구안의 자그마한 포구를 중심으로 근현대에 이르러 엄청난 예술과 문화가 폭발할 수 있었던 힘이 이런 풍성한 먹을거리에서 시작되었다면 지나친 것일까. 그중 몇 가지를 주섬주섬 살폈다.

통영스러운, 통영다움
통영의 술 문화 '다찌'

"아빠, 술값이 왜 이렇게 비싸요?"

셋째 딸이 메뉴판을 보고 놀라 소리쳤다. 다행히 주인이 듣지 못했다. 처음 다찌에 온 사람이라면, 사전지식이 없다면 당연히 품었을 의문이다. 이렇게 비싸다 보니 혼술을 하기 어려운 곳이 다찌집이다. 옛날부터 그랬던 것은 아니다. 여행객들이 많이 오기 전, 통영 사람들이 주로 드나들던 때는 안주보다 술이 목적이었던 탓에 혼술을 막지도, 한 사람에 얼마라는 메뉴를 내걸지도 않았다. 그래서 술만 시키면 다양한 안주를 맛볼 수 있었다. 다찌집이 알려지면서 술보다 다양한 해산물을 탐하는 여행객들이 주요 고객이 되면서 1인당 3만 원 그리고 2인 기본이라는 조건이 생겼다.

가족과 함께 찾은 다찌는 통영에서 꽤 알려진 집이다. 소주가 1만 원, 맥주 6천 원, 매실 1만 5천 원, 법주 3만 원에 이른다. 딸이 화들짝 놀랄 만했다. 물론 2인 기준에 소주 3병과 맥주 5병을 마신 후 추가하는 술값이다.

그 다찌집은 '실비'라는 이름을 달고 있다. 다찌나 실비나 같은 류의 술집을 부르는 다른 이름이다. 다찌는 일본말 '서서 마신다'는 '立飲み'에서 왔다. 몇 년 전 오사카 뒷골목에서 정말 작은 탁자를 가운데 두고 둘러서서 일본술을 마신 적이 있다. 안에 자리가 없기도 했지만 일부

러 입구 쪽 자리에 서서 술 한잔에 간단한 안주를 먹고 가거나, 다른 술집으로 이동하는 것이 일본의 술 문화다. 군이 비교한다면 우리의 선술집과 비슷하다. 일제강점기에 통영의 풍요로운 수산 자원을 탐하는 일본인이 많이 들어왔다. 시내는 물론 판데목을 건너 도남동까지 일본인 이주 어촌이 만들어졌다. 일본 술 문화의 유입은 자연스러웠다. 여기에 풍부한 해산물이 결합되어 오늘날 다찌집이 탄생한 것이다. 하지만 대놓고 일본말을 붙이기가 멋쩍었던지 실비라는 이름이 그 자리를 대신하기도 했다. 초기에는 실비라는 말에 어울리게 음식을 만드는 데 들어간 비용만 받고, 술값은 일반 술집보다 조금 비싼 집을 일컫는 말이었다.

자리에 앉자마자 방풍무침과 살짝 데친 배추와 쌉싸름한 머위와 몰무침이 올라왔다. 전식으로 전복죽과 함께 나온 것이다. 이어 펼쳐지는 해산물의 향연은 이렇다. 꼬막무침, 장어요리, 볼락 같은 생선구이, 해삼, 해삼내장젓, 장어볶음, 소라, 멍게, 전복, 피조개, 키조개, 문어, 군부, 마지막으로 물메기탕이다.

기본으로 제공하는 술도 다 마시지 못했다. 우리 같은 손님만 있으면 주인은 불편할 것이다. 기본을 마시고 추가로 술을 더 마셔야 장사가 되기 때문이다. 술을 더 마시고 부족한 안주나 손님들이 맛있게 먹는 안주를 보고 더 내오는 곳이 다찌다. 이래야 다찌집이 유지된다. 그러니 해산물만 탐하는 손님은 반갑지 않을 것이다.

다찌집 주인은 손맛보다 눈썰미가 좋아야 한다. 다찌의 생명은 신선한 해산물을, 물이 좋은 해산물을 단번에 알아보는 눈썰미다. 그리고 바로 흥정을 해서 손에 넣는 민첩함도 겸해야 한다. 아침이면 서호시장으로 몰려오는 다찌집 주인들의 발걸음만 봐도 어제 장사를 잘했는지 알 수 있다. 다찌집 주인들은 단골 가게가 있지만 그곳에서 모든 재료를 해결하지 않는다. 우선은 단골 가게를 찾지만 시장을 둘러보며 산과 바다와 섬에 사는 것을 두루두루 산다. 방풍이며 배추며 머위는 길에 펼쳐 놓고 파는 할매들에게서 사고, 펄쩍펄쩍 뛰는 활어는 단골 가게에서 산다. 제철에만 나오는 것들은 미리 주문하기도 한다. 매일매일 상에 오르는 재료가 다르다. 먹고 싶은 것이 있는지 확인하고 단골집을 찾는 술손님도 있다. 서호시장의 새벽이 북적대는 것은 통영 사람의 해산물 사랑도 있지만 여행객의 다찌집 사랑도 한몫한다. 그 덕에 통영의 바다 마을과 섬마을 주민들이 그물을 놓고 통발을 건지며 할매들이 텃밭에 농사를 지을 수 있는 것이다.

나물도 아닌 것이 국도 아닌 것이, 몰설치국

완도와 진도를 대표하는 해조류가 각각 다시마와 톳이라면, 통영을 대표하는 해조류는 무엇일까. 많이 자생하거나 양식한다고 대표 해조류는 아니다. 그 재료를 일상에서 즐겨 먹고 상에 올려야 지역성을 갖는다. 이런 의미로 본다면 통영의 해조류는 단연코 몰이다. 바로 '몰설치국' 때문이다.

몰설치국의 주요 재료는 통영에서 몰이라 부르는 모자반과 콩나물이다. 모자반과 콩나물은 다른 조건에서 자라는 식물이다. 모자반은 야생의 바다에서 파도와 해풍을 온몸으로 맞서며 꿋꿋하게 바닥에 뿌리를 내리며 자라는 해조류이지만, 콩나물은 온갖 정성을 다해 물을 주고 아랫목 또는 윗목으로 옮겨 다니며 시루 안에서 길러진다. 출신부터 서로 다르다. 모자반은 제주에서 몸국으로 만들고, 콩나물은 전국에서 콩나물국으로 신드롬을 일으켰다. 물론 콩나물은 '전주'와 '국밥'의 힘을 얻어 '전주콩나물국밥'으로 재탄생했다. 콩나물 요리의 원조로는 콩나물국이나 콩나물냉국이 있었다. 몰설치국은 몰과 콩나물을 주요 식재료와 함께 된장으로 조미한 냉국이다. 여기에 봄이면 통영과 미륵도 주변에서 많이 나는 바지락이나 개조개, 섬에서 많이 나는 홍합의 살이 더해지기도 한다.

콩나물은 소금을 넣고 데친 후 식히고, 몰도 데친 후 적당한 크기로

몰설치국.

자른다. 조갯살을 참기름에 볶아 조개육수와 함께 준비한다. 몰은 된장
으로 만든 갖은양념으로 조물조물 무친다. 여기에 콩나물을 더해 섞고,
콩나물국물과 조개와 조개육수를 붓고 간을 맞춘다. 간략하게 정리한
것이지만 김치를 담그는 방법이 백인백색이듯 통영의 설치국도 다양
하다.

 통영, 거제, 남해, 부산에서 먹었던 음식이다. 몰만 아니라 미역과 청
각, 심지어 시금치를 가지고 만들기도 한다. 기장처럼 미역이 풍성한
부산에서는 미역설치국을, 몰이 풍성한 통영에서는 몰설치국을 즐겨
먹었다. 남해에서는 시금치설치국도 먹었다. 공통점은 바지락, 홍합 등
조개 국물로 밑 국물을 잡고 지역에서 많이 나는 식자재를 주재료로 넣
은 후에 아삭아삭 씹히는 콩나물을 넣었다. 주재료에 따라 설치국의 이
름이 달라진다. 통영에서는 몰설치국을 으뜸으로 친다. 나물도 국도 아
닌 것이 설치국이다.

왜 통영 복국이
유명할까?

왜 통영에는 복국을 하는 집이 많고 맛있을까. 아직 답을 찾지 못했다. 서호시장 안에도 주변에도 복집이 즐비하다. 흔히들 쫄복이라 부르는 '복섬'을 손질하는 모습도 곧잘 볼 수 있다. 복섬은 복 중에서도 가장 작다. 그래서 복쟁이 또는 쫄복이라고 불렀다. 하지만 엄연히 졸복은 따로 있다. 크기와 몸에 새겨진 점의 색도 다르다.

통영만 아니라 사천 심지어 진도에도 복섬을 가지고 하는 유명한 쫄복집이 있다. 그만큼 쫄복이 많이 잡힌다. 옛날에는 까지복, 밀복, 참복 등 큰 복을 주로 사용했다. 큰 복은 낚시를 이용해서 잡는다. 밀복의 경우에는 울릉도 독도 근해에서 연승 어업(주낙)을 이용해서 겨울철에 주로 잡는다. 반면에 복섬 등은 연안에서 통발이나 안강망 그물로 잡아 생물로 유통한다. 큰 복은 먼바다에서 보름 이상 머물며 잡기 때문에 즉시 냉동 보관해 위판된다. 쫄복탕 집들이 한결같이 맛이 좋고 시원하다고 내세우는 이유로 생복을 그대로 사용한다는 점을 든다.

오비도로 바지락 개발을 보기 위해 갔다가 만난 영감님은 이렇게 말했다. "맛있는 것은 다 독이 있어." 맞는 말이다. 복어만 아니라 맛이 있는 고기는 다 독성을 지니고 있다. 그 독을 잘 갈무리하고 먹으면 약이 되기도 한다. 독이 든 것을 탐하는 이유인데, 이 때문에 바닷 물고기는 독을 품는다.

통영 복국.

　식물 중에서도 적들이 좋아하는 먹잇감이 되는 식물은 가시를 갖는
다. 스스로 방어할 힘을 갖기 전에는 동식물을 막론하고 방어기제를 작
동한다. 그것이 가시일 수도, 독일 수도, 악취일 수도 있다. 그만큼 많은
천적들이 탐한다는 증거다. 통영에는 서호시장과 중앙시장에 복국을
내놓는 전문집이 많다.

가격도 맛도 착한
'시락국'

노대도로 가는 첫 배를 타려면 일찍 나서야 한다. 게다가 섬에 마땅한 식당이 없으니 간식이라도 챙겨야 한다. 이를 한꺼번에 해결하는 방법으로 이른 새벽에 서호시장을 찾는다. 일제강점기인 1930년대 서호만을 매립해 만든 시장이다. 새터에 문을 열어 새터시장, 새벽에 문을 열어 새벽시장이라고도 한다. 간단하게 아침을 해결하기에 이곳만한 곳이 없다. 만 원 한 장이면 시락국 한 그릇에 도산 막걸리도 한잔 할 수 있다. 시장 안에 시락국집만 여러 곳이 있다. 여러 곳을 돌다 정착한 곳이 골목 안에 있는 시락국집이다. 무엇보다 방앗잎을 넣어준다. 많이 넣을 것인지 적게 넣을 것인지, 넣지 않을 것인지 말해주면 된다. 잼피통도 있다. 산골 마을에서 추어탕이나 참게탕을 끓일 때 잼피는 필수품이었다. 가을에 잼피를 따다가 말려놓는 것은 의무였다. 봄비 내리는 날 부침개를 부치고 방앗잎을 넣어주던 맛도 잊을 수 없다. 시락국집에서 둘을 한꺼번에 만날 수 있다니.

　시락국은 시래기국에서 왔다. 경상도 말로 시래기국을 시락국이라 한다. 서호시장에서는 사철 시락국을 맛볼 수 있지만 겨울철 시락국이 제격이다. 할매들이 한 줌 두 줌, 땅두릅, 달래, 돌나물, 톳과 미역을 놓고 파는 시장거리를 지나 고소한 비린내가 나는 점포를 스치면 즐겨 찾는 시락국집이 나온다. 안으로 들어가면 복집도 몇 집 이어진다. 문을

시락국.

열자 고소한 시락국 냄새가 확 밀려온다. 구석에는 밤새 술을 먹고 부족했던지 자리를 잡고 해장술을 하는 사내 너덧 명의 목소리가 우렁차다. 밤새 부는 바람에 배를 타지 못한 선원들이다. 통영 바다에 어족 자원이 고갈된 것은 통발 때문이라는 소리와 오염이 더 큰 문제라는 소리가 팽팽하다.

그즈음에 가마솥에서 퍼온 시락국이 올라왔다. 반찬은 직접 담아와야 한다. 콩나물, 깍두기, 부추김치, 톳무침, 멸치젓, 몰무침, 김치 등 10여 가지 반찬이 뷔페식으로 준비되어 있다. 한동안 식탁이 없이 빙 둘러 혼밥하기 좋은 시락국집을 이용했다. 사람도 많다. 주민들보다 여행객이 더 많은 곳이다.

통영의 시락국의 육수는 크게 장어머리, 흰살생선, 통장어 등 세 가지 방법으로 만들고 있다. 집집마다 육수를 만들 때 이용하는 재료와 과정이 다르다. 맛도 다를 수밖에 없다. 옛날에는 육수를 장어 머리와 뼈로 우렸다는 것이 정설이다. 일제강점기에는 장어를 가공하고 남은 머리와 뼈를 넣고 푹 고아 육수를 만들고, 여기에 된장을 넣어 잡내를 잡고 무청 시래기를 넣어 끓였다. 지금은 어떨까. 장어만 아니라 생선을 넣어 같이 끓인다. 처음에는 크기가 작아 상품성이 떨어지는 생선을 썼지만 소비가 수요를 만든다고 큰 생선도 곧잘 이용한다. 그만큼 시락국을 찾는 사람이 많다.

조업을 마치고 속풀이로 한 그릇 뚝딱하던 시락국집은 이제 밤새 달린 여행객이나 섬 여행을 위해 첫 배를 타야 하는 이들이 찾는 집이 되었다. 심지어 시락국을 먹으려고 통영 여행을 하는 사람도 있다.

섬살이의 아픔을
그릇에 담은 '빼떼기죽'

붉은 황토와 파란 바다, 대비되는 색감만으로도 욕지도는 매력이 있다. 그 속내를 알고 나면 발효된 장처럼 맛이 깊어지고, 그 섬이 그리워진다. 처음 욕지도를 찾았을 때 먹었던 '빼떼기죽'이 너무 강렬했다. 배가 닿는 동촌 선창 가게에서 즉석요리로 해주는 음식이었다. 그렇다고 패스트푸드는 아니다. 말린 고구마를 갈아서 만든 죽으로 욕지도 음식이다.

그렇다고 빼떼기죽을 욕지도에서만 먹었던 것은 아니다. 큰 미륵도를 비롯해서 통영의 여러 섬에서 빼떼기죽을 주식처럼 먹었다. 척박한 섬 땅을 개간하여 심기 좋은 것이 고구마였다. 고구마는 욕지도만 아니라 우리나라 섬사람들에게 특별한 음식이다. 겨울은 물론 보릿고개를 넘길 수 있게 해준 식량이었다. 쌀이 부족할 때 밥에 톳이나 미역, 다시마 등 해조류를 넣어 먹기도 했지만 쌀이 떨어지면 대용으로 고구마만한 것이 없었다. 하지만 욕지도 '빼떼기죽'처럼 지역 음식을 넘어서 식단에 이름을 올린 경우는 흔치 않다. 죽은 양을 늘려 먹을 수 있을 뿐만 아니라 특별한 반찬도 없이 한 끼를 해결할 수 있다. 더구나 고구마는 척박한 섬 땅에서도 잘 자란다.

빼떼기죽이 여행객이 찾는 음식이 되면서 욕지도의 묵정밭은 다시 활기를 찾았다. 고구마를 심어 다른 지역 고구마보다 비싸게 팔았고,

빼떼기죽.

빼떼기죽만 아니라 고구마, 마른절간고구마, 고구마라떼 등 다양한 상품으로 판매한다. 묵혀 있던 밭도 일궈 고구마 농사를 짓고 있다. 게다가 값도 좋아 주민 소득을 올리는 데 효자 노릇을 한다.

　미륵도 풍화리 작은 마을에서 만난 노인도 빼떼기죽을 먹었다고 했다. 하지만 욕지도 고구마 맛을 따라갈 수 없었다. 욕지도에서도 맛이 있는 고구마가 자라는 땅이 따로 있다. 욕지도 고구마가 잘 팔리자 여기저기에 고구마를 심어 옛날 맛이 나지 않는다고 했다. 배고파서 맛이 있었는지, 땅이 좋아서 맛이 있었는지 확인할 수 없지만 지금 욕지도 고구마는 욕지도를 알리는 특산물이다.

도다리보다 햇쑥이 주인이다,
'도다리쑥국'

도다리쑥국에는 된장을 넣었다. 비린내를 잡기 위해서다. 생선 중에 도다리나 넙치는 비린내가 적기로 손꼽는다. 어떤 상황에서도 회로 가능한 이유다. 그래도 혹시나 해서 된장을 넣는다.

도다리는 겨울에 산란하려고 통영 두미도와 사량도 인근에서 삼천포와 남해도에 이르는 바다를 찾는다. 찬바람이 나면 도다리를 잡는데, 1월과 2월에는 조업을 멈춰야 한다. 산란하는 철에는 도다리잡이를 금지하고 있다. 이 도다리를 '난도다리'라고 한다. 정월과 10월 상달에 지내는 동제 중 10월 동제는 '우짜든지 칡도다리 많이 잡게 해달라'는 풍어제다. 옆에 있는 사량도나 추도는 도다리보다는 물메기잡이로 생활하지만 두미도는 도다리가 먼저다. 얼마나 다행인가. 겨울철에 모든 섬이 물메기를 잡는다면 바다 생태계가 온전히 유지되겠는가.

두미도에서는 쑥국에 넣는 도다리로 큼지막한 칡도다리를 쓴다. 도다리쑥국에 들어가는 도다리는 3월과 4월, 봄이 무르익는 계절에 알을 낳은 도다리이거나 작은 새끼도다리다. 도다리를 이야기할 때 함께 오는 바닷물고기가 넙치(광어)다. 둘 다 바다 밑바닥에서 생활하며 생김새가 비슷해 구별이 쉽지 않다. 그래서 나온 말이 '좌광우도'라는 말이다. 정면에서 보았을 때 눈이 왼쪽에 있으면 광어, 오른쪽에 있으면 도다리라는 말이다. 대체로 그렇지만 그렇지 않은 도다리도 있다. 이빨을

도다리쑥국.

보면 확실히 구분할 수 있다. 도다리는 이빨이 있고 입도 광어에 비해 크다. 광어는 사계절 내내 맛이 좋지만 도다리는 겨울에 맛이 좋다. 그러니까 봄철에는 산란 후라 맛이 별로다. 살은 홀쭉하지만 푹 삶아 햇쑥을 넣어 먹으면 육수는 먹을 만했던 모양이다. 이때 먹이활동이 활발한 도다리가 많이 잡힌다. 도다리쑥국이 만들어진 배경이다. 넙치는 우리나라 양식을 대표하는 어종으로 제주와 완도에서 대부분 공급하고 있다. 하지만 도다리는 여전히 자연산에 의존한다. 이빨을 이용해 바지락은 물론 주꾸미도 잡아먹는다. 제주도에서 겨울을 보내고 봄에 북쪽으로 이동하는 놈들을 잡는다. 하루 전에 그물을 놓는다. 해서 간혹 도다리쑥국에 넙치가 도다리 행세를 하기도 한다.

통영 바다와 통영을 살리는 '멍게비빔밥'

판데목을 지나 미륵도로 들어서면 가장 먼저 반기는 것이 붉은 동백꽃이다. 산양 일주도로 가로수는 모두 동백이다. 추운 겨울, 붉게 꽃을 피웠다가 3월이면 길 가장자리에 붉게 내려앉는다. 그리고 진달래로 미륵산이 붉게 물들 때, 미륵 바다에는 멍게가 붉게 꽃을 피운다. 이때 멍게 맛이 제대로 오른다.

우리나라 멍게 생산량의 80퍼센트 정도가 통영에서 난다. 그 산지가 미륵도 영운리, 신봉리, 미남리이며, 그중 영운리가 주산지다. 한산대첩으로 유명한 바다는 온통 멍게 양식장이며, 영운리 마을 선착장은 양식장에서 가져온 멍게를 줄에서 뜯어내고 세척하고 갈무리하는 작업장이다.

멍게는 통영 바다만 지키는 것이 아니다. 이제 통영과 통영시를 지탱하는 일등공신이다. 복어, 대구, 장어, 물메기까지 주연으로 상을 받은 뒤에야 늦깎이로 무대에 올랐다. 오랜 조연 생활을 마치고 이제 화려한 조명을 받으며 밥상에 오르고 있다. 그 설움을 알기에 맛은 더욱 강하며 중독성까지 품고 있다. 대기만성이라 했던가. 한철을 반짝이고 다음 해를 기다리는 것이 아니다. 사철 음식으로 자리를 잡았다. 조연이 그렇듯 없었던 것이 아니라 그 가치를 발견하는 감독을 만나야 한다. 묵묵히 궂은 일을 하며 때를 기다리는 조연처럼 멍게는 술상과 밥상의 가

멍게비빔밥.

장자리에서 때를 기다렸던 것이다. 숨어 있는 가치를 들춰낸 셰프가 통영 음식을 연구하는 이상희 씨다. 그는 본래 사진작가였다. 통영에 정착해 사진을 찍으면서 통영을 다른 눈으로 보았던 것처럼 음식에 관심을 가지면서 통영의 속살을 들여다보고 있다. 통영에서 가장 흔한 것, 가장 쉽게 구할 수 있는 것, 통영 사람들이 대수롭지 않게 여기는 것을 살피는 눈이 그에게 있었다. 멍게가 눈에 들어오는 것은 당연한 일이었다. 이 작가가 멍게비빔밥을 내놓았을 때 모두 혀를 찼다. 오래전부터 너무 흔하게 먹던 음식으로 무슨 장사를 하냐는 비아냥이었다. 그는 멍게비빔밥에 채소 대신 해초를 넣었다. 멍게를 중심으로 톳, 세모가사리, 김 등 해초의 오방색을 찾아내 멋을 더했다. 그리고 통영 사람들이 즐겨 먹었던 합자젓으로 마무리했다. 이렇게 탄생한 것이 이상희 셰프의 멍게비빔밥이다. 인기는 폭발적이었다. 멍게의 가치가 새롭게 인식되면서 멍게 젓갈은 고급화하고, 멍게잡채, 멍게된장국, 멍게부침개, 멍게비빔국수도 만들고 있다.

통영 제사음식, 밥상에 오르다
'너물밥과 도죽'

내가 살던 고향에서는 제사음식으로 봄철에 꼭 챙기는 것이 고사리였다. 다른 것은 시장에서 사 와도 고사리와 도라지와 취나물은 봄에 채취해 삶아서 볕에 말렸다가 제사 전날 물에 불려서 나물을 무쳤다.

통영에서 제사음식으로 꼭 챙기는 것이 도미찜과 너물밥이다. 산양읍에 있는 곤리도로 가는 길이었다. 곤리도는 삼덕항에서 지척인 곳에 위치한 섬이다. 선착장 대합실에 어머니 너덧 명이 새벽시장을 보고 섬으로 들어가려고 배를 기다리고 있었다. 그중 보자기를 소중하게 품고 배를 기다리는 어머니가 있었다. 무슨 귀한 것을 가지고 들어가는지 궁금해 안에 든 것이 무엇이냐고 물었다. 뜻밖에 '도미'라며 보여줬다.

크고 실한 자연산 도미다. 어머니는 직접 도미 양식을 하고 계신다. 그런데도 서호시장까지 가서 자연산 도미를 사 온 것은 곧 있을 시아버지 제물을 마련하기 위해서다. 시장 문을 열기가 무섭게 단골집에서 가장 큰 도미를 값도 묻지 않고 가져온다. 그리고 깨끗하게 갈무리를 해서 정성껏 말렸다가 도미찜을 한다. 영감님이 다리가 불편하지 않을 때 도미만큼은 당신이 직접 간택했다. 지금은 어머니가 사 온다. 그래도 영감님의 합격 판정을 받아야 마음이 편하다. 해서 가게가 문을 열기가 무섭게 가서 제일 큰 것으로 골라온다. 이번에는 어머니도 마음이 흡족할 만큼 좋은 제물을 마련했다며 웃으셨다.

도죽과 너물밥.

　제상에 오르는 참돔을 도죽이라고 한다. 도죽의 크기가 집안의 크기였다. 아무리 제물을 많이 준비해도 도죽이 시원찮으면 칭찬을 받지 못했다. 소금물 간을 해서 잘 말려놓은 참돔을 시루에 넣고 실고추와 깨소금을 넣고 쪘다.

　여기에 더해 미역, 청각, 톳, 홍합 등 해산물로 나물을 만든다. 호박나물, 고사리나물, 콩나물, 톳나물, 무나물, 시금치나물 등을 만들고 여기에 해산물을 넣은 두붓국이 준비된다. 두붓국은 세 가지 해산물로 삼 탕을 만들거나 탕 하나를 만들었다. 제사가 끝난 후 나물을 넣고 비벼 먹는데 이때 두붓국을 넣어 팍팍함을 없앤다. 이를 두부탕수국이라 하는데, 조갯살을 볶아서 쌀뜨물을 넣고 끓인 국물에 두부와 홍합, 문어 등을 넣고 끓인다. 최근 통영에서는 생선구이나 회정식 또는 육고기를 먹고 난 후 후식으로 너물밥을 내놓는 집이 있다. 심지어 너물밥을 본 메뉴로 만들기도 한다. 안동의 헛제삿밥과 비슷하다.

통영사람들의 힐링푸드
볼락김치 볼락탕 볼락젓갈

"뽈래기 싫어하는 사람 있는교. 생선 중에 최고 아닌교."

통영 볼락요리 전문집으로 가자는 말에 택시기사가 알아서 하는 추임새다. 이쯤이면 바다 맛의 고장 통영의 택시기사로 만점이다. 통영서는 뽈래기라 한다. 진해로 유배 온 김려가 계해년(1803년) 가을에 지은 《우해이어보》에는 '보라어'라 했다. '우해'는 오늘날 진해다. 이 책에 '보'(甫)가 '아름답다'는 뜻이니, '보라'는 '아름다운 비단'을 뜻한다고 했다.

주둥이는 뾰족하고 아래턱이 위턱보다 튀어나왔으며, 서식 장소나 깊이에 따라 청색, 적색, 흑색을 띤다. 몸통에 가로 줄무늬가 있고, 등지느러미와 뒷지느러미에 억센 가시가 돋아 있다. 먹을 때 잘 발라야 한다. 한국의 전 해안, 일본 북해도 이남의 암초 부근이나 모자반, 감태 등 해조류가 자라는 어둡고 구석진 곳에 무리를 이루며 산다. 그래서 영어로는 블랙 록 피시(black rock fish)라 부른다. 1월, 2월에 체내수정을 한 후 한 달이면 손톱 절반 크기의 새끼를 낳는 난태생이다. 볼락과 가까운 친척뻘인 우럭(조피볼락), 개볼락, 열기(불볼락) 등도 모두 난태생이다. 보통 1년이면 체장이 9센티미터, 3년이면 16센티미터, 5년이면 20센티미터 내외로 자라며, 낚시 미끼의 유혹이나 통발을 피하면 40여 센티미터까지 자란다.

볼락구이.

 볼락의 눈은 툭 튀어나왔으며 크고 깊다. 보고 있으면 빠져 들어갈 것 같다. 일본에서는 '큰 눈이 툭 튀어나온 물고기'라는 뜻으로 '메바루'라고 한다. 수십 마리씩 모여 살기 때문에 한 번 입질을 하면 낚싯대를 올리기 바쁘지만, 입질이 끊기면 제아무리 힘센 장사도 어쩔 도리가 없다. '천기박사'라 할 만큼 기상이나 주변 여건의 변화에 민감하기 때문이다. '볼락은 토라지면 항우도 울고 간다'는 말이 괜히 생긴 것이 아니다. 그래서 볼락은 발로 낚는다고 했다. 하지만 야행성이라서 밤 낚시에 제격이기에 발품을 팔기가 쉽지 않다. 볼락의 탁월한 생존 본능이다. 어민들은 커다란 개량통발로 잡는다. 미끼도 없이 볼락이 서식하는 곳에 던져놓았다가 건져 올리는 것이다. 통영에서는 옛날에 한식 무렵에 성묘하러 가면서 통발을 놓았다가 건져와 가족끼리 모여서 한 그릇 탕을 끓이거나 구워서 요깃거리로 삼았다.

조선시대에도 진해만 인근 바다에서 많이 잡혔던 모양이다. 거제에서는 볼락으로 젓갈을 수백 항아리씩 담가 인근 항구에서 모시와 바꿨다. 진해만 일대의 포구가 시끄러우면 거제에서 볼락을 실은 배가 도착한 것이라고 할 정도였다.《우해이어보》에 나오는 이야기다.

볼락요리의 으뜸은 단연코 구이다. 숯불이나 연탄불에 구워야 맛있지만 팬이나 오븐에 구워도 좋다. 팬에 구울 때는 우선 팬에, 오븐에 구울 때는 볼락에 기름을 두른다. 이때 볼락은 잘 손질해서 굵은 천일염을 뿌려 밑간을 한다. 볼락의 별미는 머리에 있다. 잘 구워진 머리를 자근자근 조심스럽게 씹으면 고소한 맛이 혀에 감긴다. 가을 전어보다 고소함이 강하다. 구이를 먹는 사이에 탕을 내왔다. 우리나라 매운탕 계를 평정한 생선이 우럭이라지만 그보다 높게 치는 것이 볼락탕이다. 양식 우럭처럼 원하는 대로 무한 공급할 수 없어 맛도 귀하다. 무, 다시마, 고춧가루, 소금 등을 넣고 팔팔 끓인 다음 갈무리해놓은 볼락을 넣는다. 칼칼하지 않고 깨끗한 맛이지만 그 맛은 조선의 선비처럼 담대하다. 얼큰하고 칼칼한 맛을 즐기는 사람은 우럭이 좋다. 볼락요리의 참맛은 볼락김치다. 이때 사용하는 볼락은 '젓볼'이라고 한다. 자리만 한 작은 볼락을 말한다. 무를 깍두기 네 배쯤 되게 큼지막하게 썰어서 김장 양념과 버무리려고 옹기에 담을 때 볼락을 한 마리씩 끼워 갈무리한다. 시원하고 달짝지근한 맛이 무김치와 국물에 배어난다. 볼락으로 담근 젓갈도 귀한 대접을 받았지만, 막 잡은 볼락을 통째로 된장에 찍어 먹어도 좋다. 전라도에서 조상님에게 조기를 올리듯 통영에서는 볼락을 올린다. 저승에서도 찾는 음식인 모양이다. 봄이 제철이다.

통영 굴,
굴젓에서 굴튀김까지

요즘 굴도 냉동을 해 사철 먹지만, 옛날에는 싱싱한 제철에만 먹어야 했다. 그래서 어른들은 '굴은 보리가 패면 먹어서는 안 된다'고 했다. 일본에도 '벚꽃이 지면 굴을 먹지 말라' 했고, 서양에도 영어로 '알(R) 자가 들어 있지 않은 달은 먹지 말라'는 말이 있다. 5월에서 8월까지를 말하는데, 이때가 굴 산란철로 난소에서 분해된 독소가 나오는 때다.

굴은 우리나라 모든 연안에서 생산되는 이매패류다. 예부터 알려진 굴 산지는 낙동강 하구, 광양만, 해창만, 영산강 하구 등이며, 북한에도 함경도 황어포, 영흥만, 평안도 압록강 하구 등 기수 지역이 주요 산지였다. 초기 전라남도 해창만과 섬진강 입구 등에서 투석식 굴 양식이 발달했고, 이후 경상남도 가덕만과 진교만 부근에서 대규모로 걸대식으로 진화했다. 연안에 나무로 지주를 세우고 굴 패각을 걸어서 양식하는 방법이다. 투석식과 걸대식은 최근 무분별한 갯벌 파괴와 간척사업, 연안 오염으로 크게 감소했다.

우리나라 굴 생산량은 연 30만 톤 내외로 통영, 거제, 고성, 여수가 주산지다. 이곳 굴은 수하식으로 깊은 바다에 하얀 부표를 띄우고 굵은 밧줄에 굴 종패가 붙은 패각을 매달아 양식한다. 전체 인구 14만여 명 중에서 굴 산업 종사자만 2만2천여 명에 이른다. 멍게와 함께 통영 경제를 책임지고 있는 셈이다. 특히 통영 굴 양식장은 미국식품의약국

굴젓.

(FDA)가 인정한 지정 해역이다.

　최근 '굴 정식' 식당이 전국에 하나둘 생기면서 알이 큰 굴이 많이 소비되고 있다. 대부분 코스 요리로 굴전, 굴무침, 굴튀김, 굴구이, 굴밥, 굴회, 굴국 등 큰 굴로 만들어 가격에 따라 가짓수를 더하고 뺀다. 최근에는 굴 김, 굴 스테이크, 굴 라면, 굴 스낵 등을 개발해 상품화했다. 이제 커다란 구이용 굴이 시장에 나올 때다. 맛은 좋은데 껍질이 문제다. 알굴이 1톤이면 굴 껍데기가 10톤이란다. 껍데기는 분리수거도 안 된다. 통영시 용남만 마을 앞과 길가에는 박신공장에서 나온 굴 껍데기가 산더미처럼 쌓여 있다. 굴 껍데기는 산업폐기물이다. 경관을 해치고, 냄새도 지독하다. 석회비료로 사용하지만 처리량이 극히 일부다. 최근 토사와 섞어서 성토제로 만들어 공유수면 매립에 사용한다는 소식도 들린다. 껍데기 없이 굴만 얻을 수는 없다. 선사시대 흔적들이 지금껏 남아 있는 이유다. 과학으로 해결이 안 되는 일도 있다. 지혜로운 소비가 필요하다. 날씨가 추워진다. 굴을 넣은 매생이국이 생각난다.

겨울에는 물메기탕을 찾아
통영에 간다

겨울철 따뜻한 국물이 생각나면 떠오르는 생선은 대구도 명태도 아니다. 물메기와 곰치다. 물메기는 통영이나 여수의 어시장에 가면 볼 수 있고, 곰치는 주문진이나 묵호 어시장에 등장한다. 겨울철 남해안을 대표하는 물메기와 동해안을 상징하는 곰치다. 그런데 어류도감을 살펴보면 물메기는 '꼼치'로, 곰치는 '미거지'로 소개한다. 미거지는 동해안에 서식하고, 꼼치는 남해와 서해 바다에 서식한다. 강릉이나 삼척에서 먹는 곰칫국은 미거지로, 통영의 물메기탕은 꼼치로 조리한다.

주문진에 가면 찾는 곰칫국 전문식당이 있다. 식당 안으로 들어가면 이런 글씨가 적혀 있다. '우리 식당은 물메기를 사용하지 않습니다'라고. 물메기가 들으면 자존심이 팍 구겨질 문구다.

미거지든 꼼치든 모두 쏨뱅이목에 속하는 바닷물고기다. 미거지가 꼼치에 비해 크다. 꼼치는 성체가 60센티미터 내외지만 미거지는 80센티미터에 이른다. 값도 다르다. 곰치가 물메기에 비해서 비싸다. 어획량과 크기의 차이 때문이다. 최근에는 수온 변화로 꼼치 어획량이 급감하면서 몸값이 크게 올랐다. 생김새와 크기만 보아도 구별이 되지만, 가장 큰 차이는 꼼치는 꼬리와 몸통의 경계에 흰 줄이 있고 미거지는 없다.

곰치와 물메기의 몸값은 얼마나 차이가 있을까. 2019년 겨울 잡혀

물메기탕.

온 미거지 수컷 흑곰이 약 15킬로그램은 넘을 듯한데 가격은 10만 원이 훌쩍 넘었다. 정말 곰처럼 크다. 크기로 보아 웬만한 식당에서는 두세 마리면 하루 장사를 하고도 남을 양이다. 이렇게 비싸다 보니 물메기를 대신 사용하기도 하는 모양이다. 사실 꼼치(물메기)를 넣었으니 꼼칫국이나 물메기탕이라 하는 게 맞다. 미거지를 넣었으면 미거짓국이나 미거지탕이라 해야 옳다. 간혹 물메기탕(곰칫국)이라고 적어놓은 식당도 있다.

비슷한 시기에 통영 서호시장에서 만난 물메기 두 마리를 4만 원에 구입했다. 아주 비쌀 때는 6만 원에 거래되었다고 한다. 두 마리의 무게는 주문진 어시장에서 만난 흑곰의 절반 정도 될 것 같다.

이젠 꼼치도 찾는 사람이 많고 어획량이 줄어들어 결코 싸지 않다. 곰칫국은 우선 미거지의 미끌미끌한 껍질을 벗기는 것으로 시작한다. 내장을 꺼내 갈무리해서 곰칫국에 함께 넣는다. 간이 들어가야 맛이 좋다. 미거지 살은 꼼치에 비해 탱글탱글하지만 시간이 흐르면 살이 흘러내린다. 미거지나 꼼치나 생물로 조리를 할 때는 가장 먼저 흐물흐물한 껍질을 벗겨야 한다. 미거지는 묵은 김치를 넣어 곰칫국으로 끓이고, 꼼치는 맑은 탕인 물메기탕으로 끓였다. 신김치를 넣고 얼큰하고 시원하게 끓이느냐 소금으로 간을 해서 맑게 끓이느냐 차이다. 통영에서는 물메기탕을 끓인 후 마지막으로 모자반을 올려 향을 내기도 한다. 곰칫국이나 물메기탕은 사실 나이로 먹는다. 시원한 맛을 느낄 수 있어야 곰칫국이든 물메기탕이든 제대로 맛볼 수 있다.

통영 꿀빵과
충무 김밥

충무 김밥이 '국풍81'에 향토 음식으로 소개되면서 세상에 널리 알려졌다는 이야기는 다 아는 이야기다. 이젠 고속도로 휴게소에서도 팔리고 있다. 간편함과 지역성이 여행의 일상화 덕분에 날개를 달면서 충무 김밥은 통영을 넘어 전국으로 날고 있다. 통영 사람들은 그게 무슨 맛이 나며 혀를 끌끌 차지만 말이다.

초도로 가는 길과 용호도로 가는 길에 충무 김밥과 동행했다. 특히 용호도에 처음 가는 길은 오롯이 충무 김밥만 동행했다. 아니 하나 더, 산양 막걸리도 있었다. 통영 여객선 터미널에서 사서 배낭에 담았다. 아무래도 아침 겸 점심이 될 것 같았다. 작은 마을을 넘어 바닷가에서 바다와 마주 앉아 한잔했다. 내게 충무 김밥은 그런 존재였다. 통영의 섬을 걸을 때, 특히 밥집이 없고, 주민을 만나서 넉살 좋게 이야기를 하다 한술 얻어먹는 것도 싫을 때 곁에 있었다.

쉬 변하지 않게 흰 쌀밥을 김으로 돌돌 말고, 오징어와 무김치 몇 조각이 전부다. 그 역사를 따라가 보면 일제강점기의 뱃길과 맞닿아 있다. 부산과 여수를 오가는 여객선이 통영에 닿으면 점심시간이었다. 작은 배를 타고 여객선으로 다가가선 김밥과 반찬을 팔았다. 1930년대의 일이다. 통영 김밥은 충무시로 지명이 바뀌면서 충무 김밥이 되어 지금까지 이어오고 있다.

충무 김밥.

　충무 김밥과 달리 통영 꿀빵은 통영 섬 나들이를 마치고 집으로 돌아
갈 때, 서호시장에서 철 따라 나오는 활어와 패류 등 수산물과 함께 아
이들을 위해 준비하는 간식이었다. 작게는 두 개, 많게는 서너 개까지
사서 가지고 갔다. 남들보다 많은 아이들 때문이기도 했지만 이웃에 나
누어 주기에 이만한 것도 없다. 선물용으로 딱 좋다.

　통영을 찾는 여행객이 늘면서 덩달아 늘어난 것이 통영 꿀빵 가게들
이다. 강구안에서 시작해 여객선 터미널로 이어지는 길목마다 꿀빵 가
게로 가득하다. 과하면 없느니 못하다고 했던가. 통영 음식을 꿀빵으로
꼽는 여행객도 있다.

　꿀빵은 팥을 소로 넣고 밀가루를 입혀 튀겨낸 빵이다. 이름은 꿀빵이
지만 사실은 물엿이 들어간다. 지금은 이름도 외기 어려운 다양한 빵집
이 있지만 출발은 '오미사꿀빵'이다. 오미사 양장수선집에서 옆에 작은
책상 하나 두고 빵을 만들어 팔았다. 물엿을 발라 팔았는데, '꿀빵'으로
불렀다.

| 섬 가는 길 |

욕지도권의 섬

삼덕항 – 욕지도

삼덕항 – 연화도 – 욕지도

통영항 – 연화도 – 우도 – 욕지도(우도와 연화도 인도교 연결)

중화항 – 연화도 – 욕지도

통영항 – 상리(두미도) – 하리(두미도) – 산등(두미도) – 탄항(두미도) – 상노대 – 하노대

통영항 – 탄항 – 상노대 – 하노대 – 산등 – 두미도 – 삼천포(장날)

통영항 – 미조항(추도) – 대항(추도)

통영여객선터널 – 욕지도 – 하노대도 – 상노대도 – 두미도 – 통영여객선터미널

초도 – 욕지도에서 사선을 이용

삼덕항 – 국도(종교단체 허락필요)

갈도 – 사선

납도 – 사선

사량도권의 섬

사량도여객선터미널(가우치) – 사량도 능양선착장 – 백학선착장

사량도여객선터미널(미수동) – 사량도

사천여객선터미널(삼천포항) – 수우도 – 사량도(차량×)

고성용암포 – 사량도 상도 내지선착장

한산도권의 섬

통영여객선터미널 – 제승당(의항, 관암)

통영여객선터미널 – 한산도, 버스 이용 추봉도 도착(한산도와 추봉도는 연도교 연결)

통영여객선터미널 – 용초(용초도) – 호두(용초도) – 진두(한산도) – 죽도 – 진두(한산
   도) – 동좌(좌도) – 서좌(좌도) – 비산도 – 화도

통영여객선터미널 – 비진도

거제 어구항 – 소고포

삼덕항 – 국도

가왕도, 대포항(거제시 남부면)에서 사선 이용

매물도권의 섬

거제출발, 매물도선착장(거제시 남부면 저구리)-당금(매물도)-대항(매물도)
   -소매물도
통영출발, 통영여객선터미널-문어포(한산도) -비진도-소매물도-대항(매물도)
   -당금(매물도)

장사도 유람선

통영유람선(통영시 도남동)-장사도(한려수도 경유)
가배선착장(거제시 남부면)-장사도
근포선착장(거제시 남부면)-장사도
대포선착장(거제시 남부면)-장사도

산양읍권의 섬

통영여객선터미널-대항(추도)-미조(추도)
달아항(산양읍)-학림-송림-저도-연대-만지(여객선)
만지도, 연명항(산양읍)-만지도(유람선)
오비도, 원풍화리(산양읍)-오비도(도선)
곤리도, 삼덕항(산양읍)-곤리도(도선)
오곡도, 척포항(산양읍) 사선이용

시내권에서 갈 수 있는 섬

해간도(거제시 용남면 연기) 연륙교
원평항(통영시 용남면)-지도
예포항(통영시 광도면)-저도(사선)
적덕마을(통영시 광도면)-입도(사선)
성포항(거제시 사등면)-수도-어의도-수도-성포(순항)

| 참고문헌 |

《광도면지》, 2018, 광도면지편찬위원회

《노대도·두미도 사람들의 삶과 문화》, 2013, 국립해양문화재연구소

《멸치권현망수협발달사》, 1990, 기선권현망수산업협동조합

《산양읍지》, 2013, 산양읍지편찬위원회

《욕지면지》, 2008, 욕지면지편찬위원회

《통영, 명품으로 빛나다》, 2015, 통영시립박물관·국립민속박물관 공동기획전

《통영·거제 견내량 돌미역 틀잇대 채취어업》, 2019, 통영시

《통영수협백년사》, 2014, 통영수산업협동조합

《통영시사》, 2018, 통영시사편찬위원회

《통영향토지》, 1996, 통영문화원

《한산면지》, 2012, 한산면지편찬위원회

강제윤 글, 이상희 사진, 《통영은 맛있다》, 2013, 생각을 담는 집

강제윤, 《걷고 싶은 우리 섬 통영의 섬들》, 2013, 호미

김상현 외, 《통영의 무형문화유산》, 2019, 통영시

김상현, 《통영섬부엌 단디탐사기》, 2014, 남해의봄날

김성우, 《돌아가는 배》, 1999, 삶과 꿈

김수희, 《근대의 멸치, 제국의 멸치》, 2015, 아카넷

김순철, 《통영르네상스를 꿈꾸다》, 2014, 경남

김장주, 《남자의 고향》, 2015, 더난출판

김준, 《갯벌을 가다》, 2004, 한얼미디어

김준, 《김준의 갯벌이야기》, 2009, 이후

김준, 《대한민국갯벌문화사전》, 2010, 이후

김준, 《물고기가 왜?》, 2015, 웃는돌고래

김준, 《바다맛기행 1》, 2013, 자연과생태

김준, 《바다맛기행 2》, 2015, 자연과생태

김준, 《바다맛기행 3》, 2018, 자연과생태

김준, 《바다에 취하고 사람에 취하는 섬 여행》, 2009, Y브릭로드

김준, 《바닷마을 인문학》, 2020, 따비

김준,《새만금은 갯벌이다, 이제는 영영 사라질 생명의 땅》, 2006, 한얼미디어

김준,《섬 : 살이》, 2016, 가지

김준,《섬문화답사기》 신안편, 2012, 서책

김준,《섬문화답사기》 여수 고흥편, 2012, 서책

김준,《섬문화답사기》 완도편, 2015, 보누스

김준,《섬문화답사기》 진도·제주편, 2019, 보누스

김준,《소금여행지도》, 2010, 비틀맵

김준,《어떤 소금을 먹을까》, 2014, 이후

김준,《어촌사회의 변동과 해양생태》, 2004, 민속원

김준,《한국 어촌사회학, 지속가능한 섬과 어촌의 다원적 가치를 논하다》, 2020, 민속원

김준,《한국 어촌사회학》, 2010, 민속원

노승석 옮김, 이순신 지음,《난중일기》, 2016, 여해

박정석,《식민 이주어촌의 흔적과 기억, 2017》, 서강대학교출판부

우정미 옮김,《식민지 조선인 이주 : 일본인과 통영》, 2017, 새미

윤미숙,《웃어라, 섬》, 2011, 파크

이상규 외,《호주 선교사 열전 : 진주와 통영》, 2019, 동연

이서후,《통영 : 한국의 땅과 사람에 관한 이야기》, 2020, 21세기북스

이준희 외,《섬, 그리고 삶》, 2011, 경남신문사

이훈상·허모영,《19세기 이후 20세기 후반 통영 죽도의 문서 기록, 전통과 남해안 별신굿 연행》, 2017, 동아대학교 석당학술원

통영길문화연대,《통영을 만나는 가장 멋진 방법 : 예술기행》, 2016, 남해의봄날

섬문화 답사기 통영편

치열한 생존과 일상을 기록한 섬들의 연대기

1판 1쇄 펴낸 날 2020년 12월 15일

지은이 | 김준
기 획 | 들풀
주 간 | 안정희
편 집 | 윤대호, 채선희, 이승미, 윤성하, 이상현
디자인 | 김수혜, 이가영, 김현주
마케팅 | 함정윤, 김희진

펴낸이 | 박윤태
펴낸곳 | 보누스
등 록 | 2001년 8월 17일 제313-2002-179호
주 소 | 서울시 마포구 동교로12안길 31 보누스 4층
전 화 | 02-333-3114
팩 스 | 02-3143-3254
E-mail | bonus@bonusbook.co.kr

ISBN 978-89-6494-469-1 04900

東抵大海

齊